アメリカ政治とシンクタンク

政治運動としての政策研究機関

宮田智之［著］

東京大学出版会

THINK TANKS IN AMERICAN POLITICS
A Catalyst for Political Movements
Tomoyuki MIYATA
University of Tokyo Press, 2017
ISBN978-4-13-036263-4

目　次

序章　問題の所在

第一節　アメリカ政治におけるシンクタンクの「登場」

アメリカでは、政策志向の研究機関、いわゆる「シンクタンク」が高度に発達しており、その政治的影響力についてはアメリカ国内にとどまらず、海外からも注目されている。たとえば、かつてソ連のミハイル・ゴルバチョフ共産党書記長が、あるアメリカの保守系シンクタンクによって発表された報告書に神経を尖らせていたというエピソードがある。一九八五年に、ソ連を訪問したジョージ・シュルツ国務長官とティップ・オニール下院議長それぞれと会談した際、ゴルバチョフは「この報告書はソ連社会が崩壊しつつあるとしているが、私に言わせれば、赤字にあえいでいるのはアメリカであって、わがソ連邦ではない」と不満を表明したと言われている。また、シュルツに向かっては「我々はこの本を読んで分析したが、ここに書かれてある政策は、すべてレーガン政権によって採用されているではないか」と主張したとも伝えられている(1)。

このエピソードのように、現在アメリカのシンクタンクについては同国の政治に多大な影響力を及ぼしているとの理解は広く見られる。しかし、このような認識が定着したのは、実はさほど昔のことではない。アメリカのシンクタンクの起源は二〇世紀初頭であると考えられているが、一九六〇年代までアメリカ政治との関係においてシンクタンククは概して地味な存在であった。数が限られていた上に、シンクタンクは目の前の政策論議を賑わすことよりも、時間を掛けて研究を行い、その成果を学術書並みの長文の報告書で発表する傾向があった。言い換えると、よりアカデミックな傾向があったのであり、シンクタンクには政治家が飛びつくような政策アイディアを次々と打ち出すといった性格はなかった。正に「学生不在の大学（Universities without Students）」であった。そのため、ジャーナリストをはじめ日々のアメリカ政治の動向を観察する者達の間で、シンクタンクという存在が強く意識されることはなかった。(2)

かつて「シンクタンク」という用語が政策志向の研究機関のみを指すものではなかった事実は、そうした関心の低さを象徴している。元々、ランド研究所（RAND Corporation）など軍部の委託研究を行う機関を指すために用いられていた「シンクタンク」という言葉は、一九六〇年代にかけて一般にも流通していく。しかし、それはありとあらゆる民間の研究機関を含むものであり、定義の不明確なものであった。実際、ポール・ディクソンというジャーナリストは、書名に「シンクタンク」という用語を付した初の書物を発表しているが、同書ではシンクタンクの具体例として政策研究を行う機関とともに、自然科学系の研究機関までも挙げていた。(3)このように、一九六〇年代までは政策志向の研究機関は数ある研究機関の一種と見られていたに過ぎず、それが独立した世界を形成しているとは考えられてはいなかった。無論、時の政権との繋がりから個々の政策研究機関に光が当たることはあった。『エコノミスト（*Economist*）』誌がブルッキングス研究所（Brookings Institution）についてケネディ政権の「待機中の専門家」と評したように、ワシントンD・Cのマサチューセッツ通りにオフィスを構えるこのシンクタンクの存在感は際立っていた。(4)しかし、個々のシンクタンクに注目が集まることはあっても、一九六〇年代頃までは総じてシンクタンクなる世界がアメリカ政治の動向を左右する存在であるとは認識されてはいなかった。

こうした中で、一九七〇年代に入るとアメリカのシンクタンク世界に変化が生じ、それ以前とは異質なシンクタンクが台頭し、それに伴いこの世界が拡大していく。すなわち、一九六〇年代まではブルッキングス研究所に代表される、客観的な研究を志向し、政治的には中立を唱える、言わば「中立系シンクタンク」が主流であったのに対し、一九七〇年代に入ると、特定イデオロギーを標榜する「イデオロギー系シンクタンク」が急激に増大していく。その筆頭が、「小さな政府」、「自由市場」、「強固な国防」、「伝統的価値」といった保守主義原則を掲げる保守系シンクタンクであり、フーヴァー戦争・革命・平和研究所（Hoover Institution on War, Revolution and Peace, 以下フーヴァー研究所と略記する）やアメリカン・エンタープライズ公共政策研究所（American Enterprise Institute for Public Policy Research, 以下AEIと略記する）といった、それまで細々と活動を続けていたシンクタンクが急成長を遂げるとともに、ヘリテージ財団（Heritage Foundation）やケイトー研究所（Cato Institute）などの新たなシンクタンクが続々と誕生していく。また、これら保守系シンクタンクは、それ以前のシンクタンクとは異なり、政治の表舞台に飛び込んでいくという特徴も有していた。なかでも、ヘリテージ財団は政策提言にマーケティング手法をいち早く導入したことで知られ、簡潔平易な分析レポートやメディアでの論評などを通じて政策アイディアを売り込み、目の前の政策論議に影響を及ぼそうと試みたのであった。

レーガン政権の誕生は、こうした保守系シンクタンクの台頭を印象づけることになる。一九八〇年大統領選挙の時点から保守系シンクタンクはレーガン陣営に専門知識や人材を供給していたが、この活躍ぶりが広く注目され、ジャーナリストを中心にシンクタンクという世界はアメリカ政治を分析する上で欠かすことができないとの認識が生まれる。そして、これ以降「シンクタンク」という用語は政策志向の研究機関を指すとのコンセンサスが、少なくとも一般のレベルにおいて確立していく(5)。

一方、一九八〇年代後半になると政治学者らアカデミズムの次元でもシンクタンクに対する関心が芽生えていく。それは上記の一般的な認識の変化に加えて、「アイディア」の影響力に着目するアメリカ政治学界の新たな動向が少なからず影響していた。

伝統的に、アメリカの政治学では「利益」を中心とするアプローチが支配的であった。政治のアリーナでは、個人や団体が他のアクターとの争いを通じて自らの利益の最大化を試みているという理解であり、「利益」を政策過程における最も重要な要因として捉えたのであった。こうしたアプローチは、一九六〇年代までのアメリカ政治を説明する上では十分説得力を有していたと言える。公共哲学をめぐる対立は未だ表面化しておらず、政府の積極的役割、すなわち大きな政府を肯定するリベラリズムへの支持が強固である中で、公的特権や資源をめぐる争いこそが現実のアメリカ政治の姿であった。

しかし、一九七〇年代後半に入るとアメリカの国内外における情勢の変化から、リベラリズムそのものに対する支持が動揺し、やがて公共哲学をめぐる争いが顕在化していく。規制政策は、正にそうした争いの典型であった。政府の規制は経済成長を促しているというよりも、むしろ経済活動を阻害する要因であるとの主張が高まったのであり、その結果として、多くの政策分野において規制緩和が断行されるようになる。一九八五年にマーサ・ダーシックとポール・カークが発表した『規制緩和の政治（*The Politics of Deregulation*）』は、このような時代の変化を捉えた画期的な研究であった。ダーシックらは、航空産業、トラック運送業、そして電信電話産業の事例を取り上げ、これらの分野で規制緩和が実現したのは、経済学者が唱えた規制緩和というアイディアがもつ魅力と、そのアイディアを推進する政治家らのアクターの活動が、規制政策に既得権益をもつ業界や労働組合の強力な反対運動を乗り越えることに成功したからであると論じた。要するに、ダーシックらは従来の「利益の政治」と区別されるところの「アイディアの政治（politics of ideas）」がアメリカ政治において観察できることを指摘したのであり、これによりアイディアや専門知識の有する影響力がにわかに政治学者の間で注目されるようになった(6)。

そして、こうした「アイディアの政治」の発見はシンクタンクに対する関心へと繋がっていく。そもそも、一九七〇年代を境とするシンクタンク世界の変容それ自体、公共哲学をめぐる争いに関連する現象であった。すなわち、この時期を境に台頭した保守系シンクタンクは規制問題に象徴される積極的な政府路線への批判を広めた原動力の一つであった。事実、ダーシックらは規制緩和の有効性を説いた経済学者の例として、ブルッキングス研究所の研究員とともに、ＡＥＩに所属する研究員にも言及していた(7)。

確かに、ダーシックらはシンクタンクの影響力について深く掘り下げて論じたわけではなく、『規制緩和の政治』の中でもＡＥＩへの言及自体はごくわずかである。しかしながら、ダーシックらの研究は「アイディアの政治」の発見を通じてシンクタンクが政治学者の視界に入ってきたことを端的に示すものであった。

第二節　アメリカにおけるシンクタンク研究の現状

このような学界の動向を背景に、一九八〇年代の終わり頃からシンクタンクを主題とした研究が本格的に開始されるようになる。まず、一九八九年に政治学者のR・ケント・ウィーヴァーによって「変容するシンクタンクの世界（The Changing World of Think Tanks）」という論文が発表される。この論文はシンクタンク概論と呼べるものであり、その主たる特徴に基づき、アメリカにおいて活動しているシンクタンクを、「学生不在の大学」、「委託研究型組織（Contract Research Organizations）」、「アドボカシー・タンク（Advocacy Tanks）」という三つのグループに分類したのであった。なお、このウィーヴァーによる分類は後続の研究でも引用され、アメリカのシンクタンクを理解する一つの枠組みとなった(8)。

また、ウィーヴァーの研究からおよそ二年後、ジェームズ・スミスの大著『アイディア・ブローカーズ（*The Idea Brokers*）』が刊行される。同書は、アメリカ史の文脈の中にシンクタンクを位置づける初めての試みであり、一九世紀後半まで遡って、いかにしてシンクタンクという「政策エリート」が生まれたかを解明するとともに、数多くの事例を織り交ぜながらシンクタンクがアメリカ政治において多大な影響力を及ぼしてきたことを詳細に論じた(9)。なお、この『アイディア・ブローカーズ』は、アメリカの学界において高く評価されただけでなく、外国語にも翻訳されるなど海外においても大きな反響を呼んだ(10)。

そして、以上のウィーヴァーやスミスの研究を機に、アメリカにおけるシンクタンク研究は活況を呈していく。事実、一九九〇年代半ばまでの数年間で、デイヴィッド・リッチの『アメリカ政治の変容（*The Transformation of American Politics*）』、ジェームズ・マギャンの『公共政策研究業界におけるドル、学者、影響力を求める競争（*The Competition for Dollars, Scholars and Influence in the Public Policy Research Industry*）』、ウィナード・ゲルナーの「政策の政治（The Politics of Policy）」、ドナルド・アベルソンの『アメリカのシンクタンクとその外交政策における役割（*American Think Tanks and Their Role in U.S. Foreign Policy*）』、ダイアン・ストーンの『政治の想像力を捕らえる（*Capturing the Political Imagination*）』といった研究が相次いで発表された(11)。

また、このような研究動向と並んで、学会の年次大会などでもシンクタンクをテーマとする研究報告が行われるようになった。たとえば、アメリカ政治学会（American Political Science Association）では、一九八九年にサマンサ・ダーストとジェームズ・サーバーが「ワシントンのシンクタンクの研究（Studying Washington Think Tanks）」という報告を行って以降、シンクタンクについてのセッションが度々開催されるようになった。多数の政治学者が集う場においてこのような報告が行われるようになったこと自体、アカデミズムの次元でもシンクタンクという世界が認知された証であり、こうしてアメリカの政治学界においてもシンクタンクとは「政策志向の研究機関」であるとの理解が定着していくのであった(12)。

さらに、同時期には個々のシンクタンクの歴史を紹介した書籍が公刊されるようになったことも忘れてはならない。

ブルッキングス研究所、外交問題評議会（Council on Foreign Relations）、カーネギー国際平和財団（Carnegie Endowment for International Peace）、戦略国際問題研究所（Center for Strategic and International Studies）といった、古くから存在するシンクタンクに加えて、一九七〇年代以降に生まれた新興のシンクタンクについての書籍も刊行されるようになった。これらの多くは、ヘリテージ財団研究員のリー・エドワーズが同財団の歴史を振り返った『アイディアの力（*The Power of Ideas*）』のように、シンクタンク関係者やジャーナリストによって執筆されたものである。そのため、必ずしも学術的な研究ではないものの、個々のシンクタンクについて興味深い事例を数多く提供した(13)。

このように、ウィーヴァーやスミスらの研究を契機に、シンクタンク研究は活況を呈したのであった。しかし、そうした状況は長くは続かなかった。一九九〇年代後半に入ると一転して、この分野の研究は停滞してしまう。事実、この時期から現在までに発表されたシンクタンクに関する学術書は、アベルソンの『シンクタンクは重要か（*Do Think Tanks Matter?*）』および『キャピトル・アイディア（*A Capitol Idea*）』、アンドリュー・リッチの『シンクタンク、公共政策、専門性の政治（*Think Tanks, Public Policy, and the Politics of Expertise*）』、トーマス・メドヴェーツの『アメリカにおけるシンクタンク（*Think Tanks in America*）』、ジェームズ・マギャンの『第五階級（*The Fifth Estate*）』など数えるのみである(14)。

無論、刊行された学術書のみをもって、シンクタンク研究の勢いが失われてしまったと結論づけるべきではないだろう。アメリカの大学では、政治学を専攻する大学院生が無数にいる。仮にそうした若手研究者の多くが意欲的にシンクタンクについての研究に取り組んでいれば、シンクタンク研究の活況は依然として続いていると言えるかもしれない。しかし、実態はアメリカの大学院に提出された博士論文の状況も変わらない。大学院生の間でもシンクタンク研究は活発に行われているとは言えず、シンクタンクをテーマとする博士論文も数えるほどしかない(15)。

しかし、注意すべきなのは、シンクタンクが学術研究の直接の対象として取り上げられなくなったことは、アメリカにおいてシンクタンクそれ自体への関心が大きく低下したことを意味するものではないということである。むしろ、シンクタンクに対する関心はますます高まっている。たとえば、『ワシントン・ポスト（*Washington Post*）』紙は、一九九九年から「アイディア産業（ideas industry）」や「シンクタンクド（ThinkTanked）」といったシンクタンク情報に関するコラムを掲載してきた。また、『ナショナル・ジャーナル（*National Journal*）』誌、『CQウィークリー（*CQ Weekly*）』誌、『ロール・コール（*Roll Call*）』紙、『ポリティコ（*Politico*）』紙といった政治専門紙誌では、有力シンクタンクに関する特集記事を定期的に掲載している。さらに、数年前には「シンクタンク・ウォッチ（Think Tank Watch）」というウェブサイトも開設されている。このサイトは、文字通りアメリカのシンクタンク情報の提供を目的としており、ほぼ毎日アメリカのシンクタンクに関するさまざまな動きを伝えている。このように、シンクタンクはメディアにおいてますます取り上げられているが、それはアカデミズムの次元でも同様である。シンクタンクに特化した研究ではないものの、アメリカ政治研究では先に挙げた既存の研究などに依拠しながら、アメリカ政治におけるシンクタンクの意義がしばしば考察されている。

シーダ・スコッチポルは、アメリカの市民社会の変容を考察した研究において、シンクタンクの先行研究を引用しながら、一九六〇年代以降、市民の自発的結社が衰退する代わりに、シンクタンクをはじめ専門家が運営する市民組織が台頭したと指摘している。そして、何よりも近年のアメリカ政治におけるイデオロギー的分極化現象をめぐる研究においてシンクタンクに対する関心が非常に高い。ジェイコブ・ハッカーとポール・ピアソンの『オフ・センター（*Off Center*）』に代表されるように、分極化現象に着目する研究では必ずと言ってよいほど、シンクタンク、なかでもヘリテージ財団をはじめとする保守系シンクタンクの台頭を取り上げており、今日のアメリカの政治状況をもたらした主たる要因の一つであると分析している(16)。

それでは、このような関心の高さにもかかわらず、なぜシンクタンクそのものを取り上げた研究は失速してしまったのか。それは、シンクタンクへの関心が高まるにつれ、政治学者の間でシンクタンクの政治的影響力を厳密に実証することは著しく困難であるとの見方が広まったからであると思われる。

詳しく述べるまでもなく、政治学においては考察の対象とする個人や団体の影響力の解明が求められることが多い。そして、通常影響力あるいは権力とは関係論的視点に基づき考察され、AがBに対してXという行為を取らせることができた場合、あるいはAがBに対してXという行為を取らせなかった場合、AがBに対して影響力をもったと理解される。しかし、シンクタンクのような対象の場合、このような意味での影響力を厳密に実証することは著しく困難である。たとえば、シンクタンクの影響力については「シンクタンクの活動と政策結果の因果関係」とする定義が代表的であるが、政策が決定される過程は政党、官僚、利益団体、ロビイストなど様々なアクターが入り乱れる複雑なプロセスであり、そのため政策結果に対するシンクタンクの純粋な影響を抽出することなど不可能に近い。この問題はシンクタンク研究者自身も認めている。その一人であるダイアン・ストーンは「政策結果に対するシンクタンクの影響力を測定することは、方法論上の問題があり、不可能である」と率直に語っている(17)。厳密な実証性を重視するアメリカの政治学界では、影響力の実証が困難であることは大変深刻な問題である。それ故に、この問題が強く意識されるようになるにつれ、大学院生を含むアメリカの政治学者の間でシンクタンクは直接の研究テーマとしては取り上げられなくなってしまったと思われる(18)。

もっとも、シンクタンクの影響力の考察をめぐってはアンドリュー・リッチのような試みもある。リッチは、二〇〇四年に発表した『シンクタンク、公共政策、専門性の政治』の中で、シンクタンクの影響力を政策結果との関連性から捉えるのではなく、別の形態で把握すべきであると強調した。すなわち、リッチは政策結果との関係については「たとえ有能な専門家であっても、制御できない様々な条件によって左右されてしまう」と否定的に述べた上で、シンクタンクをはじめとする政策専門家の影響力とは「彼らの研究を政策決定者の一団の中に認知させることに成功したかどうか」に基づき判断されるべきと指摘した。そして、この影響力の再定義に基づき、リッチはクリントン政権の医療保険改革および通信政策、ブッシュ政権の税制改正を事例として取り上げ、関係者への数多くのインタビュー調査を実施したのであった(19)。

それまでの議論を考えれば、リッチの試みは極めて斬新であり評価されるべきであろう。しかしながら、リッチの研究は影響力の解明というよりは、むしろシンクタンクをめぐる政治エリートの意識調査であった。すなわち、政治エリートの中で「どの程度シンクタンクが認知されているか」を示そうとしたのであり、アメリカ政治におけるシンクタンクの影響力を具体的に解明したわけではない。『シンクタンク、公共政策、専門性の政治』の出版から既に一〇年余りの月日が経過したが、この分野の研究は依然として停滞している。結局、その後の状況はリッチの試みがシンクタンク研究の突破口になったとは言い難いことを示している。

第三節　本書の目的と方法

しかし、そもそもシンクタンクとはいかなる活動に従事しているのか。政治的影響力についての検討に入る前に、まずこの問題について考えるべきであり、一九七〇年代以降にアメリカのシンクタンクにおいて生じた「変容」の意味を整理する必要がある。実は、先行研究ではこの点についての考察も十分ではない。

先行研究では、シンクタンクについて専ら政策研究・提言に従事していると理解している。政策研究・提言はシンクタンク本来の活動であり、この理解自体は誤りではない。しかし、シンクタンクがこの種の活動のみに従事していると考えることは一面的であり、伝統的なシンクタンク像に引っ張られていると言わざるを得ない。すなわち、ブルッキングス研究所に代表されるように、その多くが二〇世紀初頭から一九六〇年代までに設立され、客観的な研究を志す中立系シンクタンクを前提とする見方であり、一九七〇年代以降に生じた変化を捉えきれていない。一九七〇年代を境に続々と誕生した保守系シンクタンクは、政策研究・提言というシンクタンク本来の活動に従事するだけでなく、当初から政治運動の担い手としての性格を強くもっていた。具体的には、政治家、専門家、ジャーナリスト、活動家といった同調者を束ねながら、保守主義原則に基づく政策案を強力に推進してきたのである。しかしながら、先行研究では、このような性格面における変容という、非常に重要な点を見落としてしまっている。[20]

では、なぜ保守系シンクタンクは以前のシンクタンクには見られなかった政治運動の担い手としての性格を有していたのか。それは、保守系シンクタンクが保守派のための「政治的インフラストラクチャー（political infrastructure, 以下政治インフラと略記する）」であったからである。政治インフラという言葉は日本では耳慣れないものだが、アメリカでは既に政治用語として定着している。一言で言えば、特定の政治運動を推進する基盤を指す。具体的には、直近の選挙や政治過程において影響力を発揮するだけでなく、中長期的かつより一般的な影響力の増進を目的として、特定の政治勢力あるいは特定の専門家集団が構築し、あるいは利用する団体・組織・制度である。また、政治家、候補者、政党、政治活動委員会などが政治の上部構造であるとすれば、政治インフラとは、政治家や政党の活動を資金的、政策的、あるいは知的に下から支えるという意味で、政治の下部構造と呼ぶこともできる。一九七〇年代に入り、保守派は長くアメリカ政治の主流であったリベラリズムに挑戦するため、このような自らの政治インフラ作りにまず着手したのであり、なかでもその要に位置づけたのがシンクタンクであった。[21]

こうして、保守派は組織的にシンクタンクの設立を推進するようになったが、重要であるのは保守派の動向がやがて他のシンクタンクにも大きな影響を及ぼしていったことである。すなわち、保守系シンクタンクの台頭はリベラル派の覚醒を促し、リベラル派の間でシンクタンクの設立を促すことになった。その結果、現在では保守系およびリベラル系のシンクタンクがアメリカのシンクタンクの実に八割以上を占めるまでに至っているが、このリベラル派の動向に関してとりわけ注目されるのは、保守系シンクタンクを徹底的に学習し、ヘリテージ財団などの「成功」をモデルとしていたことである。したがって、掲げる政治原則や政策的立場こそ異なるものの、リベラル系シンクタンクも、保守系シンクタンクのように、政治運動の担い手としての性格を強く有していると考えられる。

先行研究は伝統的なシンクタンク像に基づき保守系シンクタンクを理解しようとしたことでこのような変化を摑むことができなかったが、一九七〇年代以降、アメリカのシンクタンクの性格は保守系シンクタンクの登場を機に大きな変容を遂げた。こうして考えるならば、アメリカのシンクタンク論においてまず真っ先に取り上げられなければならない対象がいずれであるかは明らかである。すなわち、ブルッキングス研究所などより長い歴史をもつシンクタンクではなく、「政治運動の担い手」として発足した保守系シンクタンクに焦点を当てるべきであり、その影響力の解明を優先して行うべきである。

とはいえ、シンクタンクの影響力の解明をめぐる方法論上の壁は巨大である。それは、保守系シンクタンクに焦点を当てたからといって容易に解消できるような問題ではない。しかし、シンクタンクの考察において果たして従来のアプローチは生産的であろうか。政治現象の中には、その性質上客観的な影響力の実証は元々困難というものもある。そのような現象に対して厳密な意味での影響力の実証を要求することは、逆に数多くの弊害をもたらし、その分野の研究の誕生あるいは発展を妨げる要因にすらなり得る。これまでのシンクタンク研究をめぐる状況は、そのことを端的に物語っているように思われる。

シンクタンクに所属する研究員が政府高官や議員の政策立案を手伝うケースは、しばしば見られる。しかし、従来のアプローチによると、このようなケースはアメリカ政治の分析において極めて重要な意義を有しているにもかかわらず、シンクタンクの影響力と見なされることはない。シンクタンク関係者が政策立案の過程に参加していたという事実のみでは政策決定者の行動を直接左右したとは到底言えず、影響力を実証するものではないと退けられてしまうのである[22]。要するに、従来のアプローチは意味のあるシンクタンク研究を妨げる大きな障害になっていると言わざるを得ず、厳密な意味での影響力の実証に固執する限りは、この分野の研究の発展は今後も期待できないであろう。そうであるならば、分析アプローチ自体を変えるべきである。

このような問題認識から、本書はより柔軟な分析アプローチ、すなわち個々の政策案の展開にいかにシンクタンクが関与しているのかという観点から、保守系シンクタンクが政策過程に及ぼしている影響力を提示する。この新たなアプローチに立つと、これまで想定されてきたものとは異なるシンクタンクの影響力の形態が見えてくる。「シンクタンクの活動と政策結果の因果関係」という代表的な定義が象徴するように、先行研究をはじめ既存の理解ではシンクタンクの影響力について「単一のもの」と考えている。政策結果との関係性を否定しているとはいえ、「政策決定者の一団における認知度」と考えるアンドリュー・リッチの議論にしても、シンクタンクの影響力を一つのものと認識している点では同じである。また、先行研究などは基本的にシンクタンクの影響力についてある局面でのみ現れる、「一過性のもの」と理解している。こうした既存の理解に対して、個々の政策案の展開との関わりに着目するならば、シンクタンクの影響力とは一つのものに限定されるものではなく、且つ繰り返し現れるものであると主張できるようになる。

具体的には、三つの影響力が考えられる。まず、先のケースのように、保守系シンクタンクは政府高官や議員の政策立案に深く関与している。それは日常的に見られるものであり、そうした関与を通じて「短期的影響力」を行使している。次に、政策立案への関与のように日常的には見られないものの、時に保守系シンクタンクは一大研究プロジェクトなどを組織することで、政策案の根拠となる問題を広めることに関与しており、課題設定（アジェンダ・セッティング）への関与を通じて「中期的影響力」を及ぼしている。そして、これら短期・中期の影響力は繰り返し現れることで、保守系シンクタンクは長期にわたって人材の結集・拡大をもたらしており、「長期的影響力」を行使している。要するに、本書では保守系シンクタンクが①政策立案への関与を通じた短期的影響力、②課題設定（アジェンダ・セッティング）への関与を通じた中期的影響力、③人材面での関与を通じた長期的影響力、これらの三つの影響力を及ぼしながら、保守主義原則に基づく政策案を強力に推進していることを明らかにする。

本書を通じて次のいくつかの点が明らかになる。まず第一に、より柔軟なアプローチを採用することで、シンクタンクの影響力を具体的に描き出すことにより、シンクタンクがいかにアメリカ政治の動向に関わっているのかを学術的にはじめて指摘することができよう。先行研究などでは想定されていない、シンクタンクが有する影響力の具体的特徴が明らかになる。

第二に、アメリカの「シンクタンク像」の再考を促すことになる。すなわち、イデオロギー系シンクタンクの筆頭である保守系シンクタンクに着目することで、伝統的なシンクタンク像では捉えきれない、政治運動の担い手としてのシンクタンクの姿を浮かび上がらせることができる。

第三に、以上の点に関連して、アメリカ政治のイデオロギー的分極化現象とシンクタンクの関係について有益な視点を提供できる。上述した通り、イデオロギー的分極化現象をめぐる既存の研究でも、保守系シンクタンクの台頭への関心は非常に高い。しかし、シンクタンク研究が進展していないことが影響してか、保守系シンクタンクの台頭といった実態面での指摘にとどまっていることは否定できない。こうした中で、本書はイデオロギー的分極化現象の研究にも少なからず貢献できると考えられる。すなわち、保守系シンクタンクがいかにして分極化現象、すなわち政策次元における対立を助長させてきたのかを指摘できるであろう。

最後に、第三章で試みるシンクタンクの比較研究により、アメリカのシンクタンクの特異性が明らかにされるであろう。一九九〇年代後半以降、海外の研究者によって各国の実態調査が進んだ結果、今日ではシンクタンクとは決してアメリカ特有の現象ではなく、グローバルな現象であるとの理解がかなり浸透している。しかし、そうした理解の浸透と並行して、アメリカのシンクタンクがもつ特徴について十分な議論が行われているとは言い難い。そこで、他の国々のシンクタンクと比較することで、いくつかの点でアメリカのシンクタンクが「例外的存在」であることが明らかにされよう。

ここで本書が参考にした資料について述べておきたい。シンクタンクが発行する年次報告書やレポート、シンクタンク研究員やシンクタンクと関係の深かった人々の回顧録、シンクタンクについて取り上げた新聞・雑誌記事を参照したことは勿論のこと、現地アメリカでのインタビュー調査からも貴重な情報を入手した。インタビューの対象は、本書が事例研究で直接考察の対象とした保守系シンクタンク関係者だけでなく、長年保守系シンクタンクを観察してきた人々にまで及んだ。また、アメリカのシンクタンクは非営利団体であるため、各シンクタンクの財務状況については、監督官庁の内国歳入庁に毎年提出することが義務づけられている「財務申告書（Form 990）」を参照した。

本書は、大きく分けて二つの部分からなる。第一部となる第一章から第三章では、アメリカのシンクタンクの現状・歴史的展開・比較分析をテーマとする。まず、第一章では、シンクタンクの定義に加えて、シンクタンクの現状・分類・発達要因、そして政治インフラとしてのシンクタンクの姿を考察する。第二章では、二〇世紀初頭から今日に至るアメリカのシンクタンクの発展過程を取り上げ、中立系シンクタンクの時代からイデオロギー系シンクタンクの時代へと移行したアメリカのシンクタンク世界の変容について詳細に論じる。第三章では、ドイツ、イギリス、そして日本といったアメリカ以外の国々の事例を交えながら、アメリカのシンクタンクの特徴について論じる。

第一部では、イデオロギー系シンクタンクの台頭を通じてアメリカのシンクタンク世界が大きく変化し、その存在感がより顕著に増大したことが明らかになるが、第二部においては、実際にそうしたイデオロギー系シンクタンクの筆頭である保守系シンクタンクがいかなる政治的影響力を及ぼしているのかに焦点を当てる。まず第四章において、シンクタンク像の再考とともにシンクタンクの影響力に関する再検討を行った上で、第五章と第六章においてミサイル防衛（missile defense）とスクール・バウチャー（school voucher）の動向と、保守系シンクタンクの関係を取り上げる。ミサイル防衛とスクール・バウチャーは、保守系シンクタンクがその初期から推進してきた政策案であり、そのため、個々の政策案の展開と保守系シンクタンクの関係を考える上で適切なケースである。

（1）ジェームズ・A・スミス著、長谷川文雄ほか訳『アメリカのシンクタンク――大統領と政策エリートの世界』（ダイヤモンド社、一九九四年）、二七七―二七八頁。

（2）Andrew Rich, *Think Tanks, Public Policy, and the Politics of Expertise* (Cambridge: Cambridge University Press, 2004), p. 7.

（3）Paul Dickson, *Think Tanks* (New York: Atheneum, 1971).

（4）スミス『アメリカのシンクタンク』一九四―一九五頁。

（5）シンクタンクへの一般的な関心の高まりは、主要紙の動向を見ても明らかである。トーマス・メドヴェーツの研究によると、一九七〇年代まではアメリカの主要紙において「シンクタンク」が登場する回数はごくわずかであったが、一九八〇年代以降その回数が激増している。Thomas Medvetz, *Think Tanks in America* (Chicago: University of Chicago Press, 2012), p. 123.

（6）Martha Derthick and Paul J. Quirk, *The Politics of Deregulation* (Washington D.C.: Brookings Institution, 1985). 阿部斉・久保文明『国際社会研究Ⅰ　現代アメリカの政治』（放送大学教育振興会、二〇〇二年）、一七三―一七五頁。秋吉貴雄『公共政策の変容と政策科学――日米航空輸送産業における二つの規制改革』（有斐閣、二〇〇七年）、七―一一頁。

（7）Derthick and Quirk, *The Politics of Deregulation*, pp. 36–37.

（8）R. Kent Weaver, "The Changing World of Think Tanks," *P.S.: Political Science & Politics*, September 1989, pp. 563–578.

（9）スミス『アメリカのシンクタンク』。

（10）日本の研究者の反応も海外における反響の大きさを示す一例である。五十嵐武士は、一九九二年に発表した『政策革新の政治学』においてスミスの研究を引用しながら、アメリカでは政策立案能力が民間に至るまで広範囲に分散していることを論じている。また、スミスの研究は日本においても一九九四年に『アメリカのシンクタンク』として翻訳出版され、やがて同書はアメリカ政治に関する教科書の中で参考文献に挙げられるようになった。五十嵐武士『政策革新の政治学――レーガン政権下のアメリカ政治』（東京大学出版会、一九九二年）、四八―五四頁。阿部斉・久保文明『現代アメリカの政治』（放送大学教育振興会、一九九七年）。

（11）David M. Ricci, *The Transformation of American Politics: The New Washington and the Rise of Think Tanks* (New Haven: Yale University Press, 1993); James G. McGann, *The Competition for Dollars, Scholars and Influence in the Public Policy Research Industry* (Lanham: University Press of America, 1995); Winard Gellner, "The Politics of Policy: 'Political Think Tanks' and Their Markets in the U.S. Institutional Environment," *Presidential Studies Quarterly*, vol. 25 (1995), pp. 497–510; Donald E. Abelson, *American Think Tanks and Their Role in U.S. Foreign Policy* (New York: St. Martin's Press, 1996); Diane Stone, *Capturing the Political Imagination: Think Tanks and the Policy Process* (London: Frank Cass, 1996); Jean Stefancic and Richard Degaldo, *No Mercy: How Conservative Think Tanks and Foundations Changed America's Social Policy Agenda* (Philadelphia: Temple University Press, 1996).

（12）アメリカ政治学会の年次大会では、これまでに以下の報告が行われている。Samantha L. Durst and James A. Thurber, "Studying Washington Think Tanks: In Search of Definitions and Data," Paper delivered to the 1989 annual meeting of the American Political Science Association; Winard Gellner, "Political Think Tanks: Functions and Perspectives of a Strategic Elite," Paper delivered to the 1990 annual meeting of the American Political Science Association; Andrew Rich and R. Kent Weaver, "Think Tanks, the Media and the Policy Process," Paper delivered to the 1997 annual meeting of the American Political Science Association; Andrew Rich, "Think Tanks as Sources of Expertise for Congress and the Media," Paper delivered to the 1998 annual meeting of the American Political Science Association; Andrew Rich, "Ideas versus Expertise: Think Tanks and the Organization of Information in American Policy-making," Paper delivered to the 2006 annual meeting of the American Political Science Association.

（13）ブルッキングス研究所については、Donald T. Critchlow, *The Brookings Institution, 1916–1952: Expertise and the Public Interest in a Democratic Society* (DeKalb: Northern Illinois University Press, 1985); James A. Smith, *Brookings at Seventy-Five* (Washington D.C.: Brookings Institution Press, 1991). ランド研究所については，Bruce L. R. Smith, *The RAND Corporation: Case Study of a Nonprofit Advisory Corporation* (Cambridge: Harvard University Press, 1966); Martin J. Collins, *Cold War Laboratory: Rand, the Air Force, and the American State, 1945–1950* (Washington D.C.: Smithsonian Institution Press, 2002); Jean-Loup Samman, *The RAND Corporation (1989–2009): The Reconfiguration of Strategic Studies in the United States* (New York: Palgrave Macmillan, 2012). アレックス・アベラ著，牧野洋訳『ランド　世界を支配した研究所』（文春文庫，二〇一一年）。外交問題評議会については，Robert D. Schulzinger, *The Wise Men of Foreign Affairs: The History of the Council on Foreign Relations* (New York: Columbia University Press, 1984); Inderjeet Parmar, *Think Tanks and Power in Foreign Policy: A Comparative Study of the Role and Influence of the Council on Foreign Relations and the Royal Institute of International Affairs, 1939–1945* (New York: Palgrave Macmillan, 2004); Peter Grose, *Continuing the Inquiry: The Council on Foreign Relations from 1921 to 1996* (New York: Council on Foreign Relations, 2006). カーネギー国際平和財団については，David Adesnik, *100 Years of Impact: Essays on the Carnegie Endowment for International Peace* (Washington D.C.: Carnegie Endowment for International Peace, 2011). 戦略国際問題研究所については，James A. Smith, *Strategic Calling: The Center for Strategic and International Studies 1962–1992* (Washington D.C.: The Center for Strategic and International Studies, 1993). ＡＥＩについては，Howard J. Wiarda, *Conservative Brain Trust: The Rise, Fall, and Rise Again of the American Enterprise Institute* (Lanham: Lexington Books, 2009). フーヴァー研究所については，W. Glenn Campbell, *The Competition of Ideas: How My Colleagues and I Built the Hoover Institution* (Ottawa: Jameson Books, 2000). ヘリテージ財団については，Lee Edwards, *The Power of Ideas: The Heritage Foundation at 25 Years* (Ottawa: Jameson Books, 1997); Lee Edwards, *Leading the Way: The Story of Ed Feulner and the Heritage Foundation* (New York: Crown Forum, 2013). 外交政策研究所（Foreign Policy Research Institute）については，Howard J. Wiarda, *Think Tanks and Foreign Policy: The Foreign Policy Research Institute and Presidential Politics* (Plymouth: Lexington Books, 2010).

（14）　Donald E. Abelson, *Do Think Tanks Matter? Assessing the Impact of Public Policy Institutes* (Montreal & Kingston: McGill-Queen's University Press, 2002); Rich, *Think Tanks, Public Policy, and the Politics of Expertise*; Donald E. Abelson, *A Capitol Idea: Think Tanks and US Foreign Policy* (Montreal & Kingston: McGill-Queen's University

Press, 2006); Medvetz, *Think Tanks in America*; James G. McGann, *The Fifth Estate: Think Tanks, Public Policy, and Governance* (Washington D.C.: Brookings Institution Press, 2016); Jason Stahl, *Right Moves: The Conservative Think Tank in American Political Culture since 1945* (Chapel Hill: University of North Carolina Press, 2016).

（15）以下が、シンクタンクを主題とした博士論文である。Michael G. Bath, “Independent Think Tanks and Patronage: Interest Representation in the Policy Process” (Ph.D. dissertation, University of Kansas, 1996); Joanne M. Bookmyer, “Policy Research in the Age of Think Tanks” (Ph.D. dissertation, Arizona State University, 1999); Thomas M. Medvetz, “Think Tanks and Production of Policy-Knowledge in America” (Ph.D. dissertation, University of California, Berkley, 2007).

（16）シーダ・スコッチポル著、河田潤一訳『失われた民主主義――メンバーシップからマネージメントへ』（慶應義塾大学出版会、二〇〇七年）、一二七―一二八頁。Jacob S. Hacker and Paul Pierson, *Off Center: The Republican Revolution and the Erosion of American Democracy* (New Haven: Yale University Press, 2005); Jacob S. Hacker and Paul Pierson, *Winner-Take-All Politics: How Washington Made the Rich Richer—And Turned Its Back on the Middle Class* (New York: Simon & Schuster, 2010).

（17）Stone, *Capturing the Political Imagination*, pp. 4–5.

（18）久保文明「政治的インフラストラクチャーについて」久保文明編『アメリカ政治を支えるもの――政治的インフラストラクチャーの研究』（日本国際問題研究所、二〇一〇年）、九―一〇頁。

（19）Rich, *Think Tanks, Public Policy, and the Politics of Expertise*, p. 153.

（20）たとえば、R・ケント・ウィーヴァーは、保守系シンクタンクの特徴について「党派性・イデオロギー性をもち、政策論議に影響を及ぼそうと宣伝に力を入れている」と指摘しているのみで、政治運動の側面については全く言及していない。Weaver, “The Changing World of Think Tanks,” p. 567.

（21）久保「政治的インフラストラクチャーについて」四―六頁。

（22）Abelson, *Do Think Tanks Matter?* p. 51.

第一部　アメリカのシンクタンクの現状・歴史的展開・比較分析

第一章　アメリカのシンクタンク

シンクタンクとはどのような団体であろうか。また、現在アメリカにおいてシンクタンクはどの程度活動しているのであろうか。本章ではまずシンクタンクの定義について述べた後、アメリカのシンクタンクの現状や分類、そして発達要因について考察する。また、イデオロギー系シンクタンクについては、保守派とリベラル派による政治インフラ作りの一環で、過去四〇年余りで爆発的に急増した。そこで、シンクタンクと政治インフラを構成する他の団体との関係性等についても論じたい。

第一節　シンクタンクの定義

一　政策志向の研究機関

一九八〇年代以降、一般の次元のみならずアカデミズムの次元においても関心が高まるにつれ、シンクタンクについては「政策志向の研究機関」であるとの見方が広まったが、より具体的に定義するならば、シンクタンクとは「専門知識やアイディアなどを動員して政策過程に影響を及ぼすことを最大の目的としている研究機関」となろう。一方、トーマス・メドヴェーツは、二〇一二年に発表した『アメリカにおけるシンクタンク』という書籍の中で、以上のようにシンクタンクを政治との関係に限定せず、その多面的な性格を論じている。すなわち、メドヴェーツはシンクタンクについて政治、ビジネス、メディア、学界と関係をもち、政治の場における認知はもとより、ビジネス界からの財政的支援やメディアでの注目を確保することを目的に活動しており、またこうした活動を通じて政策論議に参加したいと望む知識人を巻き込んでいると指摘している。(1) 非常に興味深い考察である。とはいえ、シンクタンクにとっての第一義的な目的が政治、すなわち政策過程に影響を及ぼすことであるのは明らかである。政策過程への影響力を高めるために、シンクタンクは幅広い人脈を確保し、ビジネス、メディア、アカデミズムの世界にも深く根を下ろしていると考えるべきである。

シンクタンクについては他の政治アクター、なかでも利益団体との類似性が指摘されることもある。一部では「シンクタンクとは利益団体の一種ではないか」といった声すらある。確かに、利益団体も多くの政策の専門家を抱えており、一見したところ両者に大きな違いを見出すことはできない。かつて、政治学者のヒュー・ヘクローは個々の政策分野における専門家の横の繋がりに着目し、そうした政策専門家の繋がりについて「イシュー・ネットワーク」と名付けたが、言うまでもなく利益団体、シンクタンクは共にイシュー・ネットワークの構成メンバーである。(2)

しかし、二つの理由からシンクタンクは利益団体とは区別して考察されるべきである。まず、利益団体の使命とは会員の動員や政治献金などを通じて掲げる利益を政策過程において実現することである。利益団体も政策の専門家を雇ってはいるものの、政策研究自体はそうした利益実現のための一手段に過ぎず、利益団体にとっての最大の目的ではない。これに対して、何らかの利益実現を目指している可能性は排除できないにせよ、シンクタンクにとっての最も重要な目的とは、専門知識やアイディアを通して政治社会が直面している様々な問題に対して有効な解決策を提示することである。(3)

次に、アメリカにおいてシンクタンクの大半はその法的地位に伴い政治活動面で大きな制約を受けている。利益団体とシンクタンクはともに、内国歳入法上の非営利団体であるが、利益団体は同法の第五〇一条(c)項四号団体（以下、五〇一(c)四団体と略記する）であるのに対し、シンクタンクの大半は第五〇一条(c)項三号団体（以下、五〇一(c)三団体と略記する）として登録されている。この法的地位の違いは非常に重要である。後述する通り、シンクタンクは、五〇一(c)三団体であることで通常利益団体が従事する活動において大きな制約が課されているからである。このような違いを考えれば、シンクタンクを利益団体の一種と捉え、利益団体研究の文脈でシンクタンク論を展開することは好ましくないと思われる。

なお、大学に付属する研究機関との関係についても付言しておく必要があろう。シンクタンクが政策的インプリケーションを重視している以上、当然、学術的研究を目的としている大学の研究機関はシンクタンクではない。ただし、スタンフォード大学内部にあるフーヴァー研究所のように、大学内にあっても政策志向を掲げている研究機関は存在する。また、一九八七年に完全に分離したものの、外交政策の研究で名高い戦略国際問題研究所も、設立からしばらくはジョージタウン大学の一部局であった。したがって、大学内部に存在していたとしても、純粋にアカデミックな研究に従事しているのではなく、政策の動向に影響を及ぼすことを主たる目的としている研究機関は、シンクタンクと考えるべきであろう。

二　非営利団体としてのシンクタンク

次に、五〇一(c)三団体の税制上の特典や政治活動面での制約について述べたい。内国歳入法の第五〇一条(c)項では法人税が免除される団体を列挙しており、五〇一(c)三団体は「宗教、慈善、科学、公共安全試験、文学、教育、国内・国際のアマチュア・スポーツの育成、子供および動物の虐待防止保護等の活動を行う法人又は基金若しくは財団」と規定している(4)。

五〇一(c)三団体は、税制面での最も手厚い保護を受けていることで知られる。法人税の免除に加えて、他の免税団体にはない寄付金控除対象団体としての資格が与えられている。すなわち、五〇一(c)三団体に対する寄付の一定額は課税所得から控除される。そのため、寄付する側には寄付しようとするインセンティブが生まれることになり、実際五〇一(c)三団体には多くの寄付が集まり易い。また、五〇一(c)三団体であることは助成財団の支援を獲得する上でも非常に有利である。法的には、財団が五〇一(c)三団体以外の免税団体に資金を提供することは可能であるものの、その場合、財団自らが助成金の使途について慈善目的であることを保証しなければならない。これに対して、五〇一(c)三団体への助成では同様の義務が課されないことから、財団の助成は五〇一(c)三団体に集中する傾向がある[5]。

ただし、これだけの優遇措置を受けられる反面、五〇一(c)三団体には高い公益性が要求され、なかでもロビーイングと選挙との関わりにおいて厳しい規制が設けられている。監督官庁である内国歳入庁によって、これらの規制に違反したと見なされれば、最悪五〇一(c)三団体としての地位が剝奪されることもあり得る。

まず、ロビーイング、すなわち法案の賛否を唱導する活動は、五〇一(c)三団体の「主たる活動」であってはならない。具体的には、ロビーイングは団体の「非実質的部分（no substantial part）」において行わなければならない。無論、この規定は非実質的部分であればロビーイングが許容されることを意味するものの、五〇一(c)三団体にとって大きな縛りであることは否定できず、またそもそも非実質的部分の基準にしても必ずしも明確ではないという問題もある。税制の専門家の間では、「団体の予算の二〇パーセント以内」という見解もあれば、内国歳入庁は、その他の要素、たとえば団体の目的におけるロビーイングの重要度、ロビーイングとその他の活動に費やしたそれぞれの時間、ロビーイングの継続性といった点も考慮しながら、非実質的部分にとどまるか否かを判断するとの見方もある。次に、選挙をめぐる規制であり、五〇一(c)三団体が選挙に関わることは固く禁じられている。より具体的に言うと、党派性のない有権者登録や投票所への動員、またすべての候補が出席する討論会の開催は可能であるものの、特定候補者を応援する、あるいは批判することは断じて許されない。

ただし、注意すべきなのは、こうした一連の規制により五〇一(c)三団体が全く政治に関与できないわけではないという点である。まず、政治家に接触すること自体は禁じられておらず、政治家に「専門的技術的助言」を提供することには何ら制約はない。また、「非党派の調査研究」を実施しその成果を公表することや、文書による要請があれば議会の公聴会で証言することなども可能である。そのため、シンクタンクは主にこのような制約のない機会を通して政界の奥深くに浸透していると考えられる。次に、選挙との関連でも、職員が本来の職務としてではなく「個人の立場」で候補者のアドバイザーを務めることには一切制約はない。したがって、事実上シンクタンクが大統領候補のもとに研究員を送り込むことにより、来る新政権との間で太いパイプを構築しておくといったことは十分可能である。(6)

とはいえ、五〇一(c)三団体に対する規制は、五〇一(c)四団体と比べると非常に厳しいものであることは明らかである。五〇一(c)四団体は「社会福祉団体（social welfare organization）」と定義され、税制面での特典は法人税の免除のみであるが、その代わり免税目的に沿う限りロビーイングをほぼ無制限に行うことができる。また、候補者への政治献金や候補者の当落を直接訴えることは禁じられているものの、党派的な方法により候補者の政策を採点することや意見広告は許容されている。意見広告とは、テレビ広告などで「A議員はこのようなひどい法案に賛成票を投じた」、あるいは「B議員はこのような素晴らしい政策の実現に貢献してきた」といったように候補者の過去の行動に言及することで、実質的に候補者の当落に影響を及ぼす選挙広告である。上述した通り、利益団体のほとんどは内国歳入法上の五〇一(c)四団体である。全米ライフル協会（National Rifle Association）のように利益団体の中には、五〇一(c)三団体を併設しているところもあるが、そうした団体においても政治的活動の中心となるのは五〇一(c)四団体である。(7)

表1–1 アメリカの大手シンクタンク（2014年）

	年間収入額	職員数
ブルッキングス研究所	1億ドル	629名
カーネギー国際平和財団	4300万ドル	163名
外交問題評議会	7700万ドル	467名
戦略国際問題研究所	4100万ドル	340名
ランド研究所	3億2200万ドル	2137名
ピーターソン国際経済研究所	1200万ドル	71名
アトランティック・カウンシル	2200万ドル	136名
ヘリテージ財団	9700万ドル	570名
AEI	8500万ドル	237名
ケイトー研究所	3600万ドル	248名
ハドソン研究所	1300万ドル	50名
マンハッタン政策研究所	1700万ドル	67名
アメリカ進歩センター	4500万ドル	396名
予算・優先政策センター	5000万ドル	209名
ニュー・アメリカ財団	2000万ドル	194名
デモス	720万ドル	74名
ローズヴェルト研究所	620万ドル	45名

（出所：各シンクタンクの財務報告書より筆者作成）

第二節　シンクタンクの現状と分類

一　現　状

ところで、アメリカではどのくらいの数のシンクタンクが活動しているのであろうか。アメリカのシンクタンクについては、二〇〇六年に刊行された『シンクタンク要覧（*Think Tank Directory*）』という纏まった資料があり、各シンクタンクの設立年、予算規模、関心領域といった情報を詳細に提供している。この資料によると、アメリカで活動しているシンクタンクの数は一一〇六に及ぶ。しかし、この数字をそのまま採用することは好ましくないであろう。『シンクタンク要覧』では、先に述べたシンクタンクの定義から明らかに外れる団体を多数含んでいるからであり、たとえば、利益団体の調査部門、学術的研究を目的としている大学付属の研究機関、資金提供を目的としている助成財団まで、少なからず掲載している。また、規模の大きいシンクタンクになると、その内部の下部組織が独立して掲載されているという重複の問題もある。ランド研究所については、その本体とは別に下部組織にあたる国防研究所(National Defense Research Institute) などが掲載されている(8)。

そこで、『シンクタンク要覧』からシンクタンクの定義から外れる団体を除外するとともに、重複掲載を整理し、さらに同資料では網羅されていない、二〇〇六年以降に誕生したシンクタンクを加えると、アメリカでは三九二のシンクタンクが活動していることになる（後掲の表1-2を参照）。第三章で述べる通り、この数字は世界的にも突出しており、アメリカは「シンクタンク超大国」と言っても過言ではない。また、大手のシンクタンクになると、総じて規模が大きい。表1-1のように数千万ドル以上の年間予算と一〇〇名を優に超えるスタッフを抱え、この点でもアメリカのシンクタンクは世界的に群を抜いている。

二　中立系シンクタンクとイデオロギー系シンクタンク

アメリカのシンクタンクと一口に言っても、その中身は多様である。たとえば、多数の政策領域にまたがって研究に従事する「総合百貨店」型のシンクタンクから、外交、福祉、人種問題など特定の政策分野に限定して研究する「シングル・イシュー」型のシンクタンクまでさまざまである(9)。また、数多くのスタッフを擁する大規模なシンクタンクから、職員数はわずか数名という零細のシンクタンクまである。

しかし、多様であるとはいえ、志向する政策研究の中身や政治的な立場という基準から、アメリカのシンクタンクは、「中立系シンクタンク」と「イデオロギー系シンクタンク」の二つのグループに分けることが可能である。まず、中立系シンクタンクは二〇世紀初頭から一九六〇年代までに設立されたものが多く、その特徴としては客観的な政策研究を志向しており、高い水準の研究の実現を目指している。そのため、研究員の採用においては著名な学者や政府高官経験者といった学術や実務の豊富な実績を有する人材を重視している。また、政治的には中立を強調する傾向がある。無論、純粋な意味での中立性を実現しているシンクタンクなど存在しない。たとえば、研究員の顔ぶれにおいていずれかの政党関係者の方が多いというシンクタンクもある。しかし、このグループに入るシンクタンクが、先の研究姿勢とともに、シンクタンクとして特定勢力のために活動することを使命としていないという点は極めて重要であり、中立系シンクタンクと表現されるべきである。中立系シンクタンクの代表としては、ブルッキングス研究所、カーネギー国際平和財団、外交問題評議会、ランド研究所、アーバン・インスティテュート（Urban Institute）、戦略国際問題研究所、ピーターソン国際経済研究所（Peterson Institute for International Economics）などが挙げられる。

次に、イデオロギー系シンクタンクは一九七〇年代以降に急増したシンクタンクであり、文字通り特定イデオロギーを標榜している。具体的には、保守系シンクタンクとリベラル系シンクタンクのことを指す。保守系シンクタンクは、「小さな政府」、「自由市場」、「強固な国防」、「伝統的価値」を掲げ、そうした原則に基づく政策の実現を目指している。リベラル系シンクタンクは、経済社会問題における政府の積極的役割、「プログレッシブな政策」、環境保護、消費者保護、社会的正義、軍縮などを推進している。また、そのイデオロギー的性格から、保守系シンクタンクは共和党、リベラル系シンクタンクは民主党とそれぞれ緊密な関係を築く傾向がある。さらに、イデオロギー系シンクタンクは中立系シンクタンクほど学術・実務における実績は重視しておらず、むしろ政治の現場で活発に行動できる人材を求めており、若手も積極的に採用している。確かに、その成長につれて、イデオロギー系シンクタンクにおいても政府高官経験者らが少なからず在籍するようになった。しかし、数年程度議員補佐官を務めた者や、大学院を修了したばかりの者といった若手を雇用する傾向は現在でも見られる[(10)]。

イデオロギー系シンクタンクの代表としては、保守系シンクタンクではヘリテージ財団、AEI、フーヴァー研究所、ケイトー研究所、ハドソン研究所（Hudson Institute）、マンハッタン政策研究所（Manhattan Institute for

Policy Research）、倫理・公共政策センター（Ethics and Public Policy Center）、またリベラル系シンクタンクでは、アメリカ進歩センター（Center for American Progress）、予算・優先政策センター（Center on Budget and Policy Priorities）、経済政策研究所（Economic Policy Institute）、サード・ウェイ（Third Way）、ニュー・アメリカ財団（New America Foundation）、デモス（Demos）、ローズヴェルト研究所（Roosevelt Institute）などが指摘できる。

序章で述べた通り、アメリカのシンクタンクについてはウィーヴァーの分類が有名であり、ウィーヴァーは「学生不在の大学」、「委託研究型組織」、「アドボカシー・タンク」の三つのグループに分けている。ただし、学生不在の大学と委託研究型組織は、資金面で前者は財団など民間に、後者は政府にそれぞれ大きく依存しているという違いこそあれ、ウィーヴァー自身も認めている通り、客観的な政策研究を志向しているといった基本的な特徴では共通している。そのため、これら二つは「中立系シンクタンク」と纏めることができる。また、ウィーヴァーはアドボカシー・タンクの特徴について強固なイデオロギー性と指摘していることから、アドボカシー・タンクを「イデオロギー系シンクタンク」と言い換えることができる[11]。

第三節　シンクタンクの発達要因

一　制度的要因

前節で見たように、アメリカではシンクタンクが高度に発達しているが、ではなぜこれほどまでに発達したのか。その要因としては、①制度的要因、②財政的要因、③政治的要因、これらの要因が特に重要であろう。

アメリカにおけるシンクタンクの発達を考える際に、しばしば指摘されるのが官僚制の特徴である。アメリカの官僚制では、かつての猟官制の名残である政治任用制度が存続しており、今日においても少なくとも四〇〇〇とも言われる高級官僚が新大統領によって任命される。新大統領は自分の支持者を任命し、官僚制の中から人材を求めることもあるが、通常は議員あるいはその経験者、企業経営者、利益団体代表などを任命する。当然政策についての豊富な知識をもつシンクタンク研究員も、政府高官の候補である。一方、政権が交代すると、基本的に前政権の高級官僚は辞職しなければならず、新たな職場を探さなければならない。ワシントンD・Cにとどまり、政策研究に関わることで四年後あるいは八年後に捲土重来を期すという人々にとっては、シンクタンクは魅力的な就職先である。収入を得ながら政策研究を続け、次の大統領選挙の有力候補と目される人物に自らを売り込み、その人物がホワイトハウスの主になれば、自分もまた政府に戻ることができる。要するに、シンクタンクの研究員は高級官僚の予備軍であり、また政府を離れた高級官僚にとっての働き口である。これが、シンクタンクが政府高官のための「回転扉」であると呼ばれる理由である。[12]

このように、アメリカの行政府は政治任用制度を通じて外部に対して開放的であり、外部専門家が活用される制度的条件を備えているが、政党の性格から立法府も同じく開放的である。アメリカの議会内政党は日本やイギリスなどの政党とは異なり党内規律が緩く、各議員は党指導部の意向に左右されずに法案を自由に作成できる。ただし、議員はあらゆる政策分野に精通しているわけではなく、また議員を支える補佐官の入れ替わりも激しい。そのため、常に法案作成に必要な専門知識を有しているとは言い難く、議会でもシンクタンクをはじめ外部専門家の助言に対する高い需要が存在する。[13]なお、このような議会の開放性は、とりわけ新設のシンクタンクの成長を促すと考えられる。事実、一九七〇年代以降に誕生し、今日大きな影響力を発揮していると見られているシンクタンクの中には、まずは有力議員との強固な関係を通じて成長を遂げた例が少なくない。たとえば、設立間もない頃、ヘリテージ財団が共和党議員やそのスタッフへの接触を積極的に試みていたことは有名である。誕生間もないシンクタンクは実績が皆無であることから、研究員が高級官僚に任命されることは稀であり、そのため政権中枢と太いパイプを最初から築くことは非常に困難である。その一方で、超党派政策センター（Bipartisan Policy Center）のジョン・フォルティーアが指摘しているように、「連邦議会では五三五名の議員のみならず、その補佐官までを含めれば接触対象はかなりの数に上る。その一部にでも食い込むことができれば、新しいシンクタンクであっても政策論議に関与することが可能である」[14]。

ただし、このような制度的側面がシンクタンクの起源となる二〇世紀初頭からその成長に貢献してきたとは考えにくい。アメリカの官僚制については、徐々に専門性が重視されるようになったという歴史的経緯を忘れてはならない。一九世紀までは大統領はその能力の有無に関係なく自らの支持者を高級官僚に任命しており、政策についてさほど知らない人物でも重要ポストに任命されることは決して珍しいことではなかった。こうした状況が変わったのは二〇世紀に入ってからであり、経済社会問題の噴出により連邦政府が扱う政策が一挙に広がるようになるにつれ、専門的知識を修めた人々が重視されるようになった。一九三〇年代のニューディール期は、政府と専門家の関係を定着させた一大転機であった。大恐慌という未曽有の危機を受けて、失業者の救済や貧困対策といった国民福祉の増進、あるいは金融に対する規制などに直接関与するようになることで連邦政府の活動領域が拡大し、各行政分野において専門知識が強く求められるようになった。そして、その後の第二次世界大戦の勃発や冷戦の到来はこの流れを一層強めたのであった[15]。

このような変化を背景として、シンクタンクも次第に活用されていく。たとえば、マーシャル・プラン（Marshall Plan）の策定にあたっては、ブルッキングス研究所や外交問題評議会などいくつかのシンクタンクの研究が参考とされたことは有名である。また、こうした中でシンクタンクの研究員が政府職員に任命されるケースも生まれるようになる。確かに、一九五〇年代までは高級官僚に任命された専門家のほとんどは大学の研究者であった。しかし、ケネディ政権においてブルッキングス研究所やランド研究所などの数多くの研究員が引き抜かれると、以後、シンクタンクは高級官僚の主な供給源の一つとして機能するようになり、同時に政府を離れた前官僚にとっての魅力的な就職先となっていく(16)。

議会においてシンクタンクがより本格的に活用されるようになったのは、一九七〇年代以降のことである。まず、ニューディール期以降、立法上の主導権は大統領が握り、長く議会はそれを容認していたが、ヴェトナム戦争の泥沼化やウォーターゲート事件を受けて大統領に対する無批判な追随を反省し、大統領の指導力にブレーキを掛けることを試みるようになる。その一環として、議会では自ら立法上のイニシアチブを取る体制が強化されるようになり、技術評価局や議会予算局が新設されるとともに、古くから議会図書館内にあった調査部が議会調査局へ改組強化された(17)。要するに、一九七〇年代以降、議会においても専門知識への需要が格段に高まり、これに伴いシンクタンクの助言も頻繁に活用されるようになる。議会予算局の設立に際してはブルッキングス研究所の研究が大きな影響を及ぼしていたと言われるが、この例は議会とシンクタンクの関係が深まったことを象徴するものであった(18)。

二　財政的要因

アメリカではシンクタンクのための資金源が充実しており、主に財団、企業、個人、政府から運営に必要な資金を調達することができる(19)。

まず、五〇一(c)三団体であるシンクタンクは、財団から大きな恩恵を受けている。周知の通り、アメリカではフィランソロピーの文化が発達しており、そのため財団が無数に存在している。莫大な資産規模を有する財団も少なくない。資産規模が一〇億ドルを上回る財団は七〇を数え、アメリカにおいて最大の財団であるビル&メリンダ・ゲイツ財団（Bill & Melinda Gates Foundation）の資産規模に至っては、三五〇億ドルに達している[20]。

確かにすべてのアメリカの財団がシンクタンクへの資金提供を行っているわけではないものの、シンクタンクの歴史は財団を抜きにしては語ることができないほど、シンクタンクにとって財団の支援は不可欠であり続けてきた。ロックフェラー財団（Rockefeller Foundation）やカーネギー財団（Carnegie Corporation）といった大型財団は、二〇世紀初頭からシンクタンクに資金を提供し、第二次大戦後はこれらにフォード財団（Ford Foundation）が加わり、シンクタンクの成長を財政面で支えてきた。また、一九七〇年代以降はロックフェラーなどの大型財団とともに、後述する通りそのイデオロギー的傾向を明示する財団もシンクタンクにとっての資金源になった。同じく大口支援という点では、大企業からの寄付も重要である。なかでも大手シンクタンクの年次報告書を見ると、主な支援者リストには大企業の名前が数多く掲載されている[21]。

個人の寄付もシンクタンクを支えている。五〇一(c)三団体は寄付金控除対象団体としての資格を与えられているが、この特典を存分に活用した草分け的存在が保守系シンクタンクのヘリテージ財団である。ヘリテージ財団は一九七〇年代初頭の設立時より、財団や企業からの支援とともに、ダイレクト・メールを活用して保守派の市民からも寄付を募ることで、その財政力の強化に努めてきた。財団などの大口支援に比べれば、一個人が寄付する額はごくわずかであり、多くても一〇〇ドル、二〇〇ドルといった少額である。しかし、たとえ一人一人の寄付が少額であっても個人寄付を無数に集めることができれば全体として大きな資金を確保することができ、それによって特定の大口支援者に過度に依存しない財務体質を手にすることができる。そのため、現在では多くのシンクタンクが個人寄付の調達にも力を入れており、特に電子メールなどを通じて活発に寄付を呼びかけている[22]。

連邦政府において専門家を重視する風潮が生まれたことを反映して、第二次大戦後は政府機関の委託研究もシンクタンクにとって重要な資金源となった。一九四〇年代後半に生まれたランド研究所が国防総省の委託研究で発達したことはその最たる例であり、ランド研究所は現在も数多くの委託研究を請け負っている。同じくランド研究所の研究員によって一九六〇年代初頭に設立されたハドソン研究所も、設立当初は国防総省の委託研究を請け負っていた。また、リンドン・ジョンソン政権期に「ランド研究所の国内版」を目指して発足したアーバン・インスティテュートは、住宅都市開発省や運輸省などからの委託研究のもとで成長し、ブルッキングス研究所も一九七〇年代に各省庁から多くの委託研究を確保していた。このように、長年政府も財政面でシンクタンクの成長を支えてきた。しかし、一九八〇年代に入ると状況は一変する。小さな政府路線を推進するレーガン政権が登場すると、シンクタンクへの委託研究は無駄な補助金であるとして、大幅に削減されてしまったのである。当然、委託研究への依存度の高いシンクタンクは財政的に困窮し、アーバン・インスティテュートは一九八一年からの一年間だけで、およそ半数にあたる研究員を解雇せざるを得なかった。また、ブルッキングス研究所では一九八二年の時点で二二パーセントもあった、年間予算に占める委託研究の割合は、その五年後にはわずか三パーセントにまで減少してしまった(23)。

確かにレーガン政権以降、政府機関の委託研究すべてが削減されたわけではないものの、かつてに比べれば財政面で政府の重要性が大きく低下したことは否めず、今日では政府はシンクタンクの成長を支える主な資金源とは言い難い。事実、以前のランド研究所のように政府の委託研究により大きく成長を遂げたケースは近年ではほとんどない。なお、保守系シンクタンクは政府の委託研究の受入れを意識して拒否している。それは、大きな政府への反対を掲げていながら、政府からの資金提供を受けることはその存在意義を自ら否定するものと考えているからである(24)。

シンクタンクの資金源としては、二〇一四年秋の『ニューヨーク・タイムズ（*New York Times*）』の報道以来、外国政府・企業の寄付、いわゆる外国マネーも注目されつつある。同紙は、二〇一一年以降で少なくとも六四の外国政府と関連団体が、アメリカ政府や議会に影響を及ぼそうと、ブルッキングス研究所をはじめとする二八のシンクタンクに資金を提供しており、その総額は少なく見積もっても九二〇〇万ドルに達すると報じた。ただし、アメリカのシンクタンクに対する外国マネーの流入自体は決して新しい現象ではない。一九五〇年代の時点で、既に台湾がアメリカのシンクタンクへの資金提供を始めたとされ、一九七〇年代にはサウジアラビアなども寄付を行うようになったと言われている。そして、一九八〇年代後半から一九九〇年代初頭にかけては、日本政府や日系企業が日米貿易摩擦への対応として、大手シンクタンクに資金を提供していたことは広く知られている。(25)

とはいえ、以前はアメリカのシンクタンクに資金を提供していた国はごく限られていた。多くの外国政府や企業が寄付を行うようになったのは比較的最近の現象である。その背景としては、多くの国々が対米外交の一環としてシンクタンクとの関係をますます重視するようになったことが大きい。先の『ニューヨーク・タイムズ』紙の記事ではノルウェー政府の内部文書を紹介している。同文書では、「小国が力のある政治家や役人に接触することは難しいが、シンクタンクへの寄付は政治家らへのアクセスを得るための一つの手段だ」と書かれ、シンクタンクとの関係を強化する意義が強調されている。このノルウェー政府の例のように、近年対米外交の中にシンクタンクを位置づける国が増加しているものと考えられる。(26)

三　政治的要因

上記の要因の他に、一九七〇年代以降、もう一つの要因がシンクタンク設立を後押しする。アメリカ国内の政治変動の影響であり、保守派、リベラル派双方が自らの政治インフラの要としてシンクタンクの設立を加速させていったのである。この動きをまず先に展開したのは保守派であった。すなわち、保守派は一九六四年大統領選挙において導き出された教訓から自らのインフラ作りに乗り出していったのである。

保守派の動向　保守派は、彼らの英雄である共和党のバリー・ゴールドウォーター上院議員（アリゾナ州）が現職大統領のジョンソンに勝つことができると確信していた。なぜなら、それまで共和党が大統領選挙で勝てなかったのは民主党の真似をしているからであり、徹底的な代替案を提示する候補を擁立して保守票を掘り起こせば、絶対に負けることはないと心底信じていたのである。そのため、保守派にとって自信をもって送り出したゴールドウォーターの惨敗は正に衝撃的な結果であった。しかし、その衝撃の大きさ故に、間もなく一つの教訓が導き出されていく。すなわち、リベラル派は巨大な政治インフラをもち、リベラル寄りの既存のメディアや大学研究者がゴールドウォーター叩きを繰り返し、「危険な泡沫候補」といった批判を行ったのに対し、これに対抗する保守派の声はか細く、そのためゴールドウォーターは惨敗したのだと分析したのであった。こうして、保守派はリベラル派に対抗するためには、「小さな政府」、「自由市場」、「強固な国防」、「伝統的価値」を宣伝流布する機関を整備することが急務であるとの結論に到達し、一九七〇年代に入り自らの政治インフラ作りを本格化させ、シンクタンクを相次いで誕生させていったのである(27)。

同時に、保守派にとってシンクタンクは大学の世界に対抗する知的拠点としての性格を有していたことも忘れてはならない。ウィリアム・バックリー二世が一九五一年に発表した『イェールにおける神と人間（*God and Man at Yale*）』の中でリベラルな教授陣が「学問の自由」の名のもとに学生達にリベラリズムを植え付けていると嘆いたように、保守的なるものはアカデミズムの主流において虐げられているとの強烈な劣等感が保守派内部で長く存在していた。このような劣等感を抱えていた保守派は、大学という世界の外で自らの知的正当性を訴える機関を作らねばならないと考えるようになり、なかでもシンクタンクにその役割を期待したのである(28)。

いずれにせよ、保守派にとって幸運であったのは、サラ・スケイフ財団（Sarah Scaife Foundation）、ジョン・オーリン財団（John M. Olin Foundation）、リンド&ハリー・ブラッドレー財団（Lynde and Harry Bradley Foundation）、スミス・リチャードソン財団（Smith Richardson Foundation）といった、いくつかの財団がインフラ作りに同調したことであった。これらの財団は幹部が熱烈な保守主義者であり、その中にはリチャード・スケイフのように、ゴールドウォーターの選挙運動に個人的に深く関与していた者もいた。そのため、これらの「保守系財団」指導者もゴールドウォーター惨敗から生まれた先の教訓を十分に共有しており、保守派の政治インフラ作りのために躊躇せずに支援の手を差し伸べたのである。

保守系財団は、後に「戦略的フィランソロピー（strategic philanthropy）」と呼ばれることになる、独特な助成手法を開発した。戦略的フィランソロピーとは、一言で言えば保守主義を標榜する団体に対して、立ち上げからその後の活動に至るまで長期にわたって「紐なし援助」を行う助成手法である。これにより、資金を受ける側はより機動的に行動することができ、また中長期的な戦略を立てることが可能となる。このような戦略的フィランソロピーに従事することで、保守系財団は保守派の政治インフラ作りに財政面で大きく貢献してきたと考えられている。この保守系財団の対極に位置するのが、フォード、ロックフェラー、カーネギーといった大型財団である。大型財団の場合、特定のプロジェクトごとに資金を提供する「紐付き援助」であることが多く、資金提供を受ける側は資金の使い途が限定されるなど様々な制約を受ける。また、大型財団は保守系財団とは異なり特定政治勢力を支えることを使命としていない。さらに、社会的サービスを提供する非営利団体への支援といった、政治性の乏しい助成も数多く手掛けている。無論、資産規模の面では大型財団は保守系財団をはるかに上回る。フォード財団の資産規模は一〇〇億ドルを超えるのに対して、保守系財団の資産規模は最大のブラッドレー財団でも五億ドル程度に過ぎない。しかし、資産規模では全く対抗できないものの、保守系財団は「戦略的フィランソロピー」という極めて効率的な助成を展開することで、一九七〇年代以降のアメリカ政治において大型財団を凌ぐ存在感を発揮してきたと考えられている(29)。

リベラル派の動向　ゴールドウォーターの惨敗を教訓に、やがて保守派が自らの政治インフラを組織的に整備していったのとは対照的に、リベラル派の動きは明らかに遅かった。そもそも、一九七〇年代に入っても環境保護運動や消費者保護運動など公共利益運動が盛り上がるなどリベラリズム全盛の時代が続いていた。また、メディアや大学は依然としてリベラル派の中心地であった。要するに、このような状況のもとではリベラル派内部で政治インフラを強化する必要性が認識されることはなかったのである。

確かに、一九七〇年代の時点でリベラル派のシンクタンクがいくつか活動していたことも事実である。マーカス・ラスキンとリチャード・バーネットの政策調査研究所（Institute for Policy Studies）は、一九六〇年代からヴェトナム反戦論を通じて気を吐いていたし、一九七一年には退役軍人のジーン・ラロックという人物によって軍縮を掲げる国防情報センター（Center for Defense Information）が設立されている(30)。とはいえ、保守系シンクタンクが保守系財団の潤沢な支援を受けていたのに対して、リベラル系シンクタンクは弱小であった。リベラル派内部で政治インフラをめぐる意識が乏しい状況では、シンクタンクを支援する体制も決定的に弱かったのである。

その後、レーガン政権の誕生においてヘリテージ財団をはじめとする保守系シンクタンクの「成功」を目の当たりにし、リベラル派の一部で保守派に対抗するシンクタンクを立ち上げようとの気運が生まれ、予算・優先政策センターや経済政策研究所が設立される。しかし、この時点に至っても尚、リベラル派内部で政治インフラ作りを組織的に進めようとのコンセンサスは生まれず、結局新たに設立された予算・優先政策センターなども保守系シンクタンクに比べると圧倒的に規模が小さかった。

リベラル派が覚醒するのは、一九九〇年代後半に入ってからである。この時期までにアメリカ政治における保守優位が明らかになる中で、その主たる要因の一つに保守派の政治インフラの影響が強く意識されるようになるとともに、自らのインフラが脆弱である状況に危機感が高まる。長年頼りにしてきた大学の世界にしても、この頃には状況が変わってきており、保守派が部分的にかなり食い込み、以前のようにリベラル派の牙城とは呼べない状況となっていた(31)。こうした中で、遂にリベラル派内部において自らのインフラを整備しなければ手遅れになるとの主張が広まっていく。全米レスポンシブ・フィランソロピー委員会（National Committee for Responsive Philanthropy）というリベラル派団体に勤務した経験のあるジェフ・クリヒリーは、当時を振り返り「保守派の攻勢に対して無力感が漂う中で、ようやくリベラル派もインフラ作りに本格的に取り組むようになった」と述べている[32]。

その後、ブッシュ政権が発足すると強烈な反ブッシュ感情を有するジョージ・ソロス、ピーター・ルイス、マリオン・サンドラーといったリベラル系フィランソロピストが登場する。かつての保守系財団指導者のように、これらのフィランソロピスト達もリベラル派の政治インフラ強化の呼びかけに共鳴し、デモクラシー・アライアンス（Democracy Alliance）という団体を立ち上げ、「リベラル版戦略的フィランソロピー」に乗り出していく。このように、資金源が充実したことで、アメリカ進歩センターを筆頭とするシンクタンクが続々と生まれるとともに、予算・優先政策センターなど既存のシンクタンクも強化され、リベラル派はようやく保守派に対抗できるようになったのである[33]。

第四節　政治インフラとしてのシンクタンク

一　イデオロギー系シンクタンクの爆発的急増

一九七〇年代に入り、上記の政治的要因が加わったことで、今日のアメリカのシンクタンク世界ではイデオロギー系シンクタンクが圧倒的多数を占めている。

事実、中立系シンクタンクの数は六五にとどまっているのに対して、イデオロギー系シンクタンクは三二七を数え、保守系シンクタンク、リベラル系シンクタンクはそれぞれ一六五、一六二に及んでいる（表1-2）。要するに、アメリカのシンクタンクの実に八割以上がイデオロギー系シンクタンクということになる。また、過去四〇年余りでイデ

表1–2　各シンクタンクの内訳

シンクタンクの分類	シンクタンク数
中立系シンクタンク 研究の性格：客観的な政策研究を志向 政治的立場：中立を強調	65
保守系シンクタンク 研究の性格：小さな政府，自由市場，強固な国防，伝統的価値を推進 政治的立場：共和党寄り	165
リベラル系シンクタンク 研究の性格：積極的な政府，「プログレッシブな政策」，環境保護，消費者保護，社会的正義，軍縮等を推進 政治的立場：民主党寄り	162

（出所：『シンクタンク要覧』等に基づき筆者作成）

表1–3　1970年代以降に設立された各シンクタンクの内訳

シンクタンクの分類	シンクタンク数
中立系シンクタンク	36
保守系シンクタンク	161
リベラル系シンクタンク	144

（出所：『シンクタンク要覧』等に基づき筆者作成）

オロギー系シンクタンクがいかに爆発的に急増したかは、各シンクタンクの設立年次を見れば明らかである（表1-3）。保守系シンクタンクの九八パーセント、リベラル系シンクタンクの八九パーセントが一九七〇年代以降に設立されている。これに対して、中立系シンクタンクについては一九七〇年代以降に設立されたシンクタンクの割合は全体の五割をやや上回る程度である。知名度の高い中立系シンクタンクのほとんどは、二〇世紀初頭から一九六〇年代までに設立されている。

二　イデオロギー系シンクタンクと他の政治インフラ団体の関係

保守派とリベラル派がそれぞれのインフラ作りを推進したことで、過去四〇年余りの間でイデオロギー系シンクタンクが爆発的に急増したが、言うまでもなく政治インフラはシンクタンクのみによって成り立っているわけではない。そこで、以下では政治インフラを構成する団体とその目的、また各団体の関係性について指摘したい(34)。

政治インフラの整備において先行した保守派の動向を見ると、シンクタンクのほかに、メディアおよびメディア監視団体、法曹団体、大学関係プログラムおよび若手指導者育成団体からなる団体が過去四〇年余りで強化されてきた。無論、これらの団体に「軍資金」を提供してきたのはスケイフやオーリン、そしてブラッドレーといった保守系財団である。

各団体の役割分担は、明確である。それぞれ与えられた戦線において、リベラル派を後退させ、保守主義原則を広めることを目的としている。第一に、ヘリテージ財団やＡＥＩなどのシンクタンクは、言うまでもなく積極的な政府などリベラルな政策を批判し、保守主義原則に基づく政策の実現を目指している。第二に、メディアは主要メディアの「リベラル偏向」に対抗して日々保守派の主張を報じている。保守派の代表的なメディアとしては、『ナショナル・レビュー（*National Review*）』誌、『ワシントン・タイムズ（*Washington Times*）』紙、フォックス・ニュース（Fox News）などが挙げられる。メディア監視団体は、主要メディアの「リベラル偏向」を暴露することを目的としており、メディア・リサーチ・センター（Media Research Center）やアキュラシー・イン・メディア（Accuracy in Media）などが活動している。第三に、法曹団体は司法の場において既存のリベラルな政策を廃止に追い込むとともに、合衆国憲法を厳格に解釈し、政府の役割拡大を抑制しようとする将来の法曹家を養成することを目的としている。フェデラリスト協会（Federalist Society）、インスティテュート・フォー・ジャスティス（Institute for Justice）、個人の権利センター（Center for Individual Rights）、ワシントン法律財団（Washington Legal Foundation）、パシフィック法律財団（Pacific Legal Foundation）といった団体が代表的である。第四に、大学関係プログラムおよび若手指導者育成団体は、リベラル派の牙城である大学の世界に食い込むために活動している。かつて保守派は、大学に対抗する知的拠点としてシンクタンクに注目したが、一方で大学の世界を放棄したわけではなく、この世界における勢力拡張にも努めてきたのである。事実、これまで、保守的な大学研究者を支援する全米学者協会（National Association of Scholars）、保守的な若手学生の発掘と将来の政治指導者の育成を目的とした大学連携研究所（Intercollegiate Studies Institute）、指導者養成機構（Leadership Institute）、自由を求めるアメリカ青年団（Young Americans for Freedom）、アメリカ青年財団（Young America's Foundation）といった団体を立ち上げたり、各大学における科目・コースの開設を推進したりといった活動を展開してきた。大学における科目・コースについては、大学生や大学院生に、自由市場の意義を擁護する経済学や私的財産権を強調する法学を学ばせるものであり、ジョージ・メイソン大学のインスティテュート・フォー・ヒューメイン・スタディーズ（Institute for Humane Studies）が最も知られているが、名門大学をはじめ他の多くの大学においても類似の科目が既に設置されている。一九九〇年代に入り、大学の世界はもはやリベラル派の牙城と呼べない状況が生まれたのは、アカデミズムの世界に対するこうした保守派の地道な取組みが一定の成果を挙げたからに他ならない(35)。

このように、政治インフラの中身は多様であるが、当然財団はその中核に位置する。財団の支援があるからこそ、各団体はそれぞれの戦線で戦うことができるのである。保守系財団の重要性を評して、著名な保守主義者のグローヴァー・ノーキストは、保守系財団からの財政的援助なくしては「保守主義派の弾薬庫は確実に資金不足に陥ってしまったことであろう」と語っているほどである(36)。また、保守主義原則を政策という形で具体化する場として、また大学に対抗する知的拠点として、シンクタンクも保守派の政治インフラの要に位置づけられてきたと言える。保守派の政治インフラの中でシンクタンクが最も数が多いという事実が、何よりも重視されてきたことを端的に物語っている。

一方、政治インフラを構成する保守派の各団体は与えられた戦線において戦果を挙げるべく活動しているが、個々の団体は完全に独立しているのではなく、密接に連携していることも重要である。法廷闘争において、政策的知識が必要となればシンクタンクが法曹団体に関連する知識を提供することもあるし、指導者育成団体において発掘された有望な人材がシンクタンクにおいて採用されるという例もある。また、メディアではシンクタンクの研究員が頻繁に登場し、政策問題に関するコメントを提供している。要するに、政治インフラとは各団体が有機的に繋がりながら、保守主義運動を全体として推進しているのである。

（1）Thomas Medvetz, *Think Tanks in America* (Chicago: University of Chicago Press, 2012), p. 7.

（2）Hugh Heclo, “Issue Networks and the Executive Establishment,” in Anthony King, ed., *The New American Political System* (Washington D.C.: AEI Press, 1978), pp. 87–124.

（3）Donald E. Abelson, *Do Think Tanks Matter? Assesing the Impact of Public Policy Institutes* (Montreal & Kingston: McGill-Queen’s University Press, 2002), pp. 11–12.

（4）五〇一(c)三団体には、パブリック・チャリティ（Public Charities）とプライベート・ファウンデーション（Private Foundations）がある。パブリック・チャリティとは、公共性が非常に高い団体を指し、小・中・高校・大学等の教育機関、公立大学後援財団などである。プライベート・ファウンデーションには、助成型ファウンデーションと事業型ファウンデーションの二種類がある。前者は助成金を出すことを主たる目的としている財団であり、後者は自ら事業を行うことを目的とした財団であり、シンクタンクは後者に含まれる。岩田陽子「アメリカのＮＰＯ税制」『レファレンス』二〇〇四年九月号、三二一―三二六頁。

（5）“The Political Activity of Think Tanks: The Case for Mandatory Contributor Disclosure,” *Harvard Law Review*, March 2002, pp. 1502–1524. 跡田直澄・前川聡子・末村裕子・大野謙一「非営利セクターと寄付税制」『フィナンシャル・レビュー』第六五号（二〇〇二年一〇月）、八〇―八一頁。

（6）Erica Lunder, “Tax-Exempt Organizations: Political Activity Restrictions and Disclosure Requirements,” *CRS Report*, September 11, 2007, pp. 2–14; Thomas A. Troyer and Douglas Varley, “Foundations and Policymaking: Latitude under Federal Tax Law,” http://cppp.usc.edu/doc/RP12.pdf

（7）Lunder, "Tax-Exempt Organizations," p. 15. 阿部斉・久保文明『国際社会研究Ⅰ　現代アメリカの政治』（放送大学教育振興会、二〇〇二年）、一四九―一五四頁。

（8）Lynn Johnson Hellebust and Kristen Page Hellebust, *Think Tank Directory: A Guide to Independent Nonprofit Public Policy Research Organizations* (Kansas: Government Research Service, 2006).

（9）阿部・久保『現代アメリカの政治』一七一―一七三頁。

（10）ヘリテージ財団研究員の最終学歴を見ると、博士号取得者は全体の二五パーセント程度にとどまる一方、修士号取得者と学士号取得者はそれぞれ、およそ五五パーセント、二〇パーセントに達している。これに対して、ブルッキングス研究所の研究員の最終学歴を見ると、博士号取得者はおよそ全体の七〇パーセントであるのに対し、修士号取得者と学士号取得者はそれぞれ二〇パーセント、一〇パーセント程度に過ぎない。Medvetz, *Think Tanks in America*, p. 134.

（11）R. Kent Weaver, "The Changing World of Think Tanks," *P.S.: Political Science & Politics*, September 1989, pp. 564–568.

（12）阿部・久保『現代アメリカの政治』一七八―一八〇頁。久保文明「米国政治における政策知識人――そのあり方をめぐって」筒井清忠編『政治的リーダーと文化』（千倉書房、二〇一一年）、二一〇―二一一頁。

（13）Donald E. Abelson, *A Capitol Idea: Think Tanks and US Foreign Policy* (Montreal & Kingston: McGill-Queen's University Press, 2006), p. 6.

（14）ジョン・フォルティーア超党派政策センター上級研究員とのインタビュー（二〇一一年九月一日）。

（15）久保「米国政治における政策知識人」二〇二―二〇四頁。

（16）James A. Smith, *Brookings at Seventy-Five* (Washington D.C.: Brookings Institution Press, 1991), p. 29. ジェームズ・A・スミス著、長谷川文雄ほか訳『アメリカのシンクタンク――大統領と政策エリートの世界』（ダイヤモンド社、一九九四年）、一九四―二〇五頁。

（17）五十嵐武士『政策革新の政治学――レーガン政権下のアメリカ政治』（東京大学出版会、一九九二年）、四四―四六頁。

（18）Smith, *Brookings at Seventy-Five*, pp. 84–85.

（19）外部からの支援に加えて、本の出版事業や会議室の貸出なども、シンクタンクにとっての収入源である。また、シンクタンクの中には独自に基金を有しているところもある。横江公美『第五の権力　アメリカのシンクタンク』（文春新書、二〇〇四年）、一五三—一六〇頁。

(20) Foundation Center, http://foundationcenter.org/findfunders/topfunders/top100assets.html, http://foundationcenter.org/findfunders/statistics/pdf/02_found_growth/2009/02_09.pdf

(21) ブルッキングス研究所の年次報告書を見ると、大口支援者として数多くの多国籍企業の名前が掲載されている。Brookings Institution, *2012 Annual Report*, http://www.brookings.edu/~/media/about/content/annualreport/2012annualreport.pdf　なお、個人が五〇一(c)三団体に寄付を行うと課税所得の五〇パーセントまで控除されるが、法人の寄付についても課税所得の一〇パーセントまで控除される。跡田ほか「非営利セクターと寄付税制」八〇—八一頁。

(22) Edwin J. Feulner, "Heritage Foundation," in James G. McGann and R. Kent Weaver, eds., *Think Tanks and Civil Societies: Catalysts for Ideas and Action* (New Brunswick: Transaction Publishers, 2002), pp. 70–73.

(23) Weaver, "The Changing World of Think Tanks," p. 564.

(24) Feulner, "Heritage Foundation," pp. 70–73.

(25) John Judis, "Foreign Funding of Think Tanks Is Corrupting Our Democracy," *New Republic*, September 10, 2014.

(26) 拙稿「シンクタンク——「アイディア業界」の変容」山岸敬和・西川賢編『ポスト・オバマのアメリカ』（大学教育出版、二〇一六年）、一一三—一一八頁。

(27) 久保「米国政治における政策知識人」二〇五—二〇八頁。

(28) Medvetz, *Think Tanks in America*, p. 128.

(29) 拙稿「政治インフラの形成と財団」久保文明編『アメリカ政治を支えるもの——政治的インフラストラクチャーの研究』（日本国際問題研究所、二〇一〇年）、二四—三二頁。

(30) スミス『アメリカのシンクタンク』二三四—二四一頁、三四七—三四八頁。

(31) 久保「米国政治における政策知識人」二一二—二一三頁。

(32) ジェフ・クリヒリー元アメリカ進歩センターLGBT問題研究部長とのインタビュー（二〇一一年九月一日）。

(33) 拙稿「政治インフラの形成と財団」三二—三七頁。

(34) シンクタンク研究同様、政治インフラについての学術的研究の数は決して多いとは言えないが、次の文献はそうしたアメリカ政治における政治インフラ全般について取り上げた先駆的研究の一つである。久保編『アメリカ政治を支えるもの』。

(35) ある保守系財団の会長は、こうした大学に設置している科目・コースについて「ワイン・コレクション」と評している。すなわち、若い頃に、保守的な思想に馴染ませ、じっくりと熟成させることで将来の有望な指導者の育成を目指しているのである。拙稿「アメリカにおける財団の政治的役割――ウィスコンシン州におけるスクール・バウチャー運動を事例に」『法学政治学論究』第六三号(二〇〇四年)、二一九―二二〇頁。

(36) グローヴァー・ノーキスト著、久保文明・吉原欽一訳『「保守革命」がアメリカを変える』(中央公論社、一九九六年)、一一一頁。

第二章　アメリカにおけるシンクタンクの歴史的展開

アメリカにおいて、シンクタンクはどのような経緯を経て発達してきたのであろうか。アメリカのシンクタンクの歴史は主に二つの時代に分けることが可能である。すなわち、二〇世紀初頭から一九六〇年代までの「中立系シンクタンクの時代」と、一九七〇年代から現在に至る「イデオロギー系シンクタンクの時代」である。以下では、それぞれの時代を代表するシンクタンクに着目することにより、アメリカにおけるシンクタンクの歴史的展開を詳述したい。

第一節　中立系シンクタンクの時代

一　中立系シンクタンクの起源

アメリカにおけるシンクタンクの起源は、二〇世紀の初頭である。アメリカ史において、二〇世紀初頭は革新主義と呼ばれる時代である。科学に対する素朴な信頼から専門知識こそが公共の問題を解決に導くとの風潮が支配的であり、様々な学問分野の成長が大きく促された時代であった。アンドリュー・カーネギーやジョン・D・ロックフェラーといった大富豪は、この革新主義という時代を代表する人々であり、自ら財団を組織し新たな専門知識の獲得を支援する。そして、こうした専門知識を高く評価する風潮の中でいくつかのシンクタンクが誕生するのであった(1)。

ブルッキングス研究所の設立　アメリカにおける初のシンクタンクは一九〇七年に設立されたラッセル・セージ財団（Russell Sage Foundation）と、ニューヨーク市政調査会（New York Bureau of Municipal Research）であると考えられている。

ラッセル・セージ財団は、銀行家ラッセル・セージの未亡人のマーガレット・オリヴィア・セージの寄付によって設立された。ラッセル・セージ財団は、正にこの時代の精神を体現し、社会的病理を徹底的に研究すればその予防策を必ず発見できるという考えのもと、児童福祉、結核、女性の労働事情といった当時差し迫っていた問題を手掛けた。ポール・ケロッグが執筆したピッツバーグ市の現状に関する報告書『ピッツバーグ調査（*Pitsburg Survey*）』は、この頃のラッセル・セージ財団の代表的業績である。また、ラッセル・セージ財団誕生と同じ頃、ニューヨーク市においてニューヨーク市政調査会が産声をあげる。フレデリック・ウィンスロー・テイラーの科学的管理法に由来する効率の概念が一般にも浸透する中で、効率の概念を政府にも適用すべきとの運動が盛り上がる。ニューヨーク市政調査会はこれを推進した団体の一つであり、カーネギー、ロックフェラー、E・H・ハリマン、J・P・モーガン、フルトン・カッティングといった実業家の支援のもと、ニューヨーク市の予算会計基準の制定など市政改革において大きな功績を残す[2]。その後、ニューヨーク市政調査会の動きはやがて連邦レベルへと波及し、連邦の予算改革を標榜するブルッキングス研究所の前身組織を生み出すことになる。

当時、連邦予算は無駄と腐敗の温床であった。国庫を司る財務省は各省庁の要求を束ねるだけで収入と支出を関連づけることができず、大統領には自らの指導力と権限を行使するための機関がなく、議会はそれぞれ独立した委員会が所掌の歳出法案を審議するという状況であった。ウィリアム・タフト大統領はこの問題を解決するため、ニューヨーク市政調査会のフレデリック・クリーヴランドを長とする諮問委員会を発足させる。結局、タフト政権下ではこの諮問委員会の提言は立法化されなかったものの、クリーヴランドは改革の気運を維持するため、ロックフェラー財団の助けを借りて、一九一六年に政府調査研究所（Institute for Government Research）が設立される。初代所長には、プリンストン大学教授のウィリアム・ウィロビーが就任し、理事には、ジェームズ・ヒル、セオドア・ヴェイル、カッティングといった実業家、アーサー・ハドレー、チャールズ・エリオット、ローレンス・ローウェル、フランク・グッドナウ、フェリックス・フランクファーターといった学者ら、当時の錚々たる人材が集まった。そして、この政府調査研究所は、ウィロビー指揮のもと様々な方面への働きかけを積極的に行い、念願の行政府主導の予算改革である一九二一年予算会計法（Budget and Accounting Act of 1921）の成立に貢献するのであった(3)。

一方、予算改革が大詰めを迎えていた頃、政府調査研究所の理事の一人であったロバート・ブルッキングスは、経済問題の研究に特化したシンクタンクの設立を構想していた。ブルッキングスは若くして地元セントルイス市において巨万の富を築いたが、一六歳で学校を退学した過去を常に負い目に感じていた。そのため、四〇代半ばを迎える頃には、ブルッキングスは教育の世界に没頭するようになり、持ち前の資金調達力と経営の才覚を生かして地元のワシントン大学の発展に尽力する。また、こうした活動を通じてブルッキングスはカーネギーとも知り合い、カーネギー財団やカーネギー国際平和財団の理事に就任するのであった。

ブルッキングスがシンクタンク設立を思い立った契機とは、第一次世界大戦時の戦時産業局（War Industries Board）における経験であった。戦時産業局においてアメリカ経済の実態を目の当たりにしたブルッキングスは、「今日の経済システムは多くの欠陥、無駄、そして摩擦を生んでおり、本来であれば回避できるはずの莫大な経済損失が毎年生じている」との懸念を抱くようになる。こうした懸念から、ブルッキングスが必要であると考えたのが政策決定者にとって直接役に立つデータを収集する実践的な研究所であり、一九二二年にカーネギー財団の支援のもと経済研究所（Institute of Economics）を遂に立ち上げる。そして、経済研究所の所長には、シカゴ大学教授のハロルド・モールトンが就任するのであった。

ただし、世間からは経済研究所は新しいシンクタンクとは見られておらず、政府調査研究所の単なる付属機関と考えられていた。実際、両研究所の役員やスタッフの顔ぶれはほぼ同じであり、また事務所も同じ建物の中に構えているという状況であった。そのため、政府調査研究所と経済研究所の統合が模索されたのは当然の成り行きであり、同じくブルッキングスが設立に尽力したセントルイス・ワシントン大学公共政策大学院を吸収する形で、一九二七年にブルッキングスの名前を冠したシンクタンクが誕生する。この新たに誕生したブルッキングス研究所の初代所長にはモールトンが就任し、一九五二年までの長期にわたりこのシンクタンクを率いるのであった(4)。

カーネギー国際平和財団と外交問題評議会の誕生　第一次世界大戦の前後には、国際政治におけるアメリカの地位の高まりを反映して、外交問題の研究に特化した二つのシンクタンクが誕生する。一つがカーネギー国際平和財団である。鉄鋼王のカーネギーは、国際平和を実現するという理想主義に燃えていた人物であり、この理想を実現するため一〇〇〇万ドルもの大金を投じて、一九一〇年にカーネギー国際平和財団を立ち上げる。所長に就任したのは、カーネギーの親友であり国務長官を務めたイライヒュー・ルートであった。このルートのリーダーシップのもとで、カーネギー国際平和財団は「戦争の原因とその予防策に関する科学的研究」を提唱し、多くの成果を挙げていく。たとえば、カーネギー国際平和財団は国際紛争を解決する手段としての戦争放棄を規定した一九二八年の不戦条約(Kellogg-Briand Pact)の成立に貢献したことで知られる。不戦条約は、アメリカの国務長官フランク・ケロッグとフランスの外務大臣アリスティード・ブリアンが主導し締結された多国間条約であるが、その原案を纏めたのはカーネギー国際平和財団のジェームズ・ショットウェルである。ショットウェルは、コロンビア大学総長であり、当時カーネギー国際平和財団理事長も務めていたニコラス・マレイ・バトラーとともに不戦条約成立に奔走したのであった(5)。

第一次大戦の終結後には、もう一つのシンクタンクが生まれる。外交問題評議会の誕生である。外交問題評議会の源流は、ウッドロウ・ウィルソンの助言者集団、すなわちエドワード・ハウスを筆頭とする「インクワイアリー」(The

Inquiry)」にある。インクワイアリーのメンバーの一部は、パリ講和会議においてウィルソンに随行し、現地でイギリス代表団と交流をもつが、この交流から大西洋をまたぐ英米共同のシンクタンク創設という野心的な構想が生まれる。結局、この構想自体は消滅してしまったものの、インクワイアリーの主要メンバーはシンクタンクの設立を諦めず、ルートが国際情勢を議論するためニューヨークの実業家を集めて主宰していたグループに接近していく。

インクワイアリーのメンバーは国際問題に精通していたものの、資金が決定的に不足していた。一方、ルートのもとに集っていた実業家たちには豊富な資金力はあったものの、世界的なビジネスを展開する上で必要不可欠な国際情勢の知識が不足していた。こうして、両グループの思惑が一致することになり、「アメリカに影響を及ぼす国際問題について継続的に議論すること」を目的とした外交問題評議会が一九二一年に発足する。そして、翌年には専門知識の普及と党派を超えた政策対話の実現を目指し、機関誌『フォーリン・アフェアーズ（*Foreign Affairs*）』誌が創刊される。[(6)]

設立時から外交問題評議会はアメリカの国際的関与を強力に提唱したが、このような外交問題評議会の性格を生み出した中心人物が、ハミルトン・フィッシュ・アームストロングという人物である。アームストロングは、ジャーナリストとしてパリ講和会議を取材した後、地元ニューヨークの新聞社で働いていたところを、ハーヴァード大学教授のエドウィン・ゲイの目に留まり、二九歳という若さで『フォーリン・アフェアーズ』の実質的な責任者に抜擢される。アームストロングは、外交問題評議会の事務局長も兼任し、同評議会の内部に孤立主義者が浸透することを許さず、会員資格をアメリカの国際的関与を支持する人物に制限する。こうしたアームストロングの努力により、外交問題評議会はアメリカの国際的関与を標榜するシンクタンクとして成長を遂げるのであった。[(7)]

二　中立系シンクタンクの発展

大恐慌、第二次世界大戦、そして冷戦という国内外の相次ぐ危機の発生は、アメリカ政府の中で専門知識への需要を一挙に増大させる。そして、このような専門家への需要の高まりを背景に、政府との関係においてシンクタンクも徐々に存在感を増していく。

たとえば、外交問題評議会は、第二次世界大戦が始まると間もなく「戦争・平和研究（War and Peace Studies）」と名付けたプロジェクトに着手し、国務省に協力する。当時、国務省内部では人材や予算の不足から悪化する国際情勢について分析する体制が整っていなかった。こうした中で、ロックフェラー財団の支援を得ながら、外交問題評議会はアレン・ダレスらを中心とした専門家グループが計六八二本にも上る報告書を国務省に提供し、アメリカ政府の戦争遂行を助けたのであった。カーネギー国際平和財団も同様の役割を果たした。ジェームズ・ショットウェルらが国務省の顧問として活躍し、国連憲章の作成に深く関与していた(8)。このように専門家への需要が高まる中で、二つの新たなシンクタンクが誕生する。

経済開発委員会の誕生　第二次大戦の最中、戦後経済への円滑な移行をいかに実現するか、またその過程において政府はどのような役割を果たすべきかが国内政治上の課題として浮上する。一九四二年に設立された経済開発委員会（Committee on Economic Development）は、正にそうした課題に関心をもつ実業家が中心となり設立されたシンクタンクであった。

設立に携わった者の多くは、フランクリン・ローズヴェルト政権に何らかの形で参画しており、互いをよく知る関係であったが、経済開発委員会を指導したのは、自動車製造関連会社を経営していたポール・ホフマンという人物である。二〇世紀初頭の改革主義者と同様、ホフマンは専門知識がもつ可能性を信じていた人物であり、財界が一九二〇年代に政策研究の分野に五〇〇万ドルほどの資金を投じていたならば、一九三〇年代に被った五〇〇〇万ドルの損失は回避できたはずだと、本気で信じていた人物であった。このようなホフマンに率いられた経済開発委員会は、シカゴ大学教授のセオドア・インテマをはじめとする経済学者の助言を仰ぎながら、財界が専門経済学と政府の政策決定の橋渡し役を果たすことを目指していく(9)。

そして、第二次大戦直後に、経済開発委員会は国内政策において大きな業績を挙げる。一九四六年雇用法（Employment Act of 1946）の制定に深く関わり、その立案過程ではホフマンの提言が影響を及ぼしたと考えられている。この雇用法に代表されるように、経済開発委員会は、自由市場を頑なに擁護する伝統的な議論とは一線を画し、当時アメリカ政治の基調となりつつあった政府の積極路線を受け入れ、それを推進する原動力の一つとなった。また、経済開発委員会の影響は対外政策の分野にまで及んだ。経済開発委員会の内部では、戦後の経済的繁栄の礎として自由貿易と対外援助こそが必要不可欠であるとの合意が形成されていた。そのため、経済開発委員会がマーシャル・プランを強く支持したのは勿論のこと、ホフマンに至ってはマーシャル・プラン実施のために設立された経済協力局の局長に就任したのであった(10)。

ランド研究所の誕生　空軍のヘンリー・アーノルド元帥は、第二次大戦が終わりに近づくにつれ、いかにして平時においても空軍のために最高の頭脳を働かせるかに頭を悩ませていた。また、ダグラス・エアクラフト（Douglas Aircraft）社幹部のフランク・コルボムも、同じ懸念を抱いていた一人であった。コルボムは、大戦中にエドワード・ボールズやアーサー・レイモンドといった科学者やエンジニアとともに、オペレーショナル・リサーチという新たな分析手法を用いて、日本本土への空爆計画に携わっていた。このような経験を持つコルボムは、アーノルドとともに、戦後においても科学者を結集する研究組織が必要であると唱え、一九四六年にダグラス・エアクラフト社内部にプロジェクト・ランド（Project RAND）という研究機関を立ち上げるのであった(11)。

このような事情から、プロジェクト・ランドでは数学や物理学など自然科学の研究が中心であった。ただし、研究所内部において社会科学も研究分野に含めるべきとの考えが徐々に支持を広げていった結果、政治学者のハンス・スパイアーや経済学者のチャールズ・ヒッチといった人材が続々と採用され、社会科学部門が強化されるのであった[12]。

ただし、プロジェクト・ランドと親会社の関係は当初から緊張を孕んだものであった。外部からは、ダグラス・エアクラフトの付属機関として見られたため、プロジェクト・ランドが空軍の下請け業者から詳細な情報を得ることは容易ではなかった。一方、ダグラス・エアクラフトにとってもプロジェクト・ランドは重荷であった。プロジェクト・ランドに対する支援から、特定業者を優遇していると批判されることを恐れる空軍は、ダグラス・エアクラフトに対して発注しにくい状況であった。このような理由から、一九四八年にプロジェクト・ランドはダグラス・エアクラフトから独立し、非営利の研究機関へと生まれ変わる。冷戦期、核抑止論、合理的選択論、ゲーム理論、システム分析といった独創的なアイディアを次々に生み出しアメリカの安全保障戦略において欠かせない存在となる、ランド研究所の誕生であった。

その後ランド研究所は政府の委託研究のもとで着実に成長していき、先のR・ケント・ウィーヴァーの分類に従えば「委託研究型組織」の筆頭である。しかし、ランド研究所は財政面で政府のみに依存していたわけではなく、設立当初から民間財団からも資金提供を受けており、なかでもフォード財団から潤沢な資金を提供されていた。一九三〇年代半ばに発足したフォード財団は、戦後フォード一族の手から離れ、ランド研究所設立にも関与したローアン・ゲイサーのもと財団としての活動を本格化させつつあった。カーネギー財団、ロックフェラー財団に続く、中立系シンクタンクにとってのもう一つの中核的資金源の登場であった[13]。

三　中立系シンクタンクの隆盛

序章において述べた通り、一九六〇年代まではシンクタンクは確かに地味な存在であった。シンクタンクの数自体が限られていた上に、シンクタンクの目的は目の前の政策論議を賑わすことではなく、淡々と研究活動を行い、高度な研究を実現することであった。そのため、ジャーナリストらアメリカ政治の動向を観察する者達の間で、「シンクタンク」なる世界が存在しているとは認識されていなかった。しかし、シンクタンクという世界が意識されることはなかったにせよ、一九五〇年代後半から一九六〇年代にかけて、ブルッキングス研究所やランド研究所といった個々の研究機関が広く注目を集めるようになっていったことは事実である。これらのシンクタンクは、時の政権との関係から「ブレイン・バンク（brain bank）」、あるいは「シンク・ファクトリー（think factory）」などと評されたのであった(14)。

ブルッキングス研究所と民主党政権　一九六〇年、ブルッキングス研究所はホワイトハウス近くのジャクソン通りから移転し、マサチューセッツ通り沿いに新たなオフィス・ビルを建設する。このオフィス・ビルの建設は、増大するブルッキングス研究所の存在感を印象づけるものであった。しかし、そのわずか一〇年ほど前、このシンクタンクは存続が危ぶまれるほど危機的な状況に陥っていた。

ブルッキングス研究所が危機的状況に陥った最大の理由は、所長のハロルド・モールトン自身にあった。設立以来ブルッキングス研究所を長く牽引してきたモールトンであったが、一九三〇年代に入るとニューディール政策を痛烈に非難し、脚光を集めるようになったケインズ経済学に対しても「公的負債の新たな哲学」と激しく攻撃するなど、論争を呼ぶ発言を繰り返していた。このような主張は当時の専門家の主流から明らかに外れるものであり、ブルッキングス研究所はいつしか「異端者」の烙印を押されてしまう。無論、この頃のブルッキングス研究所も重要な業績を残しており、国務省の元役人であったレオ・パスヴォルスキーの研究はマーシャル・プランの立案に少なからず貢献していた。しかし、経済政策をめぐるモールトンの主張が災いして、多くの経済学者から見放されたばかりか、主要な財団との関係も悪化し、一九五〇年代を迎える頃にはブルッキングス研究所は財政的に困窮する状況へと追い込まれてしまうのであった(15)。

このように、衰退の一途を辿っていたブルッキングス研究所に転機が訪れたのは、所長の座がロバート・カルキンスに移ってからである。モールトンと同様、経済学者であったカルキンスは、コロンビア大学ビジネス・スクール研究科長や、ロックフェラー財団系列の一般教育委員会（General Education Board）の役員を経て、一九五二年にブルッキングス研究所所長に就任する。

カルキンスは、ブルッキングス研究所を復活させるためには、アカデミズムの世界にも評価されなければならないとし、一流の学者を精力的に引き抜いていく。ウォルター・サラントは、この時期にカルキンスによって引き抜かれた一人であった。サラントは、ジョン・メイナード・ケインズやアルヴィン・ハンセンから直接教えを受けた後、政府要職を歴任した人物であった。このサラントの採用により、ブルッキングス研究所はモールトンの反ケインズ主義と完全に決別したのであった。また、カルキンスはブルッキングス研究所における研究体制の再編に取り組み、その後長く続く経済研究、政治問題研究、外交政策研究からなる三本柱の体制を構築する。さらに、カルキンスはフィランソロピーの世界における自らの人脈を生かし、モールトンのもとで冷え込んでしまった財団との関係を立て直し、とりわけフォード財団とは蜜月関係を築くことに成功する。

こうしたカルキンスによる一連の改革が功を奏して、ブルッキングス研究所は一九五〇年代が終わる頃には復活を遂げ、やがてケネディ陣営によって活用される専門家集団の一つになる。

カルキンスは円滑な政権移行が重要であると考えていた。そのため、一九六〇年大統領選挙の最中からケネディ、ニクソン両陣営に対して協力を申し出ていた。当時は政権移行に関して連邦予算を支出するための法律がなかったこともあり、ケネディ陣営もブルッキングス研究所の申し出を積極的に受け入れ、同研究所を拠点に活動し文字通りこのシンクタンクを「活用」した。ブルッキングス研究所の研究員から政策的助言を直接受けることもあったが、なかでもローリン・ヘンリーによる過去の政権移行期に関する研究はケネディ陣営にとっての重要な手引きとなった。こうして、ブルッキングス研究所は一九六〇年代の民主党政権と強固な関係を築くことに成功し、ケネディ、ジョンソン両政権に多大な影響を及ぼしていく。たとえば、ジョセフ・ペックマンによる政府融資プログラムの研究は民主党政権に活用された研究の一つである。政府融資プログラムの研究は、税のインパクトを明らかにしようとするもので、税率を減らし税制を単純化する手段を模索し、政府支出の効率性を評価したが、この研究はケネディ、ジョンソン両政権の二代にわたって活用された。また、ブルッキングス研究所はジョンソン政権の「偉大な社会（Great Society）」に対しても具体的なアイディアを提供し、外交政策の分野においても国連の技術援助計画やアメリカの海外援助などについて重要な研究を発表した[16]。

一九六七年に、ブルッキングス研究所を再興させたカルキンスが所長職を退任する。後任には、ケネディ、ジョンソン両政権下で大統領経済諮問委員会委員や予算局長を歴任した後、一九六五年よりブルッキングス研究所役員を務めていたカーミット・ゴードンが就任する。ゴードンも、前任者同様、高い水準の研究を求め著名な学者を精力的に引き抜いていったが、このゴードン時代の重要な業績の一つがチャールズ・シュルツの『国家の優先順位の設定（*Setting National Priorities*）』であり、これは連邦予算に含まれる政策上の選択肢を検証するものであった。カーネギー財団の支援を受けて実施された研究の成果である『国家の優先順位の設定』は一九七一年から毎年発表され、最も多いときで三万部を売り上げるほどであった。また、この報告書は一九七四年の議会予算局の新設にも貢献し、その初代局長にはブルッキングス研究所のアリス・リヴリンが就任するのであった[17]。

ランド研究所の「頭脳」　ランド研究所も、この時期の中立系シンクタンクの隆盛を象徴するシンクタンクである。平時においても最強の頭脳集団を作り上げるという、ヘンリー・アーノルドとフランク・コルボムの構想は、一九五〇年代が終わる頃には現実のものになっていた。数学者のジョン・フォン・ノイマン、ジョン・ナッシュ、ジョージ・ダンツィーク、コンピューター科学者のウィリス・ウェア、ジェームズ・ギログリー、アレン・ニューウェル、経済学者のケネス・アロー、トーマス・シェリング、ハーバート・サイモン、ハリー・マーコウィッツ、物理学者のエドワード・テラー、ブルーノ・オーゲンスタイン、アーンスト・プレセット、ハロルド・ブロウド、サミュエル・コーエンといった当代随一の頭脳が集い、国防総省の政策立案を支えていた。当然、これほどの人材を抱えるランド研究所が注目されないはずはなく、国務省や国家安全保障会議など他の政府機関においてもランド研究所型の研究所を備えるべきとの議論が盛り上がった。ブルッキングス研究所のセミナーなどでは安全保障以外の分野でもランド研究所を参考にした研究機関が設立されるべきだという提言も行われるほどであった(18)。

ランド研究所が抱える傑出した頭脳のなかで、おそらく最も権力に近いところにいたのが著名な核戦略家のアルバート・ウォルステッターであろう。アイゼンハワー政権末期、「ミサイル・ギャップ論争」が噴出すると、ウォルステッターは同僚のハーマン・カーンやアンドリュー・マーシャルらとともに、超党派の諮問委員会であるゲイサー委員会(Gaither Committee)の顧問を務め、ソ連の軍事的脅威を強調し、国防予算の大幅増額、核・通常戦力の強化を提言した。また、一九六〇年大統領選挙では、ウォルステッターは共和党政権への不満からランド研究所の研究員を引き連れてケネディ陣営に肩入れする。その後、ウォルステッター自身は政権入りこそしなかったものの、チャールズ・ヒッチ、アラン・エントーヴェン、ヘンリー・ラウエンといったランド研究所の研究員がロバート・マクナマラ国防長官の周囲を取り囲み、ウォルステッターはこうした人脈を通じて国防総省中枢に影響を及ぼしていった(19)。

マクナマラとその部下達は、それまでランド研究所が取り組んできたシステム分析という理論を国防総省に導入し、兵器システムの費用対効果の観点から国防予算全体を徹底的に調べ上げた。ヒッチは、「どのような兵器体系が、ある費用で、最も多くの標的を破壊するか。どのような兵器体系が、ある標的を、最低コストによって破壊するか」という質問を繰り返したが、このような問いは兵器に関わる曖昧な提案に対して反対理由を提示することもあり、具体的な政策面での影響をもたらすことがあった[20]。

ランド研究所は、ヴェトナム戦争をめぐっても数多くの提言を政府に行っているが、その中で最も重要であったのはトーマス・シェリングの助言であろう。膠着した戦況を打破するため、国防次官補のジョン・マクノートンが北爆を計画した際、緊密に連絡を取り合っていた相手は、シェリングであった。確かに、ランド研究所内部はヴェトナム戦争をめぐって一枚岩ではなかった。ドイツからの亡命者で政治学者のコンラッド・ケレンのように「ヴェトコンを根絶することはできても、征服することはできない」といった主張は研究所内部でも見られた。また、後にいわゆる「ペンタゴン・ペーパーズ（Pentagon Papers）」を暴露する、ダニエル・エルスバーグもヴェトナムへの軍事介入をやめるよう『ニューヨーク・タイムズ』紙上で訴えていた。しかし、個々のアナリストはヴェトナム戦争に対して批判的な声を上げていたものの、ランド研究所としては最後までアメリカ政府の方針に反旗を翻すことはなかった[21]。

一九六八年にはアーバン・インスティテュートが設立されている。このアーバン・インスティテュートの誕生も、一九六〇年代にランド研究所がいかに隆盛を極めていたかの証である。ジョンソン政権高官であったジョセフ・カリファノを中心に設立されたアーバン・インスティテュートは「国内版ランド研究所」を目指し、主にジョンソン政権の「偉大な社会」プログラムの評価に取り組むことになった。初代所長には過去にランド研究所に在籍したことがあり、マクナマラの「神童」の一人でもあったウィリアム・ゴーラムが就任したのであった[22]。

第二節　イデオロギー系シンクタンクの時代(1)

一　保守系シンクタンクの起源

一九七〇年代を境に、アメリカのシンクタンク世界は新たな時代に突入する。この時期以降、保守、リベラルのイデオロギー系シンクタンクが爆発的に急増していくが、先行したのは保守派であった。

保守系シンクタンクの起源は一九五〇年代である。当時、ニューディール以来のリベラリズムへの支持がアメリカ国内において一層拡大する中、保守主義については成熟した思想というよりは、単なる「社会的病理現象」として否定的に見る風潮が強く、知識人の中にはアメリカにおいて保守主義なる思想は存在しないと唱える声すらあった。しかし、先行研究が指摘している通り、実際は二〇世紀半ばという時期はアメリカにおいて現代保守主義が産声をあげ、思想的に洗練されつつあった時期でもあった。すなわち、反リベラリズムの旗印のもとに、リチャード・ウィーヴァーやラッセル・カークらの伝統主義、フリードリッヒ・ハイエクらのリバタリアニズム（完全自由主義）、ウィッテカー・チェンバースやジェームズ・バーナムらの反共主義という三つの潮流が、ウィリアム・バックリー二世の『ナショナル・レビュー』誌において融合しつつあったのである。そして、このような動向はシンクタンクの世界にも影響を及ぼし、一九五〇年代にAEIとフーヴァー研究所という二つの保守系シンクタンクが本格的に活動を開始する(23)。

AEIは、一九四三年に実業家のルイス・ブラウンが創設したアメリカ企業協会（American Enterprise Association, 以下AEAと略記する）から発展したシンクタンクである。経済開発委員会に集い、政府の積極路線を推進した実業家とは異なり、ブラウンはケインズ経済学を忌み嫌っており、そのためAEAを反ケインズ主義の拠点にしたいと考えていた。しかし、そうしたブラウンの願いに反して、設立からしばらく研究員数はわずか数名という状況であり、AEAは政治的にはあまりにも弱小であった。一九五〇年代半ばには研究所の解散が真剣に検討されるほどであったが、一九五一年にブラウンが亡くなった後、所長に就任したA・D・マーシャルは最後の望みをかけて、アメリカ商業会議所（Chamber of Commerce）のエコノミストであったウィリアム・バルーディを副所長に任命する。バルーディは、中立系シンクタンクを率いた人々とは異なり、大学教授や政府高官を務めた経歴はなかった。しかし、「アイディアは影響力をもつ」との強い信念をもち、AEAを将来の保守政権の助言者集団にしたいとの野心を抱き、数々の改革を実施していく。たとえば、シカゴ大学のミルトン・フリードマンやミシガン大学のポール・マクラッケンらを研究顧問に招聘するとともに、業界団体を連想させる研究所の名称を今日の「アメリカン・エンタープライズ公共政策研究所」に変更するのであった(24)。

同じ頃、西海岸のスタンフォード大学にあるフーヴァー研究所も、保守系シンクタンクへと生まれ変わりつつあった。フーヴァー研究所は、ブルッキングス研究所の創設よりも早い一九一九年に誕生しており、したがってアメリカにおいて最も古いシンクタンクの一つである。しかし、創設からしばらくはシンクタンクというよりも、図書館としての機能に重きを置き、ハーバート・フーヴァーによって収集された第一次世界大戦と戦後復興プログラムに関する資料の保存を主な目的としていた。このフーヴァー研究所が転機を迎えたのは、一九五〇年代末である。フーヴァーが「カール・マルクスの教義がもつ害悪を証明する」と宣言し調査部門の強化を目指して、W・グレン・キャンベルという人物を迎える。キャンベルは、ハーヴァード大学で経済学の博士号を取得後、アメリカ商業会議所でエコノミストを務め、AEIでも一時期研究部長として働いていた。このように着実にキャリアを積み上げていたキャンベルは、やがてレイモンド・モーリーと知り合う。モーリーはローズヴェルトの「ブレイン・トラスト（brain trust）」の一員として活躍した後、同政権批判に転じた人物であったが、このモーリーがフーヴァーに強く推薦したことで、キャンベルにフーヴァー研究所所長のポストが回ってきたのであった[25]。

このように、一九五〇年代後半AEIとフーヴァー研究所という保守系シンクタンクが本格的に活動を始めた。とはいえ、順風満帆とはほど遠い状況であり、リベラリズム全盛という時代環境のもとこれらのシンクタンクはともに厳しい逆風に晒される。まず、一九六二年にAEIの所長に昇格したバルーディは、その二年後の大統領選挙においてバリー・ゴールドウォーターの選挙運動に深く肩入れしたが、そのことがAEIを危機的状況へと追いやってしまう。選挙後、内国歳入庁がゴールドウォーターの選挙運動への支援について、禁じられている五〇一(c)三団体の選挙への介入に該当するか執拗に調査を行ったのである。最終的にAEIは「無罪」とされたものの、二年の長きに及んだ調査にバルーディは動揺してしまい、以後政治的に批判を浴びる恐れのある活動には消極的になっていく。また、フーヴァー研究所のキャンベルもゴールドウォーターを応援した一人であった。フーヴァー研究所は内国歳入庁の調査を受けることはなかったものの、その保守主義を前面に掲げる姿勢からスタンフォード大学内部のリベラル寄りの教員や学生らの激しい敵意に日々直面したのであった[26]。

二　保守系シンクタンクの発展

このような逆風を受ける中で、一九六〇年代のAEIとフーヴァー研究所は政治的にはほぼ無力であった。実際、ブルッキングス研究所をはじめとする中立系シンクタンクの華々しい活躍ぶりとは対照的に、この頃のAEIとフーヴァー研究所には目立った業績はほとんどない。しかし、政治的な存在感は皆無に等しかったにせよ、一九六〇年代がその後の保守系シンクタンクの台頭にとって決定的に重要な時期であったことも否定できない。ゴールドウォーターの惨敗後、保守派内部でリベラル派に比して自らの政治インフラの脆弱ぶりを嘆く声が高まり、「小さな政府」、「自由市場」、「強固な国防」、「伝統的価値」といった保守主義原則を宣伝流布する機関を整備すべきだとの声が広がる。

そして、元々保守的な指導者が率いていたスケイフ、オーリン、スミス・リチャードソンといった財団はそうした声に同調し、「戦略的フィランソロピー」を展開するようになる。こうして、一九七〇年代を迎える頃には、保守系シンクタンクを支援する環境が整いつつあったのであり、なかでもＡＥＩやフーヴァー研究所はその恩恵を受けたシンクタンクであった。

ＡＥＩとフーヴァー研究所の成長　一九七〇年代にＡＥＩは急成長し、大手シンクタンクの仲間入りを果たす。保守系財団からの潤沢な支援に加えて、政府の規制政策や消費者保護運動などに危機感を募らせていた大企業からも莫大な寄付を受けるようになり、一九七〇年の時点で九〇万ドル程度に過ぎなかったＡＥＩの年間予算は、その一〇年後には九七〇万ドルへと跳ね上がっていた。この額は、ブルッキングス研究所の予算を五〇万ドルも上回るものであった。

当然、豊富な資金はＡＥＩが抱える人材を充実させていく。一九六〇年代終わりの時点で研究員数がわずか数名であったＡＥＩは、一九七〇年代後半になるとニクソン、フォード両政権の元高官らを取り込み、「共和党亡命政権」と呼ばれるまでに成長を遂げる。元連邦準備制度理事会議長のアーサー・バーンズ、元大統領経済諮問委員会委員長のハーバート・スタイン、元財務長官のウィリアム・サイモン、元訟務長官のロバート・ボークが移籍し、前大統領のフォード自身も名誉研究員として加入する。同時に、一九七〇年代を通してＡＥＩは著名な保守派の専門家の拠点としての性格を強めていく。サイモンが税制研究を主導し、ジェームズ・ミラーやマレー・ワイデンバウムらは規制問題の研究に取り組んだ。スタインは『ＡＥＩエコノミスト（*AEI Economist*）』誌を編集し、ジュード・ワニスキーは当時注目を集めつつあったサプライサイド経済学を普及させていった。アーヴィング・クリストル、マイケル・ノヴァク、ジーン・カークパトリックら新保守主義者（ネオコン）も、この頃ＡＥＩに加入してきた人々である。新保守主義者は、元々民主党リベラル派に属する知識人であったが、一九六〇年代以降の民主党の左傾化に幻滅して保守派に接近し、間もなくＡＥＩなどを拠点に活動するようになる。こうした新保守主義者の存在は、長くアメリカの知識人の間で単なる病理現象とまで非難され、軽蔑の対象でしかなかった保守主義に対して知的正当性を付与する役割を果たすのであった[27]。

同じ頃、フーヴァー研究所も成長を遂げる。スタンフォード大学内部のリベラル派教員との関係は依然として険悪であったが、保守系財団や実業家デイヴィッド・パッカードの支援のもとフーヴァー研究所も人材を充実させていく。ジョージ・スティグラーを筆頭に、ミルトン・フリードマン、トーマス・ムーア、トーマス・ソーウェル、ロバート・ホール、ケネス・ジャッド、エドワード・ラジアー、トーマス・サージェント、ゲーリー・ベッカーといった経済学者を中心に専門家が集結したのであった。さらに、フーヴァー研究所は一九七五年に亡命ロシア人作家のアレクサンドル・ソルジェニーツィンとともに、当時共和党保守派を代表する政治家として脚光を集めていたロナルド・レーガンに対して、名誉フェローの称号を贈っている。このように、フーヴァー研究所はレーガンとの関係を深めていき、一九七六年大統領選挙および一九八〇年大統領選挙では、マーティン・アンダーソンを筆頭にフーヴァー研究所の面々がレーガン陣営に集結したのであった[28]。

ヘリテージ財団とケイトー研究所の創設　ＡＥＩとフーヴァー研究所が急成長を遂げる一方、一九七三年にはヘリテージ財団という保守系シンクタンクが誕生する。ヘリテージ財団は、かつてゴールドウォーターを応援した若手保守主義者のエドウィン・フルナーとポール・ワイリックという共和党議員の補佐官によって設立されたシンクタンクである。フルナーとワイリックの二人は、ヘリテージ財団の設立に先駆けて、下院共和党保守派のための政策集団である共和党研究委員会（Republican Study Committee）の立ち上げにも関わっていた[29]。

ヘリテージ財団設立の直接のきっかけは、ＡＥＩに対する不満であった。当時、ＡＥＩは成長期に入っていたものの、一九六四年大統領選挙後に受けた内国歳入庁の執拗な調査はバルーディにとって未だにトラウマであった。そのため、政治的に大きな批判を浴びることのないよう、なかでも議会の審議からは距離を置いていた。こうしたＡＥＩ

の消極性を何よりも物語っていたのが、一九七一年春の超音速旅客機法案であり、ＡＥＩが分析ペーパーを発表したのは同法案の採決後であった。ワイリックが「なぜもっと前に我々の手元に届けてくれなかったのか」と抗議すると、バルーディの返答は「法案の採決に影響を及ぼしたくなかったから」というものであった。フルナーによると、このやり取りは保守派のための新たなシンクタンクが必要であると決意した決定的な瞬間となった。同じ頃、コロラドのビール会社経営者のジョセフ・クアーズも同様の認識を深めていた。こうして、クアーズからの立ち上げ資金をもとにヘリテージ財団が生まれる[30]。

ただし、ヘリテージ財団設立に至る背景としては、シンクタンクをめぐるフルナー自身の経験も無視することはできない。フルナーは一九六〇年代半ばにイギリスに留学した際、現地の経済問題研究所（Institute of Economic Affairs）というシンクタンクにも在籍していた。経済問題研究所は、ハイエクと親交のあったアントニー・フィッシャーという実業家によって、一九五〇年代半ばに設立されたイギリスで最も古い自由市場重視のシンクタンクであり、後にマーガレット・サッチャーの新自由主義路線を支えたことでも知られる。ここで、フルナーはフィッシャーから直接教えを受けていた。そのため、フルナーはヘリテージ財団を設立するかなり前よりシンクタンクという世界の可能性に惹かれており、実際イギリスからの帰国後、フリードマンに対して「なぜアメリカには経済問題研究所のような影響力をもつ団体がないのか」と訴えており、「アメリカ版経済問題研究所」を構想していたのであった[31]。

このようなフルナー率いるヘリテージ財団は、アメリカのシンクタンク世界に大きな変化を起こす。すなわち、議会における法案審議に直接影響を及ぼすことを目的に、政策提言にマーケティングの手法を導入したのであった。先の超音速旅客機法案をめぐるＡＥＩの教訓から、フルナーはいかに優れた研究であっても、しかるべきタイミングで多忙な政策決定者によって読んでもらわなければ意味がないと考えていた。そこで、ヘリテージ財団は受け取った者が短時間で理解できる報告書作りを心掛け、『バックグラウンダー（*Backgrounder*）』、『イシュー・ブレティン（*Issue*

Bulletin)』、『エグゼクティブ・メモランダム（*Executive Memorandum*）』といった二頁から二〇頁程度のレポート作りに励み、これらを政治家やそのスタッフら影響力のある人々に売り込んでいった。また、メディアも積極的に活用し、所属する研究員に対して新聞やテレビで発言することも奨励したのであった。それまでのシンクタンクは、こうしたヘリテージ財団とは対極に位置していた。大学に近い性格をもち、研究員は長い時間をかけて研究を行い、その研究成果を学術書並みの書籍や長文の論文集の形で発表することが何よりも重視されていた。「書籍こそ豊かな専門知識の証明」であり、その分野で発言するための資格を与えるものとされていた。また、メディアで発言することは専門家が本来行うべき仕事ではないと否定的に見る風潮が強く、たとえば、ブルッキングス研究所のスティーブン・ヘスは、カーミット・ゴードン所長の許可が下りず、公共放送の出演依頼を断らざるを得なかったことを今でも鮮明に覚えていると述懐している[32]。

こうした従来のシンクタンクの性格を考えれば、ヘリテージ財団がもたらした変化は正に「革命」に等しかった。そして、ヘリテージ財団がマーケティングという斬新な手法を通じて存在感を増していくにつれ、やがて既存のシンクタンクもこの手法を取り入れるようになっていく。以前のように書籍や長文の論文集という形で研究成果を発表するだけでは、競争が激化する政策市場において取り残されてしまうとの危機感が広まり、多くのシンクタンクが従来の方針を転換させる。その最たる例がブルッキングス研究所であり、目の前の政策論議により積極的に関わるようになる。『ブルッキングス・レビュー（*Brookings Review*）』、『ディスカッション・ペーパー（*Discussion Paper*）』、『ブルッキングス公共政策ダイアローグ（*Brookings Dialogues on Public Policy*）』などで短い分析レポートを発表するようになり、また研究員がメディアに登場することも正当な職務として評価するようになった[33]。

ヘリテージ財団創設から四年後の一九七七年に、エドワード・クレーンによってケイトー研究所が設立される。元々クレーンは熱心なリバタリアン党員で、同党の役員も務めていた。この事実が明確に示すように、ケイトー研究所はリバタリアニズムを標榜するシンクタンクである。そのため、ケイトー研究所は国防政策や社会文化的争点においては保守派の間で異色な存在であったが、政府の規制緩和や減税を積極的に推進することで保守派の一翼を担うことになる。このケイトー研究所を設立時より支えたのがカンザスでエネルギー事業を手掛けるコーク兄弟であった。チャールズ・コークとデイヴィッド・コークの二人も、筋金入りのリバタリアンであった。コーク兄弟は一九七一年のリバタリアン党結党に参加して以来、クレーンの同志であった。クレーンがリバタリアン党の党勢が伸びないことに不満を抱き自由放任の思想を広める研究機関が必要であると唱えていたところ、コーク兄弟が共感して生まれたのがケイトー研究所であった(34)。

この時期には、ヘリテージ財団やケイトー研究所の他にも様々な保守系シンクタンクが設立され、主なものでは倫理・公共政策センター、マンハッタン政策研究所、全米政策分析センター (National Center for Policy Analysis)、競争的企業研究所 (Competitive Enterprise Institute) といったシンクタンクが生まれている。

三　保守系シンクタンクの隆盛

一九七〇年代に入って台頭した保守系シンクタンクは、レーガン政権の誕生においてその影響が広く認識されるようになる。正に、保守系シンクタンクは隆盛を極めつつあった。

ヘリテージ財団の躍進　まず、フーヴァー研究所はレーガン政権との密接な関係から注目された保守系シンクタンクの一つである。フーヴァー研究所が一九七〇年代を通じてレーガンとの関係を深めていたことは上述した通りであるが、一九八〇年大統領選挙においてフーヴァー研究所のマーティン・アンダーソンはレーガンのために当時「選挙史上最大」と評された政策チームを組織する。このチームは国内政策と外交政策の二つのグループからなり、アンダーソンが率いた国内経済政策チームには三二九名の専門家が集まり、同じくフーヴァー研究所のリチャード・アレンが中心となった外交政策チームには一三二名の専門家が集結し、レーガンを支えたのであった[35]。このように、レーガンの選挙運動においてフーヴァー研究所の存在感は無視し得ないものがあったが、レーガン政権の発足に際してより大きな注目を集めたのはヘリテージ財団であった。この時のヘリテージ財団の活躍ぶりは、今でも保守派の間で語り草となっている。

ヘリテージ財団は、大統領選挙の前年から保守政権の到来を予想し、新政権のための政策提言作りに着手する。設立から一〇年も経たないシンクタンクにとって大きな賭けであることは間違いなかった。しかし、エドウィン・フルナーは一九六八年大統領選挙後の政権移行をめぐる状況から、このようなプロジェクトこそ必ず実現しなければならないと考えていた。フルナーによれば、一九六八年大統領選挙後に次期ニクソン政権関係者に対してブリーフィングを行ったのは、政権交代に伴い去り行く民主党政権関係者であった。要するに、現状維持を願う人々からニクソン政権関係者は助言を受けていたのである。フルナーは、この過去の例を重く見て、新政権は去り行く政府関係者以外からも政策的助言を受けなければならないとし、大規模なプロジェクトを敢行する。すなわち、ヘリテージ財団は総勢二五〇名の専門家の協力を得ながら省庁ごとに細かな政策提言を作成し、レーガン政権が発足する直前に『リーダーシップのための負託（*Mandate for Leadership*）』として発表したのであった。実は、選挙戦の最中からヘリテージ財団はこのプロジェクトの存在をウィリアム・ケイシーやエドウィン・ミースらレーガン陣営幹部に密かに知らせており、レーガン陣営もヘリテージ財団の動きを高く評価していた。『リーダーシップのための負託』が発表されると、ミースが公の場で大いに参考にすると発言し、政権移行チームを率いたR・ペンドルトン・ジェームズも「単なる一般論ではなく、すべて具体性をもつ提言であり、非常に価値がある」と賞賛を惜しまなかった。さらには、レーガン大統領本人も最初の閣議において『リーダーシップのための負託』を回覧させたと言われている。当然、このようなレーガン政権の反応は、新政権の方向性を占うものとの評判を呼ぶことになり、『リーダーシップのための負託』は政策関連の類いのものとしては異例の一万五〇〇〇部を売り上げたのであった。このように、フルナーの賭けはヘリテージ財団に大きな成功をもたらし、メディアでは連日この新興の保守系シンクタンクの影響力が取り上げられたのであった[36]。

実際、ヘリテージ財団はレーガン政権の船出に多大な影響を及ぼした。レーガン政権によって『リーダーシップのための負託』の提言の多くが採用されただけでなく、同報告書の作成に携わった一五名余りの人々が政府高官に引き抜かれたのである。主な人物では、内務長官のジェームズ・ワット、財務次官のノーマン・ツーレ、財務次官補のマニュエル・ジョンソン、教育長官顧問のチャールズ・ヘザリー、行政管理予算局上級政策アナリストのユージン・マカリスター、全米人文科学基金（National Endowment for the Humanities）会長のウィリアム・ベネットらが挙げられる。また、レーガン政権はヘリテージ財団以外の保守系シンクタンクからも人材を積極的に引き抜いた。主な人物を挙げると、アンダーソン国内政策担当大統領補佐官（フーヴァー研究所）、アレン国家安全保障問題担当大統領補佐官（フーヴァー研究所）、ジェームズ・ミラー連邦取引委員会委員長（後に行政管理予算局長官）（AEI）、ワイデンバウム大統領経済諮問委員会委員長（AEI）、トーマス・ムーア大統領経済諮問委員会委員（フーヴァー研究所）、アーサー・バーンズ駐ドイツ大使（AEI）、ジーン・カークパトリック国連大使（AEI）、ダレル・トレント運輸副長官（フーヴァー研究所）といった人々が保守系シンクタンク出身者であった[37]。

保守系シンクタンクはレーガン政権期を通じても影響力を発揮していくが、やはり最も大きな存在感を誇示したのはヘリテージ財団であった。ヘリテージ財団は減税をはじめレーガン政権の国内政策を強力に後押しするとともに、同政権のミサイル防衛計画の立案に関与するなど安全保障の分野でも大きな功績を残す。一九八〇年代半ば以降、アメリカ政治では福祉政策が国内政治上の主要な争点に浮上するが、ヘリテージ財団はこの動きにも少なからず関与していた。後に福祉政策批判の代表的論者として知られるようになるチャールズ・マレーを全面的に支援していたのである。一方、やがてヘリテージ財団はレーガン政権の要職を退いた人々の受け皿としても機能していく。国家安全保障問題担当大統領補佐官のアレンは、一九八二年にヘリテージ財団に加入し、新たに設置されたアジア研究センター（Asia Studies Center）を統括する。また、大統領顧問や司法長官を歴任したミースも一九八八年にヘリテージ財団に加入する。以来、現在に至るまでミースはヘリテージ財団に在籍している。(38)

しかし、レーガン政権期と対照的に、続くブッシュ・シニア政権と保守系シンクタンクの関係は良好とは言い難かった。ある保守系シンクタンク関係者の言葉を借りれば、「ブッシュ・シニアはレーガンの影を払拭するため、前政権と繋がりの深かった専門家を遠ざける傾向」があった。(39)無論、ブッシュ・シニア政権期、政府内部の動向から保守系シンクタンクは完全に閉め出されたわけではなく、前政権の政策を踏襲した分野では保守系シンクタンク関係者の助言が採用されることも少なくなかった。しかし、前政権とは異なりブッシュ・シニア政権と保守系シンクタンクの関係は緊密ではなく、両者の関係はブッシュ・シニア政権が一九九〇年に財政赤字削減策の中で増税を支持すると決定的に悪化しまう。減税がその信念体系を構成すると言っても過言ではない保守系シンクタンク関係者にとって、増税は「裏切り行為」に等しかった。ヘリテージ財団のフルナーが「ブッシュは自らロナルド・レーガンではないことを証明した」と激しく非難するなど、保守系シンクタンクは敵対的姿勢を露にするのであった。(40)

このように、前政権と比べるとブッシュ・シニア政権期は保守系シンクタンクにとって恵まれた時期ではなかった。しかし、それは保守系シンクタンクの影響力の低下を意味するものではなかった。保守系シンクタンクは「理念のないブッシュ」を早々に見限り、議会共和党との関係強化を一層図るようになったのである。そして、こうした動きはクリントン政権期に実を結ぶことになる。一九九四年中間選挙直前に、ニュート・ギングリッチ下院議員（ジョージア州）率いる下院共和党は選挙公約集となる「アメリカとの契約（Contract with America）」を発表したが、この立案過程にヘリテージ財団やケイトー研究所など保守系シンクタンクの研究員が深く関与していたのである。(41)

AEIの「復活」　このように、レーガン政権以降保守系シンクタンクは着実に成長を遂げ、アメリカ政治において確固たる地位を占めるまでに至った。しかし、こうした流れから唯一取り残されたシンクタンクがあった。AEIのことである。

AEIは、一九七〇年代に保守系シンクタンクの筆頭として頭角を現したにもかかわらず、この頃になると再び解散の危機に直面していた。一九七八年に所長の座がウィリアム・バルーディから息子のウィリアム・バルーディ二世に移る。バルーディ二世はメルヴィン・レアード元国防長官の長年の部下であり、確かにワシントン政界の動きに精通する人物であった。しかし、AEIにとって致命的であったのは、バルーディ二世にはシンクタンク運営面での経験が皆無であったことである。バルーディ二世は「これまでのAEIの実績を考えれば、今後も研究資金は外部からどんどん入ってくる」という楽観的な見通しのもと拡大路線を強引に押し進めて、無計画にAEIの研究対象を広げていく。しかし、そうした杜撰な運営はAEIを次第に苦しめていく。そして、長年の支援者であったオーリン財団など保守系財団が資金提供を一斉に中止したことが決定打となり、一九八〇年代半ばにAEIは破産寸前の状況に陥る。こうした中で、一九八六年にバルーディ二世は所長の座を追われ、後任にはレーガン政権において行政管理予算局のスタッフを務めたクリストファー・デムスが就任する(42)。

おそらく、デムスは一九五〇年代にブルッキングス研究所の立て直しに成功したロバート・カルキンスに匹敵する人物と言ってよいであろう。すなわち、デムスは改革に取り組み、AEIを見事に復活させるのであった。デムスが行った改革とは、一言で言えばAEIの徹底的な「保守化」であった。AEIに対しては、バルーディ二世の拡大路線のもとで「中道化してしまった」との批判が保守派内部で高まっていた。保守系財団が資金提供を中止したのもそうした批判が関係しており、保守派の司令塔としての役割を果たしていないとして、AEIに厳しい「制裁」を科したのである。そこで、デムスは前任者のもとで加入した穏健中道と見られる研究員を相次いで解雇する一方、保守派の人材を積極的に集めていく。たとえば、チャールズ・マレーをマンハッタン政策研究所から引き抜くとともに、新進気鋭の保守派の論客として注目を集めていたディネッシュ・ドゥスーザを採用する。また、デムスは、アーヴィング・クリストルやジーン・カークパトリックらの新保守主義者グループを拡大し、リチャード・パール、ジョシュア・ムラヴチック、マイケル・ルディーン、コンスタンティン・メンゲス、アラン・ガーソンといった人々を新たに引き込む。さらに、デムスはブッシュ・シニア政権で国防長官を務めたリチャード・チェイニーと妻のリン・チェイニーの招聘にも成功する。チェイニーは二年間上級研究員を務め、リン・チェイニーは二〇〇〇年まで在籍し教育政策に関する研究に従事する。こうしたデムスによる改革を受けて、AEIは保守系財団をはじめとする保守派内の信頼を取り戻し、復活を果たすのであった(43)。

一九八〇年大統領選挙においてレーガンを支えたように、二〇〇〇年大統領選挙においても保守系シンクタンク関係者は共和党候補のジョージ・W・ブッシュのもとに集結する。その中で最も大きな存在感を示したのは、復活を遂げたAEIであった。AEIのパールとジョン・ボルトンはブッシュ陣営の外交政策チームに参加し、ローレンス・リンゼーとR・グレン・ハバードは経済政策チームの事実上の責任者を務めた。所長のデムスも環境政策に関するアドバイザーとして顔を連ねた。AEIがブッシュ陣営に深く入り込むことができた要因の一つとしては、チェイニーの影響が大きい。チェイニーは、AEIを去りハリバートン（Haliburton）社最高経営責任者に就任して以降もこのシンクタンクとの関係を持ち続けていた(44)。

また、フーヴァー研究所もブッシュ政権誕生において存在感を発揮したシンクタンクである。ブッシュは、一九九八年春にカリフォルニア州を訪問した際、まずフーヴァー研究所を訪れ、一九八九年より同研究所に所属していたジョージ・シュルツ元国務長官らとの会合を持っている。以来、ブッシュとフーヴァー研究所の関係は強固なものとなり、マーティン・アンダーソン、ジョン・テイラー、ジョン・コーガンらがブッシュ陣営の経済政策チームに加わった。また、コンドリーザ・ライスは、ポール・ウォルフォウィッツ、パール、リチャード・アーミテージ、スティーブン・ハドレー、ロバート・ゼーリックからなる外交政策チーム、いわゆる「ヴァルカンズ（Vulcans）」を統括する[45]。

そしてレーガン政権の再現を見るかのように、ブッシュ政権発足に際しても保守系シンクタンク関係者は要職に抜擢される。その中で最も目立ったのは、やはりＡＥＩであった。ＡＥＩ内部では、「研究員が足りない」という嬉しい悲鳴が出るほどであったと言われている[46]。主な政府高官では、ポール・オニール財務長官、リンゼー経済担当大統領補佐官、ハバード大統領経済諮問委員会委員長、ダイアナ・ファーチゴット・ロス大統領経済諮問委員会首席補佐官、ボルトン国務次官、パール国防政策委員会委員長、レオン・カス大統領生命倫理委員会委員長、デイヴィッド・フラム経済演説担当大統領特別補佐官といった人々がＡＥＩ出身者であった。また、他の保守系シンクタンク関係者も引き抜かれ、ライス国家安全保障問題担当大統領補佐官（フーヴァー研究所）、エリオット・エイブラムス国家安全保障会議上級部長（倫理・公共政策センター）、キム・ホルムズ国務次官補（ヘリテージ財団）、アンダーソン国防政策委員会委員（フーヴァー研究所）、テイラー財務次官（フーヴァー研究所）、ミッチ・ダニエルズ行政管理予算局長官（ハドソン研究所）、イレーン・チャオ労働長官（ヘリテージ財団）、ケイ・ジェームズ人事管理局長官（ヘリテージ財団）、ニーナ・リーズ国内政策担当副大統領次席補佐官（ヘリテージ財団）をはじめとする人々が保守系シンクタンク出身者であった。さらには、在籍こそしていなかったものの、ドナルド・ラムズフェルド国防長官やウォルフォウィッツ国防副長官らも、クリントン政権期に保守系シンクタンクの活動に深く関わっていたことで知られる[47]。

このような密接な関係を背景に、保守系シンクタンクはブッシュ政権の動向に対しても影響力を及ぼしていく。一例を挙げるならば、イラクへの軍事侵攻策は人材面などでＡＥＩと関係の深かった新アメリカの世紀プロジェクト（Project for the New American Century）が中心となり提唱していたものであった。一九九七年にビル・クリストルとロバート・ケーガンによって設立された新アメリカの世紀プロジェクトは、設立直後からサダム・フセイン政権打倒を唱えていたが、その賛同者として名を連ねていたのがラムズフェルド、ウォルフォウィッツ、パール、ボルトンといった、後にブッシュ政権の安全保障政策の中核を担う人々であった(48)。

このように、ブッシュ政権期に保守系シンクタンクはその揺るぎない地位を改めて印象づけることになった。正に、保守系シンクタンクの「黄金期」と言ってもよかった。しかしその一方で、ブッシュ政権期にはアメリカのシンクタンクをめぐりもう一つの重要な動きが生じていたことも忘れてはならない。それは、保守系シンクタンクに対抗するシンクタンクの成長であり、アメリカ進歩センターをはじめリベラル系シンクタンクが台頭してくるのであった。

第三節　イデオロギー系シンクタンクの時代(2)

一　リベラル系シンクタンクの起源

保守派の動きに比して、リベラル派による政治インフラの整備は明らかに遅かった。その主な理由としては、一九七〇年代に入っても環境保護や消費者保護などの公共利益運動が盛り上がるなどリベラリズム全盛が続き、またアカデミズムの世界が依然としてリベラル派の牙城である中で、政治インフラの必要性が認識されなかったことが挙げられる。

確かに、一九七〇年代の時点でいくつかのリベラル派のシンクタンクが既に活動していたことは事実である。マーカス・ラスキンらの政策調査研究所や、ジーン・ラロックの国防情報センターのほかに、黒人の知識人によって設立された政治経済研究合同センター（Joint Center for Political and Economic Studies）や、環境保護論者のレスター・

ブラウンのワールドウォッチ研究所（Worldwatch Institute）といった、一九六〇年代以降の政治社会運動から派生したリベラル寄りのシンクタンクが既に存在していた。しかし、政治インフラをめぐる意識が乏しかったことから、リベラル派内部ではそうしたシンクタンクを支える体制が決定的に弱かった。そのため、潤沢な支援のもと急成長を遂げつつあった保守系シンクタンクとは対照的に、リベラル系シンクタンクのほとんどが細々と活動を続けているという状況であった[49]。

一九八〇年代に入ると、リベラル派の状況にやや変化が生じる。レーガン政権の誕生を機に保守系シンクタンクの目覚ましい活躍ぶりが注目されるにつれ、右傾化した政策論議を押し戻さなければならないとの認識がリベラル派の一部に生まれる。シドニー・ブルーメンサールが著した『カウンター・エスタブリッシュメントの台頭（*The Rise of the Counter-Establishment*）』は、このような認識から執筆されたものであった[50]。

こうした中で、一九八〇年代に予算・優先政策センターや経済政策研究所といったシンクタンクが誕生する。前者は、カーター政権の農務省高官であったロバート・グリーンスタインが、後者は同じくカーター政権で商務省高官であったジェフ・フォーがそれぞれ立ち上げたシンクタンクである。これらに加え、一九八〇年代の終わりには民主党中道派の動きからもう一つのシンクタンクが生まれる。一九八〇年大統領選挙から三回連続で民主党候補が敗北を喫したことを受けて、民主党中道派グループの民主党指導者評議会（Democratic Leadership Council, 以下ＤＬＣと略記する）は、伝統的なリベラル路線が国民の信頼を失っており中道路線こそが民主党復活の鍵であると唱え、これを政策面で具体化する機関として、進歩的政策研究所（Progressive Policy Institute）を一九八九年に設立する。所長に就任したのはＤＬＣで政策部長をしていたウィル・マーシャルであった[51]。

このように、一九八〇年代を通してリベラル派の動きも活性化したかに見えた。しかし、実態は以前とほとんど変わらなかった。この時点においてもリベラル派の大勢はインフラ作りへの意識が弱かった。そのため、予算・優先政策センターや進歩的政策研究所にしても、大手の保守系シンクタンクに比べるとかなり規模の小さいシンクタンクであった[52]。

二　リベラル系シンクタンクの発展

リベラル派が自らのインフラ作りに本腰を入れるようになるのは、一九九〇年代後半に入ってからである。保守系シンクタンクをはじめとする保守派の巨大なインフラがアメリカ政治の保守化を強引に推進しているのに対して、それに対抗するインフラが脆弱であり、したがって強化することが急務であるというコンセンサスが形成される。

アメリカ進歩センターの誕生　こうして、政治インフラをめぐるコンセンサスが形成されると、リベラル派内部ではある問題が叫ばれるようになる。それは資金源の問題であり、保守派とは対照的にリベラル派には潤沢な資金を提供してくれるパトロンが乏しいとの声が高まっていく。確かに、保守派はスケイフ、オーリン、ブラッドレーといった保守系財団の「戦略的フィランソロピー」の莫大な恩恵を受けていたのに対し、リベラル派にはそれに匹敵する資金源が乏しかった。

とはいえ、歴史的に見ると資金源をより豊富に有していたのは、むしろリベラル派であった。かつては、フォード財団やロックフェラー財団といった大型財団からリベラル系団体に資金が提供され、そうした支援が一因となり公民権運動や環境保護などの公共利益運動が台頭したのである。シンクタンクとの関係においても、大型財団から政策調査研究所などに対して資金が流れていた。しかし、一九七〇年代以降、大型財団はリベラル系団体に対する支援に消極的になっていく。その理由は二つあった。一つは、一九七〇年代初頭の株式市場の低迷などを受けて、大型財団の資産が大幅に減少したことであった。もう一つは、リベラル系団体への助成が政治問題化し、当時巻き返しを図っていた保守派からそうした支援をめぐり大きな批判を浴びるようになったことであった。元々リベラル系団体への支援は財団の使命として行われていたというよりも、むしろ財団内部のリベラル寄りの職員が主導していたという側面が強かった。財団の使命ではない以上、外部からの批判を無視するわけにはいかず、政治性のある助成を見直すようになり、大型財団はリベラル系団体に対する支援を相次いで削減していったのである[53]。

こうした大型財団の動きから、リベラル系団体は恒常的に資金不足という問題に悩まされるようになるが、一九九〇年代後半になり、リベラル派はようやくこの問題と向き合うようになる。たとえば、アメリカ的生活様式を守る会（People for the American Way）の『運動の買収（*Buying a Movement*）』や、全米レスポンシブ・フィランソロピー委員会の『政策アジェンダを動かす（*Moving a Public Policy Agenda*）』といった報告書が、長年の保守系財団の活動を詳細に分析することで、リベラル派内部に向けて独自の資金源をもつ必要性を訴えた。また『ネイション（*Nation*）』誌などリベラル系雑誌も同様の問題提起を繰り返し行うようになった。こうした中で、ブッシュ政権が発足すると、オープン・ソサイエティ・インスティテュート（Open Society Institute）のジョージ・ソロス、プログレッシブ保険（Progressive Insurance）のピーター・ルイス、ゴールデン・ウェスト金融（Golden West Financial）のマリオン・サンドラーといった富裕層が登場する。ソロスらは元々リベラル寄りの立場を有していた上に、ブッシュ政権の動向に強く反発していた。そのため、デモクラシー・アライアンスという団体を結成することで、リベラル派に対する支援を積極的に行っていく。デモクラシー・アライアンスは、リベラル系富裕層を束ねるネットワーク団体であり、「リベラル版戦略的フィランソロピー」を使命とした。このように、資金源が充実したことにより、リベラル派の政治インフラ作りが加速していくのであった[54]。

ジョン・ポデスタは、リベラル派のインフラ作りの中心人物の一人であった。クリントン政権時代、ホワイトハウス高官として強力な保守系シンクタンクと日々対峙する中、シンクタンクへの関心を増大させていった。実際、側近のジェニファー・パルミエリによると、ホワイトハウスの同僚らに対してポデスタはシンクタンクの必要性を説いて回っていたとされる。そのため、ポデスタの行動は迅速であった。ブッシュ政権発足と同時に、シンクタンクの設立に取り掛かり、ソロスらの支援を受けて二〇〇三年にアメリカ進歩センターを立ち上げる。

アメリカ進歩センターは、伝統的なリベラル派から民主党中道派に至るまで様々な人々が集うシンクタンクであった。サラ・ウォーテル、ジーン・ランブルー、ジーン・スパーリング、マリア・エチャヴェステ、モートン・ハルペリン、ゲイル・スミス、フィリップ・クローリーといったクリントン政権高官、レーガン政権の国防次官補を務め、後に共和党と袂を分かったローレンス・コーブ、議員補佐官歴の長いスコット・リリー、環境保護運動家のダニエル・ワイスといった人々が参加した。そして、二〇〇四年議会選挙後には、上院民主党の重鎮であったトム・ダシュルも加入する。こうしてアメリカ進歩センターはリベラル派を牽引する存在となっていく(55)。

その他のリベラル系シンクタンク　ただし、この時期に誕生したのはアメリカ進歩センターだけではない。アメリカ進歩センターの設立と前後して、ニュー・アメリカ財団、デモス、サード・ウェイ、新アメリカ安全保障政策センター（Center for a New American Security）、トルーマン国家安全保障プロジェクト（Truman National Security Project）などが誕生している。言うまでもなく、これらのシンクタンクもソロスらを筆頭とするデモクラシー・アライアンス関係者から多額の資金を提供されていた。

一九九九年に、ジャーナリストのテッド・ハルステッドとマイケル・リンドによって設立されたニュー・アメリカ財団は、グーグル（Google）のエリック・シュミットが理事長として関わるなど、シリコンバレーの企業家との関係が深いシンクタンクである。デモスは、ネイサン・カミングス財団（Nathan Cummings Foundation）のチャールズ・ハルパーンが中心となり二〇〇〇年に設立されたシンクタンクであり、ロバート・カトナーやデイヴィッド・カラハンといった『アメリカン・プロスペクト（*American Prospect*）』誌に寄稿している者達が結集した。サード・ウェイは、クリントン政権において住宅都市開発省高官であったジョナサン・コーワンによって二〇〇五年に設立された。

サード・ウェイは民主党中道派に属するシンクタンクであり、実際設立に際してコーワンはＤＬＣのアル・フロムや進歩的政策研究所のウィル・マーシャルから数々の助言を受けている。二〇〇七年に誕生した新アメリカ安全保障政策センターは、クリントン政権で国防総省高官であったカート・キャンベルとミシェル・フロノイによって設立された。新アメリカ安全保障政策センターはその名の通り安全保障の研究に特化したシンクタンクであり、一九七〇年代以降、民主党内における安全保障論議が著しく左傾化したと批判し、いわゆるハードパワーに立脚した外交安全保障政策を提唱している。トルーマン国家安全保障プロジェクトも同様の路線に立つシンクタンクである。レイチェル・クラインフェルドとマット・スペンスといった若手の専門家が、二〇〇四年大統領選挙でのジョン・ケリーの敗北から安全保障こそ民主党の弱点であるとの危機感を抱き、選挙後に設立されたシンクタンクである。

このように、新たなシンクタンクが続々と生まれる一方、既存のリベラル系シンクタンクも強化されていく。一九八〇年代に設立された予算・優先政策センターはその一つである。ブッシュ政権期に、予算・優先政策センターは財政問題において「民主党政治家が意見を求める存在」と評されるまで急成長を遂げる(56)。

三　リベラル系シンクタンクの隆盛

以上のように、リベラル系シンクタンクは短期間で強化されたが、そのリーダー格は明らかであった。ジョン・ポデスタ率いるアメリカ進歩センターは、その豊富な人材と資金力を背景に論争的な政策案を次々と発表し、頭角を現していく。ほとんどの民主党政治家が表立ったイラク戦争批判を手控えていた二〇〇五年の時点から、アメリカ進歩センターは「出口戦略」を唱え、その後イラク戦争批判においてリーダー的存在となっていく。また、アメリカ進歩センターは医療保険改革についても早くから積極的に提唱しており、クリントン政権が実現できなかった政策案を再び政策課題に引き上げることに努めたのであった。こうして、二〇〇八年大統領選挙が近づく頃には、アメリカ進歩センターの存在感は無視できないものとなっていた。実際、ポデスタを含む多数の前クリントン政権高官の顔ぶれから、アメリカ進歩センターに集う人々は次期ヒラリー・クリントン政権の「待機組」と呼ばれるほどであった[57]。

しかし、アメリカ進歩センターは必ずしもクリントンを支える政策集団ではなかった。二〇〇四年議会選挙後にアメリカ進歩センターに加入したダシュルは、ワシントン政界におけるバラク・オバマの後ろ盾とも呼ぶべき存在であり、オバマに対して大統領選挙への出馬を強く勧めた一人でもあった。そのため、アメリカ進歩センターはクリントン陣営だけでなくオバマ陣営と繋がりをもっており、ブライアン・カツーリスやデニス・マクドノーといった若手研究員、そして元クリントン政権高官のグレッグ・クレイグらは、早い段階からオバマ陣営の中枢で活躍していた。そして、民主党候補争いが決着する頃には、オバマ陣営とアメリカ進歩センターの関係はさらに強固なものとなり、メロディ・バーンズやカサンドラ・バッツといった人々が新たにオバマ陣営に入っていく。

アメリカ進歩センターの研究員らは政策面でオバマの選挙運動を支えたが、新政権の発足に際しても大きな貢献を果たした。たとえば、ポデスタが政権移行チームの共同議長を務めたことに加え、オバマ政権発足の直前に『アメリカのための変革（*Change for America*）』という政策提言集を発表している。ポデスタは、掲げるイデオロギーこそ異なるものの、アメリカ進歩センターの立ち上げに際して「リベラル版ヘリテージ財団」を構想し、ヘリテージ財団が成功した理由を徹底的に分析していた。そのため、ポデスタはヘリテージ財団がレーガン政権発足直前に発表し、その名を一躍全国区にした『リーダーシップのための負託』についてはひと際強い関心を示し、アメリカ進歩センターの内外から総勢七〇名の専門家を集めて、次期民主党政権のために『アメリカのための変革』を取り纏めたのである[58]。

こうしたアメリカ進歩センターの貢献に対して、オバマは要職に人材を起用することで応える。ポデスタによると、四〇名近くがオバマ政権に引き抜かれた。主な人物を挙げると、マクドノー国家安全保障問題担当大統領次席補佐官、バーンズ国内政策会議議長、バッツ大統領副法律顧問、キャロル・ブラウナー・エネルギー・気候変動問題担当大統領補佐官、スパーリング財務長官顧問、マイケル・バー財務次官補、トッド・スターン気候変動問題担当特使、クローリー国務次官補、ニーラ・タンデン保健福祉省上級顧問らがアメリカ進歩センターの関係者であった[59]。

他のリベラル系シンクタンクの関係者も、政府高官に採用される。経済政策研究所からはジャレド・バーンスタインが副大統領経済顧問に起用され、予算・優先政策センターにかつて在籍していたジェイソン・ファーマンが国家経済会議副議長に任命された。さらに、ケン・サラザール内務長官、キャスリーン・セベリウス保健福祉長官、エレン・タウシャー国務次官らは、新政権発足前までサード・ウェイの名誉理事を務めていた。新アメリカ安全保障政策センターからは、創設者のキャンベルとフロノイがそれぞれ国務次官補、国防次官に任命され、他の研究員も外交安全保障政策上の重要ポストに引き抜かれた。後にオバマ政権内部で活躍する若手高官の中には、トルーマン国家安全保障プロジェクトの出身者が少なからずおり、その中にはベン・ローズ国家安全保障問題担当大統領次席補佐官や、ジェイク・サリヴァン国務長官次席補佐官らが含まれていた[60]。

その後も、リベラル系シンクタンクはオバマ政権を支え、オバマケア（Obamacare）などの政権の政策課題を推進していく。一方、オバマ政権の一期目後半以降は、退任した政府高官がリベラル系シンクタンクに復帰する例や、移籍する例が目立つようになる。保健福祉省の高官としてオバマケアの策定にも関わったタンデンは、二〇一〇年にアメリカ進歩センターに復帰し、間もなく所長の座をポデスタから引き継ぐ。フロノイも古巣に戻った一人であり、二〇一二年に新アメリカ安全保障政策センター所長に就任している。オバマ政権一期目後半になると、このようなケースが数多く見られるようになる。クリントン政権時代はリベラル系シンクタンクが乏しく、そのため「民主党政権の高官には帰る場所がない」といった嘆き声もあったが、その頃とは全く異なる状況となった。そして、オバマ政権の二期目に入っても、政府とリベラル系シンクタンクの間での人材の行き来は継続し、たとえば、アメリカ進歩センターに身を捧げてきたポデスタ自身も二〇一四年に政権入りし、大統領顧問に任命された。レーガン政権を境に、共和党政治家を保守系シンクタンクが選挙、統治の両次元で支える構造が出現した。またブッシュ政権との関係でも、選挙時からＡＥＩなどの研究員が多大な影響を及ぼしていたことは上述した通りである。二〇〇八年以降の状況は、民主党政治家とリベラル系シンクタンクの間でも同様の構造が遂に生まれたことを示している。[61]

（1）Andrew Rich, *Think Tanks, Public Policy, and the Politics of Expertise* (Cambridge: Cambridge University Press, 2004), pp. 34–41.

（2）ジェームズ・A・スミス著、長谷川文雄ほか訳『アメリカのシンクタンク――大統領と政策エリートの世界』（ダイヤモンド社、一九九四年）、六五―七二頁、七七―八三頁。

（3）渡瀬義男「米国会計検査院（ＧＡＯ）の八〇年」『レファレンス』二〇〇五年六月号、三五頁。James A. Smith, *Brookings at Seventy-Five* (Washington D.C.: Brookings Institution Press, 1991), pp. 10–14.

（4）この統合に伴い、ロバート・ブルッキングスが創設した公共政策大学院は解散している。*Ibid.*, pp. 15–23.

（5）David Adesnik, *100 Years of Impact: Essays on the Carnegie Endowment for International Peace* (Washington D.C.: Carnegie Endowment for International Peace, 2011), pp. 19–37.

（6）Peter Grose, *Continuing the Inquiry: The Council on Foreign Relations from 1921 to 1996* (New York: Council on Foreign Relations, 2006), pp. 1–12.

（7）Robert D. Schulzinger, *The Wise Men of Foreign Affairs: The History of the Council on Foreign Relations* (New York: Columbia University Press, 1984), pp. 9–30.

（8）Grose, *Continuing the Inquiry*, pp. 23–26; Adesnik, *100 Years of Impact*, p. 42.

（9）スミス『アメリカのシンクタンク』一六〇―一六二頁。

（10）他の中立系シンクタンクも、マーシャル・プランの立案に貢献しており、外交問題評議会のデイヴィッド・ロックフェラーを中心とする研究や、ブルッキングス研究所の研究も参考になったと言われている。John B. Judis, *The Paradox of American Democracy: Elites, Special Interests, and the Betrayal of Public Trust* (New York: Routledge, 2001), pp. 66–72; Smith, *Brookings at Seventy-Five*, pp. 35–37.

(11) アレックス・アベラ著、牧野洋訳『ランド　世界を支配した研究所』(文春文庫、二〇一一年)、一三一―一三八頁。

(12) Bruce L. R. Smith, *The RAND Corporation: Case Study of a Nonprofit Advisory Corporation* (Cambridge: Harvard University Press, 1966), pp. 60–65.

(13) アベラ『ランド』五四―五八頁。

(14) スミス『アメリカのシンクタンク』一九四―一九五頁。

(15) Smith, *Brookings at Seventy-Five*, pp. 25–38.

(16) スミス『アメリカのシンクタンク』一九五頁。横江公美『第五の権力　アメリカのシンクタンク』(文春新書、二〇〇四年)、一一三―一一四頁。Brookings Institution, "Eisenhower to Kennedy: Brookings and 1960–61 Presidential Transition," https://www.brookings.edu/articles/eisenhower-to-kennedy-brookings-and-the-1960-61-presidential-transition/

(17) Smith, *Brookings at Seventy-Five*, pp. 56–59, pp. 84–85.

(18) Smith, *The RAND Corporation*, p. 14. アベラ『ランド』一五一頁。

(19) 同上、一七五―一七七頁、一九九―二〇二頁、二一三―二一六頁。

(20) スミス『アメリカのシンクタンク』二〇〇頁。

(21) アベラ『ランド』二六八―二七五頁。

(22) スミス『アメリカのシンクタンク』二二四―二二七頁。

(23) 中山俊宏『アメリカン・イデオロギー――保守主義運動と政治的分断』(勁草書房、二〇一三年)、四四―五五頁。

(24) Judis, *The Paradox of American Democracy*, pp. 122–123.

(25) W. Glenn Campbell, *The Competition of Ideas: How My Colleagues and I Built the Hoover Institution* (Ottawa: Jameson Books, 2000), pp. 61–62. スミス『アメリカのシンクタンク』二六六―二六八頁。

(26) Judis, *The Paradox of American Democracy*; Donald E. Abelson, *A Capitol Idea: Think Tanks and US Foreign Policy* (Montreal & Kingston: McGill-Queen's University Press, 2006), pp. 69–70.

(27) Judis, *The Paradox of American Democracy*, pp. 124–125; Sidney Blumenthal, *The Rise of the Counter-Establishment: From Conservative Ideology to Political Power* (New York: Times Books, 1986), pp. 42–43; Irving Kristol, *Neo-conservatism: The Autobiography of an Idea* (New York: The Free Press, 1995), pp. 33–39.

(28) Campbell, *The Competition of Ideas*, pp. 122–125, pp. 159–161, pp. 173–176. 中野秀一郎『アメリカ保守主義の復権——フーバー研究所をめぐる知識人』(有斐閣選書、一九八二年)、一一二—一一三頁、一二六—一二九頁。

(29) Edwin J. Feulner, *Conservatives Stalk the House: The Story of the Republican Study Committee* (Ottawa: Green Hill Publishers, 1983).

(30) Lee Edwards, *The Power of Ideas: The Heritage Foundation at 25 Years* (Ottawa: Jameson Books, 1997), pp. 3–11; Robert G. Kaiser and Ira Chinoy, "Scaife: Funding Father of the Right," *Washington Post*, May 2, 1999.

(31) Lee Edwards, *Leading the Way: The Story of Ed Feulner and the Heritage Foundation* (New York: Crown Forum, 2013), pp. 27–31.

(32) Thomas Medvetz, *Think Tanks in America* (Chicago: University of Chicago Press, 2012), p. 108.

(33) Smith, *Brookings at Seventy-Five*, pp. 117–119.

(34) Donald T. Critchlow, *The Conservative Ascendancy: How the Republican Party Right Rose to Power in Modern America* (Kansas: University Press of Kansas, 2011), p. 122. 拙稿「ティーパーティ運動の1つの背景——コーク(Koch)兄弟についての考察」久保文明・東京財団「現代アメリカ」プロジェクト編『ティーパーティ運動の研究——アメリカ保守主義の変容』(NTT出版、二〇一二年)、七五—八〇頁。

(35) Martin Anderson, *Revolution: The Reagan Legacy* (Stanford: Hoover Institution Press, 1990), pp. 164–174.

(36) Edwards, *The Power of Ideas*, pp. 41–49.

(37) *Ibid.*, pp. 50–52; Jerome L. Himmelstein, *To the Right: The Transformation of American Conservatism* (Berkeley: University of California Press, 1990), pp. 150–151.

(38) Edwards, *The Power of Ideas*, pp. 52–65; Edwards, *Leading the Way*, pp. 156–159, p. 212.

(39) Abelson, *A Capitol Idea*, p. 36.

(40) Edwards, *The Power of Ideas*, pp. 114–116.

(41) *Ibid*., pp. 118–120, pp. 157–161. 久保文明「共和党の変容と外交政策への含意」久保文明編『G・W・ブッシュ政権とアメリカの保守勢力――共和党の分析』(日本国際問題研究所、二〇〇三年)、七―八頁。

(42) スミス『アメリカのシンクタンク』二九三―二九四頁。Abelson, *A Capitol Idea*, pp. 82–83.

(43) Howard J. Wiarda, *Conservative Brain Trust: The Rise, Fall, and Rise Again of the American Enterprise Institute* (Lanham: Lexington Books, 2009), pp. 272–277, pp. 285–290; Timothy Noah, "Chris DeMuth, Hack Extraordinaire," *Slate*, October 11, 2007.

(44) James A. Barnes, "The Company He Keeps," *National Journal*, August 8, 1999.

(45) George Hager, "Bush Shops for Advice at Calif. Think Tank," *Washington Post*, June 8, 1999; Abelson, *A Capitol Idea*, pp. 39–41.

(46) 横江『第五の権力』六五―六六頁。

(47) John Micklethwait and Adrian Wooldridge, *The Right Nation: Conservative Power in America* (New York: Penguin Press, 2004), pp. 153–160; Dana Milbank and Ellen Nakamura, "Bush Team Has 'Right' Credentials," *Washington Post*, March 25, 2001; Dana Milbank, "White House Hopes Gas Up a Think Tank," *Washington Post*, December 8, 2000.

(48) Wiarda, *Conservative Brain Trust*, pp. 289–291; Maria Ryan, *Neoconservatism and the New American Century* (New York: Palgrave Mamillan, 2010), pp. 91–110.

(49) スミス『アメリカのシンクタンク』二三四―二四一頁、三四七―三四八頁。Medvetz, *Think Tanks in America*, pp. 98–100. なお、政策調査研究所については、以下の文献も詳しい。Kevin Mattson, *Intellectuals in Action: The Origins of the New Left and Radical Liberalism* (University Park: Pennsylvania State University Press, 2002).

(50) Blumenthal, *The Rise of the Counter-Establishment*. なお、当時は『ニュー・リパブリック (*New Republic*)』誌などでも、同様の議論が行われていた。Morton Kondracke, "The Heritage Model," *New Republic*, December 20, 1980.

(51) Kenneth S. Baer, *Reinventing Democrats: The Politics of Liberalism from Reagan to Clinton* (Lawrence: University Press of Kansas, 2000), pp. 134–139, pp. 168–171, p. 211.

(52) Kenneth S. Baer, "The Homeless Democrats," *Slate*, February 2, 2001.

（53）　拙稿「政治インフラの形成と財団」久保文明編『アメリカ政治を支えるもの――政治的インフラストラクチャーの研究』（日本国際問題研究所、二〇一〇年）、二一―二三頁。

（54）　デモクラシー・アライアンスは、財団ではない。各会員は、デモクラシー・アライアンスが推薦する団体に寄付を行うという仕組みである。デモクラシー・アライアンスの設立メンバーには、ソロス、ルイス、サンドラー夫妻、ニュー・デモクラット・ネットワーク（New Democrat Network）のサイモン・ローゼンバーグ、アメリカ労働総同盟・産業別組合会議（American Federation of Labor-Congress of Industrial Organizations）およびサービス従業員国際労働組合（Service Employees International Union）、ベンチャー・キャピタリストのアンディ・ラパポートとその妻デボラ・ラパポート、ギル財団（Gill Foundation）のティム・ギル、アトランティック・フィランソロピーズ（Atlantic Philanthropies）のガラ・ラマルシェ、弁護士のガイ・サパースタイン、映画監督のロブ・ライナー、不動産開発業者のハーブ・ミラー、フリードマン財団（Friedman Foundation）のデイヴィッド・フリードマンらが参加した。同上、三二―三七頁。また、デモクラシー・アライアンスの設立経緯などについては、以下の文献が詳しい。Matt Bai, *The Argument: Inside the Battle to Remake Democratic Politics*（New York: Penguin Books, 2007）.

（55）　Mark Kukis, "In the Tanks," *National Journal*, January 15, 2005; Charlie Savage, "John Podesta, Shepherd of a Government in Exile," *New York Times*, November 7, 2008; Shawn Zeller, "Power Shift Could Force Think Tank to Mellow," *CQ Weekly*, November 24, 2008; Julie Kosterlitz, "As Times Change, Key Think Tanks Trade Places," *National Journal*, February 14, 2009.

（56）　Rich, *Think Tanks, Public Policy, and the Politics of Expertise*, pp. 218–219; Elizabeth Carney, "Extreme Makeover," *National Journal*, February 26, 2005; Yochi J. Dreazen, "Obama Dips into Think Tank for Talent," *Wall Street Journal*, November 16, 2008; Andrew Taylor, "Democrats' Go-To Guy Gets the Facts Straight," *CQ Weekly*, March 7, 2005; James Mann, *The Obamians: The Struggle inside the White House to Redefine American Power*（New York: Viking, 2012）, pp. 49–53; Kevin Baron, "Meet the Insurgency: Inside the Liberal Take-Over of U.S. National Security," *Defense One*, June 6, 2014.

（57）　Michael Crowley, "The Shadow President," *New Republic*, November 19, 2008.

（58）　*Ibid.*; Mark Green and Michele Jolin, eds., *Change for America: A Progressive Blueprint for the 44th President*（New

York: Basic Books, 2009).

(59) Dan Eggen, "Groups on the Left Are Suddenly on Top," *Washington Post*, June 4, 2009.

(60) アメリカ進歩センター以外については、以下の資料や各リベラル系シンクタンクの資料等を参考にした。久保文明・足立正彦『オバマ政権の主要高官人事分析』（東京財団、二〇一〇年）。

(61) 拙稿「シンクタンク――「アイディア業界」の変容」山岸敬和・西川賢編『ポスト・オバマのアメリカ』（大学教育出版、二〇一六年）、一〇五―一一〇頁。

第三章　アメリカのシンクタンクの特異性

アメリカのシンクタンクはいかなる特徴を有しているのであろうか。かつて、シンクタンクとはアメリカ的要因のもとで生まれたアメリカ特有の現象であるとの議論が流行したものの、一九九〇年代後半以降、海外の研究者がこれを明確に否定したこともあり、今日ではシンクタンクはアメリカのみに見られる現象ではなく、グローバルな現象であるとの理解がかなりの程度浸透している。しかし、シンクタンクをめぐる比較論はそうした実態面に関する考察のみで果たして十分であろうか。すなわち、より深いレベルで分析するならば、アメリカのシンクタンクが他の国々のシンクタンクにはさほど見られない特徴をもつ、「例外的存在」であることも否定できない。本章では、この点について掘り下げて考察したい。

第一節　諸外国のシンクタンク

一　「アメリカ例外論」再考

R・ケント・ウィーヴァーやジェームズ・スミスの研究を機に始まったアメリカのシンクタンク研究は、その後海外の研究者の関心を呼び起こし、一九九〇年代後半以降、オーストラリア人研究者のダイアン・ストーン、イギリス人研究者のアンドリュー・デンハムおよびマーク・ガーネットらを中心にいくつかの研究が行われるようになった。その結果、非常に多くの国々で政策研究に従事する研究機関が活動している実態が指摘されるとともに、ドイツやイギリスといった国々ではシンクタンクが比較的発達していることも明らかにされた[1]。

上記の研究が実施されたのは、ある種の「アメリカ例外論（American exceptionalism）」が普及しつつあったことと少なからず関係があった。アメリカにおいてシンクタンク研究が始まると、シンクタンクとはアメリカ的な要因、すなわち外部専門家に対する行政府および立法府の開放性や、財団に代表される豊富な資金源が生み出した現象であり、そのためアメリカ以外の国々ではシンクタンクの成長は困難であるとの議論が流行した。たとえば、ウィーヴァーは「シンクタンクをめぐるアメリカの経験は他国に容易に移植できるものではない」と述べ、スミスもシンクタンクを「典型的なアメリカの計画立案・諮問機関」と論じた[2]。ストーンら海外の研究者はアメリカ以外の実態を分析することで、このような議論を真っ向から批判し、シンクタンクとは「グローバルな現象」であり、アメリカ的要因が揃わないところでもシンクタンクは発達可能であると強く反論したのである[3]。

このような研究の進展の結果、今日ではシンクタンクを特殊アメリカ的現象であると見なす向きは乏しく、シンクタンクは世界的に見られる現象であるとの理解がかなり浸透してきていると言える。その最たる例が、ジェームズ・マギャンが主宰するペンシルヴァニア大学のシンクタンク・市民社会プログラム（Think Tanks & Civil Societies Program）のプロジェクトであろう。シンクタンク・市民社会プログラムでは、二〇〇六年から毎年『世界のシンクタンク・ランキング（*Global Go To Think Tank Indext Report*）』という報告書を発表しているが、この報告書では、各国のシンクタンク関係者、大学所属の研究者、ジャーナリスト、非営利団体関係者らの評価をもとに、世界中のシンクタンクについて項目ごとに格付け調査を行っている[4]。

しかし、シンクタンクはアメリカ以外の国々でも観察できるとはいえ、アメリカのシンクタンクが、他の国々のシンクタンクにはさほど見られない特徴をもち、「例外的存在」であることは否定できないであろう。その明らかな特徴の一つとしては、アメリカにおけるシンクタンクの発達の度合いが指摘できる。アメリカで活動するシンクタンクの数は少なくとも四〇〇近くに達しているが、この水準に達する国は皆無である。シンクタンクが比較的発達しているると言われているドイツやイギリスにしても、それぞれ一五〇、一〇〇程度にとどまる。正にアメリカは「シンクタンク超大国」である(5)。

本来であれば、諸外国におけるシンクタンクの実態が明らかにされたことで、更なる比較を通してこのようなアメリカのシンクタンクがもつ特徴についての考察も深められるべきであった。言い換えれば、シンクタンクがグローバルな現象であるならば、同時にそのリーダー格の特異性も浮き彫りにされるべきであった。しかし、今日に至るまでそのような考察はほとんど行われずにいる。その推進力となるべき肝心のアメリカ側のシンクタンク研究が、一九九〇年代後半以降、失速してしまったことが大きいように思われる。

そこで、本章ではシンクタンク超大国が有する特徴を考察する。まずドイツ、イギリス、そして日本のシンクタンク事情を概観する。その上で、これらの国々との比較を交えながら、アメリカのシンクタンクの特異性を浮き彫りにしたい。

二　ドイツのシンクタンク

以下では、ドイツ、イギリス、そして日本のシンクタンク事情について概観したい。

まず、ドイツにおけるシンクタンクの最大の特徴とは、シンクタンクの成長において政府が果たした役割が大きいことである。したがって、ドイツは民間主導でシンクタンクが発達したアメリカとは対照的なシンクタンクの発展形態を示していると言える。

ドイツでは、伝統的に連邦政府や州政府が自然科学・社会科学を問わず研究活動の振興を重視しており、その一環としてシンクタンクにも多額の補助金が投入されてきた。現にドイツのシンクタンクの七割以上が政府から財政的支援を受けており、政府への依存度が非常に高い。こうしたドイツのシンクタンクを代表するのが、ハンブルク経済研究所（Hamburgische Welt-Wirtschafts-Archiv, HWWA）、キール大学世界経済研究所（Institut für Weltwirtschaft an der Universität Kiel, IfW）、ドイツ経済研究所（Deutsches Institut für Wirtschaftsforschung, DIW）、ライン・ヴェストファーレン経済研究所（Rheinisch-Westfälisches Institut für Wirtschaftsforschung, RWI）、ＩＦＯ経済研究所（Ifo Institut für Wirtschaftsforschung）、ハレ経済研究所（Institut für Wirtschaftsforschung Halle, IWH）である。これらは、六大研究所と呼ばれ、アカデミックな志向を有している。また、いずれも非常に長い歴史があり、一九九二年創設のハレ経済研究所以外は、二〇世紀初頭から一九四〇年代までに設立されている。その名の通り、経済問題の研究に特化しており、六大研究所が共同で発表する年二回の経済予測は、しばしば経済政策をめぐる活発な議論を生み出している。六大研究所の他では、一九六〇年代に設立されたベルリン社会科学研究センター（Wissenschaftszentrum Berlin für Sozialforschung, WZB）やドイツ国際安全保障研究所（Stiftung Wissenschaft und Politik, SWP）なども高い知名度をもつ[6]。

ドイツでは、政治財団（politische stifungen）という、アメリカにはない種類のシンクタンクも存在している。政治財団とは、ドイツの主要政党の傘下に入る政党系シンクタンクのことである。ただし、政治財団は法律に基づき設置され政府の補助金で運営される、半ば公的な研究機関であることから、政党の理念を推進しつつも選挙運動など政党の通常の活動からは一歩距離を置いている。また、研究活動のみに従事しているのではなく、国際協力、奨学金の提供、市民教育といった活動も手掛けている。政治財団としては、一九二五年設立の社会民主党系のフリードリッヒ・エーベルト財団（Friedrich-Ebert-Stiftung, FES）を筆頭に、一九五八年設立の自由民主党系のフリードリッヒ・

ナウマン財団（Friedrich-Naumann-Stiftung für die Freiheit, FNF）、一九六四年設立のキリスト教民主同盟系のコンラート・アデナウアー財団（Konrad-Adenauer-Stiftung, KAS）、一九六七年設立のキリスト教社会同盟系のハンス・ザイデル財団（Hanns-Seidel-Stiftung, HSS）、一九九六年設立の緑の党系のハインリッヒ・ベル財団（Heinrich-Böll-Stiftung, HBS）、一九九八年設立の民主社会党系のローザ・ルクセンブルク財団（Rosa-Luxemburg-Stiftung, RLS）がある(7)。なお、政治財団の中にはドイツ国内の活動にとどまらず、世界各国に支部を有しているところもある。たとえば、コンラート・アデナウアー財団のラース・ハンセルによると、同財団はアメリカや日本などの先進国に加え、途上国にも支部をもち、先進国の支部は政策対話に専念し途上国の支部は主に民主化支援に取り組んでいる(8)。

六大研究所や政治財団のように、ドイツでは多くのシンクタンクが政府補助金に依存している。ただし、少ないながらも、民間主導で設立されたシンクタンクもあり、ドイツ外交政策協会（Deutsche Gesellschaft für Auswärtige Politik, DGAP）は、一九五五年に民間の資金をもとに設立されたシンクタンクである。フォルクスワーゲン財団（Volkswagen Stiftung）やベルテルスマン財団（Bertelsmann Stiftung）といったいくつかの規模の大きな財団がそうしたシンクタンクの資金源になっている。とはいえ、ドイツでは政府との関係で成長を果たしたシンクタンクが多数を占め、年間予算に占める政府補助金が一〇〇パーセントに達するシンクタンクも少なくない。また、ドイツ外交政策協会にしても、機関誌の発行などにおいて外務省の支援を受けており、民間資金のみで運営されているわけではない。なお、政府の潤沢な支援のもと六大研究所や政治財団などはアメリカの大手シンクタンクに匹敵する規模をもち、数千万ドルの年間予算と一〇〇名を超える人員を擁している(9)。

三　イギリスのシンクタンク

イギリスもシンクタンクの長い歴史をもつ。イギリスで最も古いシンクタンクは一八八四年に創設されたフェビアン協会（Fabian Society）であると言われている。また、チャタム・ハウス（Chatham House）として知られる王立国際問題研究所（Royal Institute of International Affairs）も第一次大戦後の設立であり、政治経済計画研究所（Political and Economic Planning）や国立経済社会研究所（National Institute of Economic and Social Research）といったシンクタンクも一九三〇年代に生まれている。これらの伝統的なシンクタンクはドイツのシンクタンクのように総じて政府の補助金を受けて活動している。(10)

ただし、イギリスにおいてシンクタンクの世界が拡大したのは一九七〇年代半ば以降のことであり、まず保守党幹部との関係で、続いて労働党幹部との関係においてシンクタンクの土壌が広がった。

まず一九七〇年代半ば、野党の座に甘んじていた保守党はマーガレット・サッチャーが中心となり党勢拡大のために新自由主義路線を掲げるが、その際、サッチャーは保守党内部の調査機関や官僚組織が慣例に捕らわれ、新自由主義路線を推進する上で障害であると考えた。そこで、サッチャーが既存の組織に代わって積極的に活用したのが、同じ政策的立場を共有する外部の専門家たちであり、このような関係の中で経済問題研究所などのシンクタンクも台頭していった。(11)

経済問題研究所は、養鶏業で財を成したアントニー・フィッシャーによって一九五五年に設立されたシンクタンクである。フィッシャーはフリードリッヒ・ハイエクと親交があり、ハイエクが説いた「実業家は市場の役割を正しく評価する知識人を支援すべきである」との教えを忠実に守り、経済問題研究所を立ち上げたのであった。確かに設立からしばらくはイギリス政治の動向に影響を及ぼす存在とは言い難かったが、経済問題研究所の地道な活動は後に大きな成果を生む。一九七〇年代に入ると、政策研究センター（Centre for Policy Studies）、アダム・スミス研究所（Adam Smith Institute）、社会問題ユニット（Social Affairs Unit）といったシンクタンクが相次いで生まれるが、これらのシンクタンクの関係者は若い頃から経済問題研究所が主催するセミナーやシンポジウムに熱心に参加し、新自由主義を学んでいた人々であった。そして、このような経済問題研究所を中核とする自由市場重視のシンクタンクが、やがてサッチャーによって活用され、台頭していったのである(12)。

このように、サッチャーとの関係で自由市場重視のシンクタンクが躍進する一方、一九八〇年代末以降になると、それらに対抗するシンクタンクが労働党との関係で成長してくる。一九七九年の保守党政権誕生後、労働党は長い野党時代に入ることになった。こうした政治的逆境の中で、労働党内部では伝統的な左派路線が行き詰まりを見せているという声が高まり、トニー・ブレアを中心にニュー・レイバー（New Labour）路線が提唱される。そして、この波に乗って登場したのが、公共政策研究機構（Institute for Public Policy Research）、デモス（Demos）、社会市場財団（Social Market Foundation）、ニュー・ローカル・ガバメント・ネットワーク（New Local Government Network）といった中道左派のシンクタンクであった。一九九〇年代後半に労働党が政権与党に返り咲き、以来、保守党が選挙で連敗を喫するようになると、同党内で改革を求める動きが高まり、その流れの中で再び中道右派のシンクタンクが生まれる。すなわち、シビタス（Civitas）、ポリテイア（Politeia）、ポリシー・エクスチェンジ（Policy Exchange）、改革（Reform）、社会正義センター（Centre for Social Justice）、レスパブリカ（ResPublica）といったシンクタンクが、一九九〇年代後半から二〇〇〇年代半ばにかけて生まれ、デイヴィッド・キャメロンによる保守党改革を推進したのであった(13)。

イギリスのシンクタンクの発達過程は、二つの点でアメリカと類似している。まず、アメリカと同様、一九七〇年代以降にシンクタンクが急速に拡大したという点である。また、この時期を境に誕生したシンクタンクは、特定イデオロギーに立脚する政策研究機関が圧倒的に多いという点でも似ている。ただしその一方で、政党幹部との関係がシンクタンクの成長において極めて重要な役割を果たしたという点はアメリカのシンクタンクでは見られない現象である。サッチャーの事例が端的に物語るように、野党指導者が新たな路線を追求する中、党内部の調査機関や官僚組織を避け、外部専門家の助言を積極的に取り入れたことで、イギリスではシンクタンクの発達が促されたのである(14)。

四　日本のシンクタンク

日本で初となるシンクタンクが生まれたのは、一九五〇年代末のことである。一九五九年に吉田茂元首相の呼びかけのもと、アメリカの外交問題評議会やイギリスのチャタム・ハウスを参考に外交政策の分析を専門とする日本国際問題研究所が設立されている(15)。ただし、その後、日本では欧米でよく見られるシンクタンクは拡大せず、代わって独特のシンクタンクが発達していく。

一九七〇年前後は「第一次シンクタンク・ブーム」とも呼ばれ、シンクタンクが続々と誕生する。この時期に誕生したのは、野村総合研究所、三菱総合研究所、日本総合研究所、日興リサーチセンターなどであった。また、一九八〇年代後半に、再びシンクタンクの設立ブーム（第二次シンクタンク・ブーム）が到来するが、このときに誕生したのも、長銀総合研究所、あさひ銀総合研究所、富士通総研、富士総合研究所などの企業グループの傘下に入るものであった。このように、一九七〇年代から一九八〇年代にかけて日本では欧米では見られない営利法人型のシンクタンクが成長を遂げた。これらシンクタンクはしばしば「総研系」とも呼ばれ、現在に至るまで日本のシンクタンクの主要な柱の一つを構成している(16)。

一九九〇年代後半に入ると、日本のシンクタンクを取り巻く状況は変化していく。当時、バブル経済の崩壊で日本経済が低迷し官主導の政策立案の限界が叫ばれる中、民間もより積極的に政策論議に関与していくべきだとの主張が盛んに行われるようになった。すなわち、民間レベルにおいて政策提言を活発に行っている機関が乏しいとの批判が高まったのである。従来のシンクタンクが経営を安定化させるため、コンサルティング業務やシステム業務などにも手を広げていたことも、そのような批判を増大させた。こうした中で、一部の財界人、大学研究者、元官僚、ジャーナリストの間から、「アメリカ型シンクタンクが必要である。大胆な政策転換を実現する原動力として、政策研究・提言を頻繁に行う民間非営利の政策研究機関を整備すべきである」といった声が高まってくる。こうして、民間レベルにおいてシンクタンクに対する関心が一気に増大し、一九九七年前後に、二一世紀政策研究所、フジタ未来経営研究所、東京財団、構想日本、二一世紀政策構想フォーラム、市民がつくる政策調査会、シンクネットセンター21といった非営利のシンクタンクが誕生する。こうした活況ぶりから、一九九〇年代後半は「非営利シンクタンク・ブーム」とも呼ばれたが、その後の状況を見ると、民間非営利のシンクタンクは大きく成長を遂げたとは言い難い。いくつかのシンクタンクは既に解散している。

二〇〇〇年代半ばになると、一部の国会議員の中から政党自身がシンクタンクとしての役割も果たし、政策論議を豊かにしていくべきだとの声が生まれてくる。そして、そのような声を背景に、自民党系のシンクタンク二〇〇五・日本、民主党系の公共政策プラットフォームが誕生する。しかし、設立当初こそ注目を集めたものの、これら政党系シンクタンクの活動も長続きしなかった。シンクタンク二〇〇五・日本は既に解散しており、公共政策プラットフォームも活動を中止している(17)。

日本のシンクタンクの特徴としては、アメリカなどでは見られない営利型という独特なシンクタンクが存在する一方、非営利型のシンクタンクがさほど発達していないという点が指摘できる。中核的な資金源となる財団が乏しいことから、独自の基金をもつ東京財団を除きいずれの非営利シンクタンクも財政面での問題を抱えている。また、こうした財政上の理由とともに、日本ではシンクタンクが政治家、特に政党の指導部によって必ずしも活用される存在ではないという事情も、特に非営利型の研究機関の成長を妨げてきた要因であるように思われる。この点はイギリスのシンクタンクと大きく異なるところであろう。

さらに、欧米では外交安全保障を専門とするシンクタンクが数多く存在し世界的にその名を広く知られている政策研究機関も少なくないが、対照的に日本では外交に特化したシンクタンクは乏しい。一九九〇年代以降、「国際貢献」の必要性が繰り返し主張されてきたにもかかわらず、そのような声は国際問題の分析を専門に行うシンクタンクの拡大には結びついていない。事実、現在日本において外交系シンクタンクと言えるのは、上記の日本国際問題研究所のほかに、平和・安全保障研究所、世界平和研究所、日本国際フォーラム、アジアフォーラム・ジャパンぐらいである。確かに、これらの中には『世界のシンクタンク・ランキング』の上位に掲載されるなど、世界的にもその活動が高く評価されているシンクタンクもある。しかし、外交系シンクタンクの土壌という点に関して、欧米の状況と比較すると、日本の外交系シンクタンクの少なさが際立っていることは否定できない。

なお、日本については、「シンクタンク後進国である」といった声がしばしば聞かれる。そのような声は外交系シンクタンクを含む民間非営利のシンクタンクが乏しい現状を強く批判したものである。

第二節　「シンクタンク超大国」としてのアメリカ

一　独立性

シンクタンクは世界各国で活動しており、ドイツやイギリスなどではシンクタンクが比較的発達している。したがって、かつてR・ケント・ウィーヴァーらが唱えたシンクタンクをアメリカ特有の現象とする「アメリカ例外論」は確かに誤りである。しかしながら、アメリカのシンクタンクが他ではさほど見られない特徴をもち、「例外的存在」であることも否定できない。上述した通り、その明らかな特異性とはシンクタンクの発達の度合いであり、比較的発達していると言われるドイツやイギリスにしても、アメリカの水準には遠く及ばない。ただし、アメリカのシンクタンクが有する特徴とは発達の度合いだけにとどまらない。以下で述べるように、アメリカのシンクタンクは「独立性」、「専門家内部における地位」、「世界的な関心の高さ」、「海外への「浸透」」という特徴も有していると考えられる。

まず、アメリカのシンクタンクは政府や政党との関係において高い「独立性」を有している。この点について考える上で、アメリカの場合、民間の資金源が充実していることは軽視できないであろう。アメリカのシンクタンクが財団からの手厚い支援のもとで発達してきたことは既に述べたとおりである。無論、アメリカにおいて政府もシンクタンクを支える貴重な財源の一つであった時期もあり、ランド研究所やアーバン・インスティテュートといったシンクタンクは政府の支援を受けて成長した。しかし、アメリカのシンクタンク全体で見るとランド研究所のように専ら政府補助金をもとに成長を遂げたシンクタンクはごく一部である。しかも、レーガン政権以降はシンクタンクに対する政府補助金そのものが大幅に削減されてしまった。また、アメリカのシンクタンクは政党への依存度も非常に低い。特定政党と緊密な関係をもつ保守、リベラルのイデオロギー系シンクタンクでさえも、財政面で政党から完全に自立していることから、政党への依存度は高いとは言えない。このように、総じてアメリカのシンクタンクは政府や政党との関係において高い独立性をもち、そのためイデオロギー的に近い関係にある政党が政権を握っている時でも、政府に対して厳しい批判を展開することが可能である。たとえば、ヘリテージ財団が増税を実施したブッシュ・シニア共和党政権に対して激しい敵意をむき出しにした例のように、イデオロギー系シンクタンクが緊密な関係をもつ政党に対して手厳しい批判を加えることもある。(18)

これに対して、ドイツでは多くのシンクタンクが財政面で政府補助金に依存しており、同国特有のシンクタンクである政治財団に至っては、そもそも主要政党に属している。したがって、ドイツのシンクタンクは政府や政党からの影響を排除し、独立性を確保することは容易ではないであろう。イギリスの場合も、伝統的なシンクタンクは政府補助金に依存している。また、一九七〇年代以降に台頭したイデオロギー系シンクタンクは政党との関係が重要である。何よりも政党によって活用される必要がある。すなわち、政党幹部によって活用されなければ、広く注目を集めることはできず、その結果として、個人や企業などからの資金調達に支障が生じることは容易に想像される。このように、ドイツやイギリスのシンクタンクは、アメリカのシンクタンクほど政府や政党との関係において高い独立性を享受しているとは考えられない。また、日本のシンクタンクについても同様であろう。一般的に日本のシンクタンクの財源に占める政府補助金の割合は高く、そのため政府との関係で独立性が高いとは言えない。

その一方で、アメリカのシンクタンクについてはむしろ大口支援者からの影響がしばしば問われる。前章で紹介した一九八〇年代半ばのＡＥＩをめぐる状況はそうした具体的な事例の一つである。保守系財団が、ウィリアム・バルーディ二世のもと「中道化」したと見なし一斉に資金を引き上げたことが決定打となり、ＡＥＩは破産寸前の状況にまで追い込まれた。そこで、新たに所長に就任したクリストファー・デムスがまず行ったこととは、穏健・中道の研究員の解雇と保守的な専門家の引き抜きであった。デムスは、大口支援者の信頼を獲得するために、ＡＥＩの「保守化」を改めて推進していったのである(19)。

二　専門家内部における地位

アメリカの場合、シンクタンクとは政策専門家にとって無視することのできない世界であると言っても過言ではない。アメリカでは行政府と立法府の開放性からシンクタンクなどの外部専門家の助言が活用される機会は無数にあり、実際シンクタンク関係者は様々な場面で日常的に政策案の動向に深く関与していると考えられる。そのため、シンクタンクは、政府高官経験者及びその予備軍、元議員、大学に所属する研究者といった政策に通じる様々な人々を惹き付けるのである。すなわち、アメリカの政策専門家の間ではシンクタンクとは自らのアイディアを政府や議会において行われている政策論議に反映させ、さらには自身もいずれ政府要職などに就任する上で欠かせない場と認識されている。また、そうした認識が広く行き渡っているが故に、財団や企業にとってシンクタンクへの資金提供は政治に影響を及ぼすための重要な手段の一つと位置づけられている[20]。

これに対して、ドイツやイギリスの場合、政策に通じる専門家にとってシンクタンクという世界がアメリカのように大きな魅力を有しているとは言い難い。これらの国々では、官僚制における政治任用職の乏しさや政党の中央集権的性格から、行政府や立法府は外部との関係で概して閉鎖的である。アメリカのようにシンクタンクが政策論議に関与できる機会はそう頻繁にあるものではなく、ドイツでも外部専門家の助言に対する抵抗は非常に強いと言われている[21]。また、アメリカにおいて政権交代時に生じる、シンクタンクを一つの軸とした「回転ドア」現象もほとんど起きず、シンクタンクで活動することによって将来政府要職等に就任する可能性が広がるわけでもない[22]。そのため、ドイツの六大研究所やイギリスのチャタム・ハウスなど高い知名度を誇るシンクタンクは存在するものの、政策案の動向に影響を及ぼしたいと考える専門家の間で、シンクタンクという世界がアメリカのシンクタンクに匹敵するような高い評価を受けているとは考えられない。むしろ、政策の専門家にとっては政策作りに直接関与できる官庁や政党、あるいは影響力のある利益団体や、有名大学で研究に従事する方が魅力的であるかもしれない[23]。日本の事情について付言するとドイツやイギリスの状況とさほど変わらないであろう。日本の政治制度も行政府や立法府は外部の声に対して閉鎖的である。そのため、政策の専門家にとってシンクタンクという世界が大きな魅力を有しているとは言い難い。

三　世界的な関心の高さ

アメリカのシンクタンクは海外において高い関心を生んでいる。たとえば、各国のシンクタンク関係者、大学所属の研究者、ジャーナリストらの評価にもとづき発表される『世界のシンクタンク・ランキング』はそうした世界的な関心の高さを示す資料の一つである。このレポートでは、「全世界のトップ・シンクタンク（Top Think Tanks-Worldwide)」という項目を設けているが、同項目では例年多くのアメリカのシンクタンクが上位にランクしている。二〇一五年度も、上位二〇位の半数をアメリカのシンクタンクが占めている[24]。また、第一章で紹介したように、現在多くの外国政府がアメリカの主要なシンクタンクに対して資金を提供している実態も、諸外国における関心の高さを示している。

アメリカのシンクタンク世界に対する関心が芽生えたのは、おそらく一九五〇年代後半から一九六〇年代にかけてであろうと思われる。前章で述べた通り、当時アメリカにおいてブルッキングス研究所やランド研究所などいくつかのシンクタンクが時の政権との関係から注目を集めるようになったが、このような風潮が海外にも飛び火していき、アメリカのシンクタンクに対して各国の専門家は関心を寄せるようになったものと考えられる。

いずれにせよ、これまでアメリカのシンクタンク世界は関心の対象であり、モデルとしてあり続けてきた。そして、興味深いことにそのような関心はドイツにおいても観察できる。ドイツはアメリカとは対照的とも言えるシンクタンクの発展形態を生み出したが、いくつかのシンクタンクは、設立に際してアメリカのシンクタンクを強く意識していた。まず、一九五〇年代半ばに生まれたドイツ外交政策協会は、アメリカの外交問題評議会の影響を受けており、一九六〇年代にはベルリン社会科学研究センターとドイツ国際安全保障研究所がそれぞれ、ブルッキングス研究所とランド研究所を参考にして生まれている。また、一九八二年に誕生した市場経済財団（Shiftung Marktwirtschaft）というシンクタンクは、ヘリテージ財団やケイトー研究所に影響を受けており、ミュンヘン大学にある応用政策研究センター（Centrum für angewandte Politikforschung）は、ブルッキングス研究所、戦略国際問題研究所、AEIなどの活動を分析したヘルムート・コール元首相の側近が一九九五年に設立したシンクタンクである(25)。イギリスでも一九七〇年代に、ロンドン・スクール・オブ・エコノミクスの研究者によってブルッキングス研究所などをモデルとした研究機関の設立が模索されたことがある(26)。

また、地理的な近さもあるが、カナダはアメリカのシンクタンクへの関心が最も見られる国の一つである。カナダでは一九六〇年代頃からシンクタンク設立を求める動きが徐々に盛り上がっていくが、この過程においてアメリカのシンクタンクは常に重要なモデルとされ、研究された。公共政策研究所（Institute for Research on Public Policy）は、そうした動きを象徴するシンクタンクの一つである。公共政策研究所は、実業家のロナルド・リッチーという人物による「カナダでは学際的で政策志向の研究機関が不足している」との提言を受けて、「カナダ版ブルッキングス研究所」を目標に掲げ、一九七二年に設立されている(27)。

日本もアメリカのシンクタンクへの関心が観察できる国である。日本国際問題研究所が、イギリスのチャタム・ハウスとともに外交問題評議会を範にとって誕生したことは上述した通りである。また、一九九〇年代後半以降のシンクタンクをめぐる動きにおいて、アメリカ型シンクタンクが意識されていたことについても既に述べた。すなわち、「日本においては真のシンクタンクがない」といった主張が展開されるようになり、その結果としてアメリカのシンクタンクを参考にした民間非営利のシンクタンクがいくつか誕生した。そうしたシンクタンクを代表する東京財団の設立に関わった鈴木崇弘は、「日本でも、米国のブルッキングス研究所のような民間サイドで独立して政策研究や政策提言を行える機関を創設し、日本の政策形成をよりオープンで、より創造的なものに変えられないかと考えるようになった」と述べている(28)。

ここ最近の中国の動向も忘れてはならず、同国では政府が中心となってシンクタンクをめぐる動きが活発化している。中国でも政策研究機関は存在しており、その中には中国社会科学院や中国現代国際関係研究所といった世界的にも有名な研究機関もあるが、習近平体制の発足以降、シンクタンクの一層の強化が計られている。その背景としては、パブリック・ディプロマシーの柱の一つとしてシンクタンクが重視されている点があり、なかでもシンクタンクの次元でもアメリカに対抗しようとの意図が見られる(29)。そのため、現在中国ではアメリカのシンクタンクへの関心が非常に高いが、シンクタンクに関する学術書の中国語版が相次いで出版されていることもそうした関心の高さを反映している。たとえば、日本でも『アメリカのシンクタンク』として出版されているジェームズ・スミスの『アイディア・ブローカーズ』のほかに、ドナルド・アベルソンの『シンクタンクは重要か』及び『キャピトル・アイディア』、そしてアンドリュー・リッチの『シンクタンク、公共政策、専門性の政治』なども中国語版が既に出版されている(30)。こうした近年の中国の動向もアメリカのシンクタンクが世界各国で高い関心を集めている一つの証と言える。

四　海外への「浸透」

現在、あらゆる国・地域のシンクタンクは「グローバル」な性格を有していると言える。外国の政府要人および専門家との政策対話・知的交流や、外国人研究員の招聘などを頻繁に行っている。また、ここ最近は「G20外交政策シンクタンク・サミット（G20 Foreign Policy Think Tanks Summit）」のように、各国のシンクタンク幹部の交流も定期的に行われている(31)。しかし、アメリカのシンクタンクが特異であるのはそうした交流の次元にとどまらず、長年海外への「浸透」を目指してきたことである。それは、保守系シンクタンクのことである。保守系シンクタンクはレーガン政権の誕生を機にアメリカ政治において強固な地位を築くと、その後海外にも視野を広げ世界各地において同種のシンクタンクの設立を推進していったのである(32)。

ただし、以上の活動の源流はアメリカにあるのではなく、第二次大戦直後にヨーロッパで始まった経済学者の動きにあることは忘れてはならない。一九四七年に、フリードリッヒ・ハイエクらによってモンペルラン・ソサイエティ（Mont Pelerin Society）と呼ばれる知識人の団体が結成されている。ソ連を中心とする共産主義の影響力が拡大し、西側諸国でも政府の積極路線を肯定する風潮が高まる中、モンペルラン・ソサイエティは自由市場を擁護する知識人の結束強化を図ったのであった。このモンペルラン・ソサイエティには、世界中の経済学者が集まったが、その多くを占めたのはイギリスとアメリカの専門家であった。イギリスとアメリカでは、一九七〇年代を境に自由市場を掲げるシンクタンクが拡大したという共通点があるが、それはモンペルラン・ソサイエティを通じて英米の人材が交流していたことも少なからず関係している。両国の人材が互いに影響を及ぼし合いながら、ほぼ時を同じくして大西洋の両岸でシンクタンクを生み出していったのである[33]。

そして、このような交流を背景として、やがてアメリカを拠点に自由市場重視のシンクタンクの世界的拡大を目指す動きが生まれる。モンペルラン・ソサイエティの一員であったイギリス人実業家のアントニー・フィッシャーは、そのリーダー格であった。フィッシャーは、一九五〇年代半ばに母国で経済問題研究所を立ち上げた後、一九七〇年代に入ると活動の舞台を北米に移し、ニューヨークのマンハッタン政策研究所、サンフランシスコのパシフィック研究所（Pacific Research Institute）、ヴァンクーヴァーのフレーザー研究所（Fraser Institute）といったシンクタンクの設立に関わる。そして、こうした「実績」を受けて、フィッシャーは北米以外の地域においてもシンクタンクを拡大する構想を抱くようになり、一九八一年にアトラス経済研究財団（Atlas Economic Research Foundation）を立ち上げる。ハイエクは、経済問題研究所の立ち上げに影響を及ぼしたが、アトラス経済研究財団の創設に際しても、「我々の文明の将来は、世界中の次世代の知識人の心をいかに早く捉えることができるかに懸かっている。自分は、経済問題研究所の方法論こそが現実の成果を約束すると確信している」と語り、フィッシャーの背中を押したのであった[34]。

こうしてアトラス経済研究財団は誕生したが、同財団はシンクタンクというよりは自由市場重視のシンクタンク設立を支援する団体であり、ワシントンD・Cに本部を構え、フィッシャーの構想を具体化すべくこれまでに様々な事業を展開してきた。たとえば、シンクタンクに関心をもつ各国の有望な人材を発掘し、それらの人々に「シンクタンク・リーダーシップ・プログラム（Think Tanks Leadership Program）」や、「シンクタンクMBAプログラム（Think Tanks MBA Program）」といった事業を通じて、シンクタンク運営に関する情報を集中的に提供してきた。これらの事業は貴重な人脈を獲得する機会ともなり、各国の「同志」のみならずアメリカの保守派の重鎮とも交流する場となった。若い頃、経済問題研究所でフィッシャーのもとで働いたことのある、ヘリテージ財団のフルナーは、アトラス経済研究財団の会合にしばしば顔を見せる一人である。さらに、支援額は少ないものの、アトラス経済研究財団は資金を提供することもあり、特に創設間もないシンクタンクには財政面での支援も行ってきた。なお、フルナーの例のように、ヘリテージ財団をはじめとする既存の保守系シンクタンクとアトラス経済研究財団の関係は深い。アトラス経済研究財団のスタッフの中には既存の保守系シンクタンクの研究員を兼任している者もおり、国際プログラム部長のトーマス・パルマーは、ケイトー研究所の上級研究員も兼ねている。[35]

カナダのアトランティック市場研究所（Atlantic Institute for Market Studies）やモントリオール経済研究所（Montreal Economic Institute）、オーストラリアの独立研究センター（Centre for Independent Studies）やオーストラリア公共政策研究所（Australia Institute for Public Policy）は、アトラス経済研究財団による支援の成果である。オーストラリア公共政策研究所のジョン・ハイドは、アトラス経済研究財団が提供した『研究所創設のためのガイドラインと提言（*Guidelines and Recommendations for Starting a Institute*）』という資料について「バイブル」と評しているほどである。[36] ただし、アトラス経済研究財団の関心は英語圏にとどまらなかった。中南米や南東欧をはじめとした他の地域においても自由市場重視のシンクタンク立ち上げを推進してきた。経済学者のエルナンド・デ・

表3–1　自由市場重視のシンクタンクの数

地域	シンクタンク数
北米	169
中南米・カリブ	79
欧州・ロシア	90
中東・アフリカ	18
アジア・太平洋	32

（出所：アトラス経済研究財団の資料に基づき筆者作成）

ソトによって、ペルーにおいて設立された自由・民主主義研究所（Institute for Liberty and Democracy）は、アトラス経済研究財団の支援を受けた南米のシンクタンクの一つである。一九七〇年代末に左翼との厳しい対決に直面する中、いかにして自由市場という価値を普及させるかという問題に苦悩していたデ・ソトは、ハイエクを介してアトラス経済研究財団の支援を確保し、一九八四年に自由・民主主義研究所を立ち上げる。後に、デ・ソトはアトラス経済研究財団を称え、「フィッシャーは莫大な情報と助言を提供してくれた」と述べている(37)。

　アトラス経済研究財団によると、現在世界中で四〇〇近くの自由市場重視のシンクタンクが活動している（表3-1）。このようにフィッシャーの構想は着実に具体化され、アトラス経済研究財団はその成果を祝い、『自由の擁護者たち（*Freedom Champions*）』という論文集を二〇一〇年に発表している。『自由の擁護者たち』では、各国で自由市場重視のシンクタンクを立ち上げた三〇名の論文が掲載され、彼らがシンクタンク設立に至った動機や、アトラス経済研究財団をはじめアメリカの保守系シンクタンクから受けた影響が詳しく描かれている(38)。ただし、アトラス経済研究財団は現状に満足しておらず、さらに自由市場重視のシンクタンクを世界に広げていく必要があると考えている。アトラス経済研究財団のパルマーは、「我々の敵はあまりにも大きい。各国の左派は「政府」を牛耳り、政府を通じて自由市場を蔑ろにする政策を推し進めている。同時に、今日もアカデミズムの世界はこうした政策を強烈に支持しており、ハイエクが「知識人と社会主義（The Intellectuals and Socialism）」において語った現実は今も変わらない。

このような現実を考えれば、アトラス経済研究財団はその歩みを止めることはできない」と述べている。[39]

アトラス経済研究財団ほどではないにせよ、他の保守系シンクタンクも各国での自由市場重視のシンクタンク設立に直接関わっている。なかでも、ヘリテージ財団では役員のロバート・クリーブルが「悪の帝国を解体させる」と意気込み、一九八〇年代後半以降、旧ソ連や東欧諸国を頻繁に訪れ、これら地域でシンクタンク設立を支援してきたことで知られる。また、保守系シンクタンクにおいて経験を積んだ外国人研究員が母国に帰って自らシンクタンクを立ち上げたというケースもある。一例を挙げると、アルベルト・ミンガルディという人物は、ヘリテージ財団において修行を積んだのち、母国イタリアにおいてブルーノ・レオーニ研究所（Instituto Bruno Leoni）を立ち上げている。[40]

過去三〇年余りで自由市場重視のシンクタンクが世界的に広まっていったが、一九九〇年代以降は保守系シンクタンクのタカ派的な側面、すなわち軍事力重視のシンクタンクが海外に「輸出」されるケースも見られるようになった。たとえば、イギリスでは、ロバート・ケーガンやリチャード・パールらの協力のもと、二〇〇五年にヘンリー・ジャクソン協会（Henry Jackson Society）という団体が設立されている。言うまでもなく、ヘンリー・ジャクソン協会という名称は長年アメリカの新保守主義者の英雄であったヘンリー・ジャクソン上院議員（ワシントン州）にちなんだものである。[41] チェコにおいては、二〇〇二年にプラハ安全保障研究所（Prague Security Studies Institute）というシンクタンクが誕生している。このプラハ安全保障研究所の創設者の一人は、ロジャー・ロビンソンというアメリカ人であり、ロビンソンはレーガン政権で国家安全保障会議上級部長を務め、長くアメリカの保守系シンクタンクと関わりを持ってきた人物である。このような関係から、プラハ安全保障研究所では、これまでにパール、リチャード・アレン、R・ジェームズ・ウールジーといった人々が頻繁に講演を行っている。[42]

確かにシンクタンクは様々な国で存在しており、グローバルな現象である。しかし、以上のように、アメリカのシンクタンクは、①シンクタンクの発達の度合い、②独立性、③専門家内部における地位、④世界的な関心の高さ、⑤

海外への「浸透」、これらの特徴から「例外的存在」であると考えられる。

（1）　Diane Stone, Andrew Denham, and Mark Garnett, eds., *Think Tanks across Nations: A Comparative Approach* (Manchester: Manchester University Press, 1998); James G. McGann and R. Kent Weaver, eds., *Think Tanks and Civil Societies: Catalysts for Ideas and Action* (New Brunswick: Transaction Publishers, 2002); Diane Stone and Andrew Denham, eds., *Think Tank Traditions: Policy Research and the Politics of Ideas* (Manchester: Manchester University Press, 2004).

（2）　R. Kent Weaver, "The Changing World of Think Tanks," *P.S.: Political Science & Politics*, September 1989, p. 577. ジェームズ・A・スミス著、長谷川文雄ほか訳『アメリカのシンクタンク——大統領と政策エリートの世界』（ダイヤモンド社、一九九四年）、五—六頁。

（3）　Diane Stone, *Capturing the Political Imagination: Think Tanks and the Policy Process* (London: Frank Cass, 1996), pp. 38–51.

（4）　Think Tanks & Civil Societies Program, http://gotothinktank.com/rankings/　各国における「シンクタンク研究」も始まっている。シンクタンクが比較的発達していると言われるドイツやイギリスでは既にいくつかの学術的な研究が発表されており、またここ数年は中国をはじめ西側諸国以外でもシンクタンク研究に取り組む動きが見られる。Richard Cockett, *Thinking the Unthinkable: Think Tanks and the Economic Counter-Revolution, 1931–1983* (London: HarperCollins Publishers, 1995); Andrew Denham and Mark Garnett, *British Think-Tanks and the Climate of Opinion* (London: UCL Press, 1998); Hartwig Pautz, *Think Tanks, Social Democracy and Social Policy* (New York: Palgrave Macmillan, 2012); Xufeng Zhu, *The Rise of Think Tanks in China* (New York: Routledge, 2013).

（5）　ドイツとイギリスのシンクタンクの数については、ハートウィグ・ポーズの研究に基づく。Pautz, *Think Tanks, Social Democracy and Social Policy*, p. 23, p. 30.

（6）　Martin Thunert, "Think Tanks in Germany," in Stone and Denham, eds., *Think Tank Traditions*, pp. 71–81. 鈴木崇弘・上野真城子『世界のシンクタンク——「知」と「治」を結ぶ装置』（サイマル出版会、一九九三年）、一一一—一一三頁。

(7)　Alan J. Day, "Think Tanks in Western Europe," in McGann and Weaver, eds., *Think Tanks and Civil Societies*, pp. 116–120, pp. 123–124.

(8)　ラース・ハンセル・コンラート・アデナウアー財団ワシントンD・C支部長とのインタビュー（二〇一二年三月二六日）。

(9)　Peter R. Weilemann, "Experiences of a Multidimensional Think Tank: The Konrad-Adenauer-Stiftung," in McGann and Weaver, eds., *Think Tanks and Civil Societies*, pp. 171–172.

(10)　Day, "Think Tanks in Western Europe," pp. 108–115.

(11)　Stone, *Capturing the Political Imagination*, p. 45.

(12)　Cockett, *Thinking the Unthinkable*, pp. 122–124, pp. 188–192.

(13)　Pautz, *Think Tanks, Social Democracy and Social Policy*, pp. 23–29; Andrew Denham and Mark Garnett, "A 'Hollowed-Out' Traditions? British Think Tank in the Twenty-First Century," in Stone and Denham, eds., *Think Tank Traditions*, pp. 238–241.

(14)　*Ibid*., p. 233; Stone, *Capturing the Political Imagination*, pp. 46–47.

(15)　辰巳由紀・中山俊宏「米国の対外政策とシンクタンクの役割と機能」『国際問題』第五七五号（二〇〇八年一〇月）、一頁。

(16)　Makiko Ueno, "Northeast Asian Think Tanks: Toward Building Capacity for More Democratic Societies," in McGann and Weaver, eds., *Think Tanks and Civil Societies*, pp. 221–230.

(17)　鈴木崇弘「日本になぜ（米国型）シンクタンクが育たなかったのか」『季刊　政策・経営研究』vol. 2（二〇〇一年）、三〇一五〇頁。

(18)　Lee Edwards, *The Power of Ideas: The Heritage Foundation at 25 Years* (Ottawa: Jameson Books, 1997), pp. 114–116.

(19)　Howard J. Wiarda, *Conservative Brain Trust: The Rise, Fall, and Rise Again of the American Enterprise Institute* (Lanham: Lexington Books, 2009), pp. 272–277, p. 285, p. 290.

(20)　なお、トーマス・メドヴェーツは『アメリカにおけるシンクタンク』の中でシンクタンクが政策過程に参加するプレーヤーを選抜する機能を有していると述べている。Thomas Medvetz, *Think Tanks in America* (Chicago: University of Chicago Press, 2012), p. 7.

（21）Pautz, *Think Tanks, Social Democracy and Social Policy*, p. 35.

（22）Thunert, "Think Tanks in Germany," pp. 81–83.

（23）確かに、以前に比べ、ドイツやイギリスでも諮問会議の設置といった政府機関における外部専門家を活用するための制度が整備されてきている。またイギリスでは、ブレア政権以降、各大臣を補佐する特別アドバイザー（Special Adviser）という制度が拡充し、ポーズによれば、一九九七年から二〇〇〇年までの三年間で特別アドバイザーは倍増し、七五名を数えるまでに増えている。そして、この特別アドバイザーにシンクタンク研究員をはじめ外部専門家が任命されるケースも見られるようになってきている。しかし、これらの制度だけでは、アメリカのように外部専門家に対する需要が安定的に生み出されるということはないだろう。Pautz, *Think Tanks, Social Democracy and Social Policy*, pp. 87–88.

（24）二〇一五年度版『世界のシンクタンク・ランキング』における「全世界のトップ・シンクタンク」の上位二〇は、以下の通り。①ブルッキングス研究所（アメリカ）、②王立国際問題研究所（イギリス）、③カーネギー国際平和財団（アメリカ）、④戦略国際問題研究所（アメリカ）、⑤ブリューゲル（Bruegel, ベルギー）、⑥外交問題評議会（アメリカ）、⑦国際戦略研究所（International Institute for Strategic Studies, イギリス）、⑧ランド研究所（アメリカ）、⑨ウッドロウ・ウィルソン国際学術センター（Woodrow Wilson International Center for Scholars, アメリカ）、⑩アムネスティ・インターナショナル（Amnesty International, イギリス）、⑪ケイトー研究所（アメリカ）、⑫ヘリテージ財団（アメリカ）、⑬ジェトゥリオ・ヴァルガス財団（Fundacao Getulio Vargas, ブラジル）、⑭トランスペアレンシー・インターナショナル（Transparency International, ドイツ）、⑮日本国際問題研究所（日本）、⑯フランス国際関係研究所（Institut français des relations internationales, フランス）、⑰フレーザー研究所（カナダ）、⑱ドイツ国際安全保障研究所（ドイツ）、⑲アメリカ進歩センター（アメリカ）、⑳ピーターソン国際経済研究所（アメリカ）。Think Tanks & Civil Societies Program, *2015 Global Go To Think Tank Index Report*, http://gotothinktank.com/2015-global-go-to-think-tank-index-report/

（25）Thunert, "Think Tanks in Germany," pp. 73–77.

（26）Denham and Garnett, *British Think-Tanks and the Climate of Opinion*, pp. 38–40.

（27）Evert A. Lindquist, "Three Decades of Canadian Think Tanks: Evolving Institutions, Conditions, and Strategies," in Stone and Denham, eds., *Think Tank Traditions*, pp. 265–267.

（28）鈴木崇弘『日本に「民主主義」を起業する――自伝的シンクタンク論』（第一書林、二〇〇七年）、一四〇―一四九頁。

（29）　青山瑠妙・天児慧『外交と国際秩序』（東京大学出版会、二〇一五年）、一三六頁。Cary Huang, "Think Tanks Face Hurdle in Answering Xi Jinping's Call," *South China Morning Post*, November 3, 2014.

（30）　詹姆斯・艾倫・史密斯『思想的掮客――智庫与新政策精英的崛起』（南京大学出版社、二〇一七年）。唐納德・E・埃布爾森『智庫能発揮作用嗎?――公共政策研究机構影響力之評估』（上海社会科学院出版社、二〇一〇年）。唐納德・E・埃布爾森『国会的理念――智庫和美国外交政策』（南京大学出版社、二〇一七年）。安德魯・里奇『智庫、公共政策和専家治策的政治学』（上海社会科学院出版社、二〇一〇年）。

（31）　「北米シンクタンク・サミット（North American Think Tanks Summit）」、「ヨーロッパ・シンクタンク・サミット（European Think Tanks Summit）」、「アジア・シンクタンク・サミット（Asia Think Tanks Summit）」、「アフリカ・シンクタンク・サミット（Africa Think Tanks Summit）」といった会合も行われ、各国のシンクタンク幹部が定期的に交流している。

（32）　なお、近年中立系シンクタンクの間では海外に支部を設ける動きが生じている。たとえば、カーネギー国際平和財団は「グローバル・シンクタンク（Global Think Tank）」を標榜し、北京、ベイルート、ブリュッセル、モスクワ、アルマトイに支部を有している。また、ランド研究所はイギリスのケンブリッジとブリュッセルに支部を有しており、ブルッキングス研究所はドーハ、北京、ニューデリーに支部を設置している。Carnegie Endowment for International Peace, http://carnegieendowment.org/about/; Rand Corporation, http://www.rand.org/about/glance.html; Brookings Institution, https://www.brookings.edu

（33）　モンペルラン・ソサイエティについては、以下の文献が詳しい。Philip Mirowski and Dieter Plehwe, eds., *The Road from Mont Pelerin: The Making of the Neoliberal Thought Collective* (Cambridge: Harvard University Press, 2009).

（34）　Gerald Frost, *Antony Fisher: Champion of Liberty* (London: Profile Books, 2002), pp. 138–155; Cocket, *Thinking the Unthinkable*, pp. 306–307.

（35）　Atlas Economic Research Foundation, http://atlasnetwork.org/blog/2010/01/mission/

（36）　Martin Thunert, "Conservative Think Tanks in the United States and Canada," in Rainer-Olaf Schultz, Roland Sturm, and Dagmar Ebelrle, eds., *Conservative Parties and Right-Wing Politics in North America* (Oplanden: Leske und Budrich, 2003), pp. 235–236; Damien Cahill, "The Radical Neo-Liberal Movement and Its Impact upon Australian Politics," http://www.adelaide.edu.au/apsa/docs_papers/Aust%2520Pol/cahill.pdf

(37) Frost, *Antony Fisher*, pp. 158–159.

(38) Colleen Dyble and Jean Baugh, eds., *Freedom Champions: Stories from the Front Lines in the War of Ideas* (Washington D.C.: Atlas Economic Research Foundation, 2011).

(39) トーマス・パルマー・アトラス経済研究財団国際プログラム部長/ケイトー研究所上級研究員とのインタビュー(二〇一二年三月二二日)。

(40) Robert Weisman, "A Witness to Change in Russia," *Hartford Courant*, October 30, 1993; Alberto Mingardi, "Bringing the Market Back to Italy," in Dyble and Baugh, eds., *Freedom Champions*, p. 247.

(41) 久保文明「イギリスの「ネオコン」集団と英米の関係」(二〇〇九年五月七日)、http://www.tkfd.or.jp/research/project/news.php?id=434; Prague Security Studies Institute, http://www.pssi.cz/about-us/message-from-the-co-founders

(42) Prague Security Studies Institute, http://www.pssi.cz/about-us/message-from-the-co-founders

第二部　シンクタンクの政治的影響力

第四章　アメリカのシンクタンクの「政治化」

アメリカ政治におけるシンクタンクの影響力の大きさを示唆するエピソードは豊富にある。第二章において詳述した通り、一九七〇年代を境とするイデオロギー系シンクタンクの台頭以降、アメリカ政治におけるシンクタンクの存在感は一層高まることになった。しかし、シンクタンクの影響力を厳密に実証することは可能であろうか。シンクタンクへの関心が高まるにつれ、この方法論上の問題が強く意識されるようになり、やがてアメリカの政治学者の間ではシンクタンクをテーマとした研究は活発に行われなくなった。本章ではこの難題に取り組む。序章で提示した新たな分析アプローチに基づき、シンクタンクが有していると考えられる、三つの影響力の具体的形態を指摘したい。

第一節　政治運動としてのシンクタンク

一　既存のシンクタンク像

ただし、影響力の考察に入る前に、まずシンクタンクが日頃どのような活動を行い政策案の展開に影響を及ぼそうとしているのか、すなわちシンクタンクの活動について整理する必要がある。

先行研究によると、シンクタンクは政策研究・提言に従事しており、政策的インプリケーションの高い研究に取り組み、その成果を政策決定者に向けて提言している。この点に関連して、シンクタンクはアカデミズムの世界と政策決定者の間にあって「知」と「治」を結ぶ装置であるといった指摘もある(1)。アカデミズムの世界で生み出される研究の多くは、理論的且つ抽象的で難解である。多忙な日々を送っている政策決定者がそうした研究を十分に理解し、政策に反映させることは決して容易なことではない。ある元政府高官は、政府に勤務していた頃を回想し、「緻密な研究は避け、優先して目を通したのは役所内部で上がってくるメモであった」と述べている(2)。このような現実から、シンクタンクへの需要が生まれると考えられている。すなわち、シンクタンクに所属する研究員の多くは、博士号や修士号の学位をもちアカデミックな研究に精通しているとともに、政府や議会における実務の経験も有している。そのため、シンクタンクは両者の橋渡し役となり、アカデミックな知識を政策決定者にとって利用可能な形に「翻訳」していると考えられている(3)。

先行研究は一九七〇年代以降シンクタンクの政策提言に変化が生まれた点にも注目している。それ以前は、研究成果を長文の論文集や書籍として発表することが一般的であったが、この時期を境に台頭した保守系シンクタンク、とりわけヘリテージ財団が簡潔平易な分析レポートの作成やメディアでの論評といったマーケティング手法を導入し、脚光を集めたことで、この手法が他のシンクタンクの間にも普及していったと強調している(4)。

いずれにせよ、先行研究ではシンクタンクは政策研究・提言に専ら従事していると考えられている。政策研究・提言はシンクタンク本来の活動であり、したがってこの理解それ自体は誤りではない。しかしながら、シンクタンクがこの種の活動に特化していると見なすことは、伝統的なシンクタンク像に固執していると言わざるを得ず、その多くが一九六〇年代までに設立された中立系シンクタンクを前提とするものである。すなわち、先行研究は一九七〇年代以降のシンクタンク世界の変容を十分に捉えきれていない。保守系シンクタンクは単に政策提言の方法を変えただけではなく、政治運動の担い手という新たなモデルを生み出したと考えられるが、先行研究はこのより重要な点を見落としているのである。

二　保守系シンクタンク台頭の意味

保守系シンクタンク台頭の意味を明らかにするため、まず、伝統的なシンクタンクである中立系シンクタンクについて述べたい。中立系シンクタンクは、客観的な研究の実現を使命とし、今日でも基本的にシンクタンク本来の活動、すなわち政策研究・提言に専念していると考えられる。ただし、いくつかの既存の研究が明らかにしている通り、その歴史を振り返るならば、過去四〇年あまりの間で中立系シンクタンクが一定の「変容」を遂げたことは事実である。(5)

一九六〇年代までは、シンクタンクの数自体が少なく競争相手が限られ、またフォードやロックフェラーといった大型財団から潤沢な資金が流れていたため、中立系シンクタンクでは当代一流の専門家が時間を掛けて自らの研究に没頭し、時折その成果を発表していればよかった。要するに、外部に対して閉鎖的な研究機関であり、「象牙の塔」に近い性格をもっていた。正に「学生不在の大学」であった。しかし、一九七〇年代以降、中立系シンクタンクは純粋な研究活動以外にも力を入れるようになっていく。(6)

こうした「変化」を体現していたのがブルッキングス研究所であった。ブルッキングス研究所は、元来いかなる党派・集団も支持していなかったが、ケネディ、ジョンソン両民主党政権と緊密な関係を築いたことで、その後共和党や保守派から睨まれ、「リベラルで民主党寄りの研究機関」と攻撃されてしまう。なかでも、ニクソン政権中枢の敵意は凄まじく、政府高官がブルッキングス研究所を利用することを禁じ、スピーチライターのパトリック・ブキャナンに至ってはブルッキングス研究所を批判する演説を何度も執筆したと言われている。(7)

このような逆風に直面する中で、ブルッキングス研究所は研究所内部の党派バランスに気を配らざるを得なくなる。

確かに当時ブルッキングス研究所では民主党政権との関係から民主党系の専門家が多くを占めていた。所長のカーミット・ゴードン自身、ケネディ、ジョンソン両政権において大統領経済諮問委員会委員や予算局長を歴任していた。このような顔ぶれを考えれば、共和党や保守派が不信の目を向けたのは不自然ではなかったが、そうした不信感を払拭しようとブルッキングス研究所が取った策とは、共和党穏健派に属する元政府高官らを意識的に採用することであり、こうした取組みを通じて政治的中立性をアピールしていく。たとえば、ニクソン政権で政府高官を務めた、フィリップ・トレザイス、C・フレッド・バーグステン、スティーブン・ヘス、ジェームズ・ライクリー、リチャード・ネイサンらを引き抜いていった。そして、一九七六年にゴードン所長が急逝すると、その後任にはニクソン政権の財務省高官であったブルース・マックローリーを招聘したのであった。その後も民主・共和両党に対する等距離外交は継続して行われたが、こうした取組みの結果、現在ではブルッキングス研究所を「リベラル寄りのシンクタンク」と見なす向きはごくわずかである(8)。

ブルッキングス研究所が政策提言にマーケティングの手法を取り入れるようになったのもこの頃である。第二章で述べた通り、書籍や長文の報告書のみでは保守系シンクタンクの出現により競争が激化した政策市場で埋没してしまうとの危機感から、この手法を取り入れたのであり、こうしてブルッキングス研究所も日常の政策論議により積極的に関わるようになる。また、こうした政策提言の動きと並んで、ブルッキングス研究所は資金調達活動も本格化させていく。それまでフォードやロックフェラーなど大型財団の潤沢な支援を受けていたため、資金調達にさほど力を入れておらず研究所内部には非常に限られた寄付者名簿しかなかった。しかし、一九七〇年代初頭の株式市場の低迷により大型財団からの支援が急減する。加えて、大型財団からの支援が縮小した後、依存するようになった政府の委託研究も、レーガン政権下で大幅に削減されてしまう。このような財政面での苦境から、ブルッキングス研究所は財界からの資金調達を活発化させるようになり、たとえば、企業幹部を対象としたセミナーなども頻繁に開催するようになった。今日、ブルッキングス研究所の年次報告書を見ると、大口支援者リストにおいて数多くの多国籍企業が掲載されているが、それは財界との関係強化が実を結んだ何よりの証である[9]。

このように、一九七〇年代以降ブルッキングス研究所は大きな変化を遂げた。今日のブルッキングス研究所について、かつてのように「象牙の塔」と表現することは適切ではないであろう。とはいえ、以上から明らかなように、ブルッキングス研究所において生じた変化とはあくまで自己防衛的なものであった。すなわち、共和党や保守派からの批判や、保守系シンクタンクの台頭に伴う政策市場の競争激化、そして財政的な問題といった、新たな環境に適応するために行われたものであり、その本質的な部分を変えるものではなかった。言い換えると、客観的な研究を追求する姿勢は揺らぐことはなく、それを堅持するために敢えて行われたものであった。ブルッキングス研究所の現所長であるストローブ・タルボットは、「専門性の幅と深さ、物事を柔軟に捉える態度、そして緻密な研究へのこだわりは、我々の強みである」と述べているが、この言葉はブルッキングス研究所が今日においてもシンクタンク本来の活動である政策研究・提言に専念していることを端的に物語っている[10]。

これに対して、一九七〇年代を境に続々と登場した保守系シンクタンクは、当初からブルッキングス研究所など中立系シンクタンクとは性格面で大きく異なる研究機関であった。すなわち、保守派の政治インフラの要として保守主義運動を推進することを使命としており、それ故にシンクタンク本来の活動にとどまらず、政治運動の担い手としての性格も強く帯びていたのである。その初期から、保守系シンクタンクは「小さな政府」、「自由市場」、「強固な国防」、「伝統的価値」といった保守主義原則を政策案として具体化させるだけでなく、同調者を糾合することで、そうした政策案の実現を目指したのであった。

ヘリテージ財団はこのような保守系シンクタンクの筆頭であった。「尊敬される政策研究機関以上の存在であらねばならない」とのエドウィン・フルナーの信念に基づき、ヘリテージ財団は共和党政治家やそのスタッフから、元政治家を含む保守系の専門家、大学所属の研究者、ジャーナリスト、活動家といった人々に至る広範なネットワークを作り上げてきた(11)。

まず、共和党との関係ではヘリテージ財団は様々な機会を活用して共和党内に深く入り込んでいった。フィル・トルラックら共和党関係者を積極的に採用したのは勿論のこと、共和党議員との接触を繰り返すとともに、議員スタッフを対象とした研修会を頻繁に開催した。フルナーが議員補佐官時代に設立に関わった共和党研究委員会はそのような接触の場の一つであり、同委員会の会合には現在もヘリテージ財団の研究員が出席している。また、フルナーは何よりも若手スタッフに専門知識を提供することが必要であるとの考えから、議会内で研修会も定期的に開催した。この研修会はその後体系化され、今日では「ヘリテージ議会フェローシップ（Heritage Congressional Fellowship）」という名称のもと、毎年大勢の議会共和党スタッフが参加している(12)。

レーガン政権発足直前に発表した『リーダーシップのための負託』は、共和党との関係の深さを示す最たる例であった。ヘリテージ財団は同報告書を作成するにあたり、内外から総勢二五〇名の人々を集めたが、その中にはオリン・ハッチ上院議員（ユタ州）の補佐官ら議会共和党スタッフも多数含まれていた(13)。また、一九九〇年代に、ヘリテージ財団が始めた新人共和党議員を対象とするセミナーも共和党との繋がりの強さを示すものであった。新人議員研修会としては、長くハーヴァード大学ケネディ・スクール（Kennedy School of Government）主催のプログラムが有名であったが、ヘリテージ財団はこの「リベラル」なハーヴァード・プログラムに対抗するという目的から、一九九二年選挙後から新人議員研修会を実施するようになった。一九九四年中間選挙後にボルティモアで行われた会合は、五〇名以上の新人共和党議員が出席するなど盛況を極めた(14)。

同時に、ヘリテージ財団は「リソース・バンク（Resource Bank）」と呼ばれる事業に代表されるように、全国に散らばる保守派専門家の連携強化も図った。「リソース・バンク」とは、保守派の専門家や団体に関する情報集積センターであり、その一端は毎年出版される『公共政策専門家年次ガイド（*Annual Guide to Public Policy Experts*）』において垣間見ることができた。同ガイドでは、フーヴァー研究所、AEI、ケイトー研究所、フェデラリスト協会、大学連携研究所といった規模の大きい団体から、全国的には無名の団体に至るまで網羅されており、現在では数千に上る専門家や団体についての情報が掲載されている。「リソース・バンク」は年次大会も開いており、ここで毎年上記ガイドに掲載されている保守主義者が顔を合わせている(15)。

「リソース・バンク」に類似するものとして、「アカデミック・バンク（Academic Bank）」という事業もある。「アカデミック・バンク」はリベラルな風潮の強い大学の世界において孤立している、保守的な研究者を支えることを目的とし、一〇〇〇名を超える研究者の情報が登録されている。「アカデミック・バンク」に登録されている研究者は、「ブラッドレー・レジデント・スカラーズ（Bradley Resident Scholars）」などを通じて、ワシントンD・Cで研究に従事しワシントン政界に精通する機会も提供される。なお、この「ブラッドレー・レジデント・スカラーズ」には、これまでにプリンストン大学のロバート・ジョージ、アマースト大学のハドレー・アークス、ヒルスデール大学のトーマス・ウェスト、テキサス大学のマーヴィン・オラスキーといった学者も参加している(16)。

一方、ヘリテージ財団は自らネットワークの構築に取り組むだけでなく、外部の保守系団体の活動にも積極的に関わってきた。たとえば、全米税制改革協議会（Americans for Tax Reform）のグローヴァー・ノーキストがクリントン政権初期に始めた「水曜会（Wednesday Meeting）」に、ヘリテージ財団は研究員を送り込んできた。毎週水曜日午前に行われるこの会合には、主要な保守系団体関係者や共和党関係者が出席しており、ブッシュ政権時代には大統領顧問のカール・ローヴをはじめホワイトハウスの高官も顔を見せていたことで知られる(17)。

そして、ヘリテージ財団の一連の活動を可能にしたのがその豊富な資金力であった。ヘリテージ財団は、スケイフ、オーリンをはじめとした保守系財団の支援を確保するだけでなく、その他の資金源も開拓してきた。特に、ヘリテージ財団は草の根レベルに分け入り、個人寄付をシンクタンクの主な資金源に引き上げたパイオニアである。すなわち、ニュー・ライトの代名詞とも言えるダイレクト・メールを駆使して、草の根レベルの保守主義者から少額寄付を無数にかき集め、現在では六〇万人近い個人会員から資金を調達していると言われている(18)。

一九七〇年代以降、続々と現れたシンクタンクとはこのような政策研究機関であり、政治運動の担い手としての性格を強く有していた。確かに、規模という点ではヘリテージ財団は群を抜いているが、程度の差こそあれ、他の保守系シンクタンクも政治運動面での役割を担っており、たとえばケイトー研究所はリバタリアニズムを支持する人々の中心地として機能している。

そして、近年ではこうした同調者の糾合という活動はリベラル系シンクタンクの間でも取り入れられている。掲げるイデオロギーこそ異なるものの、保守系シンクタンクの「成功」をモデルに生まれたのがリベラル系シンクタンクであり、アメリカ進歩センターが「リベラル版ヘリテージ財団」の実現を目指して発足したことは先に述べたとおりである。そのため、ヘリテージ財団が共和党や保守派の人材を束ねたように、アメリカ進歩センターも二〇〇三年の設立直後から、クリントン政権元高官をはじめとする民主党関係者を引き抜くとともに、リベラル派の専門家、大学所属の研究者、活動家と連携し、さらには「キャンパス・プログレス（Campus Progress）」という事業を通じて学生らの取込みを図ってきた。こうして、第二期ブッシュ政権を迎える頃には、アメリカ進歩センターは、民主党関係者、サード・ウェイ、予算・優先政策センター、経済政策研究所などの他のリベラル系シンクタンク、環境保護団体をはじめとするリベラル派諸団体と共闘する体制を構築したのである(19)。

以上から、アメリカ進歩センターはリベラル派内部で今や一目置かれる存在である。実際、予算・優先政策センター研究員のジョアン・ハファーは、「我々は政策研究を発表する際、しばしばアメリカ進歩センターの力を借りる。アメリカ進歩センターは、政策案を広める上で効果的なインフラをもっている」と高く評価している(20)。この言葉が象徴するように、リベラル系シンクタンクも政治運動の担い手としての性格を強く有している。

以上から明らかなように、保守系シンクタンクはアメリカのシンクタンク世界を大きく変えた存在である。保守系シンクタンクは、アメリカのシンクタンクの圧倒的多数を構成するイデオロギー系シンクタンクの筆頭であるとともに、政治運動の担い手という、新たなシンクタンク・モデルを生み出した。したがって、今や保守系シンクタンクを抜きにしてはアメリカのシンクタンクを語ることはできないと言っても過言ではない。そこで、本書ではその影響力の解明を試みたい。

第二節　シンクタンクの影響力の考察

一　従来のアプローチの限界

言うまでもなく、影響力ないしは権力は政治学における最も重要な概念であり、主体がもつリソースに着目する「実体論」に立つと、シンクタンクは「専門知識」や「アイディア」という資源を有しているということになる。ただし、通常は「関係論」による影響力の解明が求められる。すなわち、AがBに対してXという行為を取らせることができた場合、あるいはAがBに対してXという行為を取らせなかった場合、AがBに対して影響力をもったという観点から、影響力を実証することが求められる。しかし、一九八〇年代末から一九九〇年代初頭にかけてシンクタンクへの関心が高まるようになると、シンクタンクの場合、関係論的意味での影響力を客観的に実証することは著しく困難であるとの見方が高まることになった。現実の政治ではシンクタンク以外にも様々なアクターが参入しており、そうした他のアクターを押し退けて、シンクタンクの純粋な影響力のみを取り出すことは至難の業であり、政策結果との関連は勿論のこと、その他の局面においてもシンクタンクの影響力を確定させることはほぼ不可能に近いと認識されるようになった[21]。厳格な実証性を重視するアメリカの政治学界ではこの方法論上の壁は大変深刻な問題であり、それ故に政治学を専攻する大学院生を含むアメリカの政治学者の間でシンクタンク研究は避けられるようになってしまったと考えられる[22]。

しかし、果たして従来のアプローチは生産的であろうか。政治現象の中にはその性質上客観的な影響力の実証は元々困難というものもある。そして、そのような現象に対して厳密な意味での影響力の実証を要求することは、逆に多くの弊害をもたらし、その分野の研究の誕生あるいは発展を妨げる要因にすらなり得る。これまでのシンクタンク研究の状況は正にそのことを端的に物語っていると考えられる。

たとえば、アメリカ政治の観点から重要な意義を有するにもかかわらず、従来のアプローチに基づくと、頻繁に観察できる次のようなケースが考察から排除されてしまう。第二期ブッシュ政権の対イラク政策の立案において、AEIのフレデリック・ケーガンが中心メンバーの一人であったことは広く知られており、ブッシュ大統領本人も回顧録で述べている。また、ケーガンの助言が二〇〇七年初頭に発表されたイラク増派策の土台となったことも当時の政府関係者の多くが認めている[23]。第一期オバマ政権の対アフガニスタン政策の立案においてブルッキングス研究所のブルース・リーデルという研究員が早い段階から参加していたことも知られている[24]。今日、『ワシントン・ポスト』紙や『ナショナル・ジャーナル』誌などにおいて、シンクタンクに関する特集記事が度々組まれるのは、このように政府や議会内部の動きにシンクタンク研究員が深く関与しているケースが目立つからであろう。にもかかわらず、これまで政治学者の間では以上のようなケースは影響力を実証するものではないとして考察から排除されてきた。政策立案に何らかの形で関わっていたとしても、それはシンクタンク研究員の助言が政策決定者の行動を直接左右したとまでは言えないとして退けられてしまうのである[25]。

しかし、政策が作られる場にシンクタンクの研究員が立ち会っていること自体、アメリカ政治の分析において大きな意義を有していることは明らかであり、無視してよいということにはならない。要するに、シンクタンクという対象に迫る上で、従来のアプローチは意味のあるシンクタンク論を妨げる障害となってきたように思われる。そうであるならば新たなアプローチを試みるべきであろう。

二　三つの影響力

そこで、本書では保守系シンクタンクに焦点を当てながら、より柔軟な分析アプローチを採用したい。すなわち、個々の政策案の展開にいかにシンクタンクが「関与」しているのかという観点から、政策過程に対する保守系シンクタンクの影響力を具体的に解明する。この新たなアプローチに立つと、これまで想定されてきたものとは異なるシンクタンクの影響力の形態が見えてくる。「シンクタンクの活動と政策結果の因果関係」という定義に代表されるように、先行研究などではシンクタンクの影響力について「単一のもの」と捉える傾向がある。また、基本的にシンクタンクの影響力についてある局面でのみ現れる、「一過性のもの」とも理解している。このような既存の理解に対して、新たなアプローチを採用すると、シンクタンクの影響力とは決して一つに限定されず、且つ繰り返し現れる性質のものであることが指摘できる。

具体的には、三つの影響力が考えられよう。すなわち、保守系シンクタンクは①政策立案への関与を通じた短期的影響力、②課題設定（アジェンダ・セッティング）への関与を通じた中期的影響力、③人材面での関与を通じた長期的影響力、これらの三つの影響力を政策過程に及ぼしながら、保守主義原則に基づく政策案を強力に推進している可能性が高い。

短期的影響力　まず、第一に共和党との強固な関係において、保守系シンクタンクは専門知識や人材を供給し日常的に共和党政治家の政策立案に関与することを通じて短期的影響力を及ぼしていると考えられる。現に、保守系シンクタンクの研究員、あるいは保守系シンクタンクと関わりの深い者が、共和党議員の法案作成において必要な政策的知識を提供したり、政府高官に抜擢され政府の政策を取り纏めたりするといった例は少なくない。先のブッシュ政権の対イラク政策に助言を提供したフレデリック・ケーガンのケースや、ヘリテージ財団やケイトー研究所が立案作業全体に関わった一九九四年の「アメリカとの契約」は、政策立案への関与を通じた短期的影響力の顕著な事例である。

中期的影響力　第二に、保守系シンクタンクは課題設定（アジェンダ・セッティング）に深く関与していると考えられる。課題設定は相当な時間を要するプロセスであり、したがってこれへの関与を通じて生じる影響力は中期的影響力と呼ぶべきである。

課題設定については、ジョン・キングダンのモデルが有名である。キングダンは課題設定において「政策事業家（policy entrepreneur）」という人々の存在が不可欠であると述べている。政策事業家とは問題への注意を喚起したり、問題解決のための政策案を唱えたりする人々のことであり、政府の内外に点在しているが、シンクタンクも政策事業家のなかに含まれよう。キングダンは、成功する政策事業家の条件に、専門性や政界での人脈・交渉力、そして持続性の三つを挙げているが、保守系シンクタンクはこれらの条件を明らかに満たしている。専門知識や共和党内での強固な人脈を有していることに加え、保守系シンクタンクの活動には持続性があり、報告書、議会公聴会、メディア、セミナー・シンポジウムなどにおいて、特定の問題とその解決策を継続して訴える傾向がある[26]。

保守系シンクタンクが課題設定に大きく関わった事例の一つが、福祉政策批判である。福祉政策批判は保守派内部で一九八〇年代半ば頃より急速に盛り上がったが、福祉政策に関する先行研究はその主たる要因の一つに一九八四年にチャールズ・マレーが著した『後退（*Losing Ground*）』を挙げている。マレーは『後退』において、一九六〇年代の社会福祉政策の拡充が当初意図していなかったインセンティブを貧困者に与え、貧困者の自律心と責任感を喪失させてしまったと主張したが、この主張はやがて保守派が好んで展開するようになった(27)。

ただし、かつてのマレーの境遇を考えれば、保守系シンクタンクの全面的支援がなければ『後退』が世に出ることはなかったかもしれない。一九八〇年代初頭、マレーはとある研究機関に勤務していたが、名の知れた専門家とは言い難く、転職の機会を窺うような不遇の日々を過ごしていた。このマレーに対して支援の手を差し伸べたのが、ヘリテージ財団であり、マンハッタン政策研究所であった。

まず、ヘリテージ財団幹部のバートン・イェール・パインズがマレーの考えに共鳴し、研究資金を工面する。こうして生まれた『セーフティー・ネットと真に貧困な人々（*Safety Net and Truly Needy*）』という報告書は、保守派内部で高い評価を受け、間もなくマレーはマンハッタン政策研究所に招聘され、ここで『後退』を完成させるが、同研究所所長のウィリアム・ハメットはある懸念を抱いていた。確かに、非常に有益な研究であり、既存の福祉政策議論に一石を投じる可能性はあるものの、統計数字を多用していることから『後退』が通常の書籍市場で広く関心を集められるのかと懸念したのである。そこで、ハメットは『後退』を影響力のある人々に送付するとともに、全米各地においてマレーの講演会を開催する。このマンハッタン政策研究所による宣伝活動は功を奏して、『後退』は一般紙などでも取り上げられるほど注目を集めるのであった(28)。

福祉政策をめぐる批判は保守系シンクタンクが課題設定に関わることを通じて中期的影響力を及ぼした典型であるが、他の多くの政策分野でも保守系シンクタンクは中期的影響力を行使していると考えられる。

長期的影響力　短期的影響力と中期的影響力は繰り返し現れる。そして、これら影響力が何度も現れる中で、保守系シンクタンクは、長期にわたり個々の政策分野における専門家の拠点として、人材の結集と拡大をもたらしている。すなわち、人材面での関与を通じた長期的影響力を及ぼしている。

保守系シンクタンクは、共和党政治家の政策立案を支えるため人材を広く集める。また、政策案の土台となる問題を提起する際も、元政府高官、元議員、他のシンクタンク研究員、大学所属の研究者らを集める。このように、政策分野ごとに保守派の人材が長期にわたって維持されていくのである。ただし、保守系シンクタンクは同じ顔ぶれを繰り返し集めて、それらの人材を政策過程に投入しているだけではない。同時に、人材の拡大も図っており、保守系シンクタンクは若手や無名の専門家を抜擢することですそ野を広げることにも大きく関与していると考えられる。

人材の拡大を考える上で、長年保守派が意識して人材の育成に力を入れてきたという点は重要であろう。ウィリアム・バックリー二世が『イェールにおける神と人間』の中で嘆いたように、長年保守派はリベラルな大学教員が元来リベラルな傾向をもつ若者を「洗脳」し、彼らを一層リベラル寄りにしていると批判してきた。一九七〇年代以降、保守派がシンクタンクなどと並んで、大学連携研究所、指導者養成機構、自由を求めるアメリカ青年団、アメリカ青年財団といった、若者を対象とした団体を相次いで整備したのは以上の認識からであり、保守主義原則に共感する若者の発掘を急がなければならないと考えたからである(29)。

一方、これらの団体の主眼が若者の発掘にあるとすれば、保守系シンクタンクの目的とはそうした若者を鍛え上げることであった。すなわち、彼らを各政策分野の専門家に育て上げることであり、研究員の採用や各種研究会などを通して人材育成に努めたのである。実際、ヘリテージ財団のフルナーが「我々のアナリストとは、政策決定者によって既に名を知られているような人物ではない。修士号や博士号を取得したばかりの若く聡明な人々であり、それぞれの分野で健全な分析を提供することに献身する人々である」と語っているように、保守系シンクタンクでは大学院を修了したばかりの二〇代、あるいは三〇代の若者や、数年程度議員補佐官を務めた若者を雇用する傾向が強い(30)。また、さほど実績を問わないことから、保守系シンクタンクは先のチャールズ・マレーのケースのように専門家としては無名に近い者であっても、有能であると見なせば機会を提供する。さらに、大学院教育を受けていない者でも、特定の運動を通じて活躍している人であれば研究員のポストを提供することもある。要するに、保守主義原則を支持しているという条件は付くものの、その門戸は非常に広いのであり、学術や実務の実績を重視する中立系シンクタンクとは対照的である。

このような人材育成を重視する姿勢から、保守系シンクタンクはこれまでに数多くの保守派の著名人の輩出に関わってきた。たとえば、経済保守派を代表する経済成長クラブ（Club for Growth）創設者のスティーブン・ムーアは、二〇代の頃ケイトー研究所やヘリテージ財団において経験を積んでおり、ディネッシュ・ドゥスーザがダートマス大学卒業後に勤務したのもヘリテージ財団であった。また、グローヴァー・ノーキスト、ラルフ・リード、クリストファー・コックス、ダグ・バンドウ、ジョン・ファンド、ポール・エリクソンといった人々も、若い頃保守系シンクタンクの研究会に足繁く通っていた。さらに、共和党の財政通として若くして頭角を現し、二〇一五年に下院議長にまで上り詰めたポール・ライアン下院議員（ウィスコンシン州）も、元々保守系シンクタンクで鍛え上げられた一人であった。ライアンは、大学を卒業した直後に元共和党下院議員のジャック・ケンプが主宰するエンパワー・アメリカ（Empower America）という保守系シンクタンクで財政政策を集中的に学ぶことで、ワシントン政界でのキャリアを開始したことで知られる(31)。

三　保守系以外のシンクタンク

このように、保守系シンクタンクは短期的影響力、中期的影響力、長期的影響力を及ぼしながら、掲げる政策案を強力に推進していると考えられる。一方、保守系以外のシンクタンクについて言及すると、まず、リベラル系シンクタンクも同様に三つの影響力を行使していると考えるべきである。上述した通り、保守系シンクタンクの成功を参考にして生まれたのがリベラル系シンクタンクである。なお、リベラル系シンクタンクの長期的影響力に関しては、アメリカ進歩センターにおいて研究部長を務めるジェフ・クリヒリーの次の言葉は興味深い。クリヒリーは、「アメリカ進歩センターでは、二〇代の若者がとりわけ多い。若者の育成を重視しているからであり、自分の部下も二〇代前半である」と述べている[32]。このように、保守系シンクタンク同様、リベラル系シンクタンクも門戸が広いと言える。

次に、中立系シンクタンクについては、確かにイデオロギー系シンクタンクとは異なり同調者の糾合という活動には従事していない。しかし、それは中立系シンクタンクの影響力が乏しいということを意味するものではない。ブルッキングス研究所など、伝統をもつ中立系シンクタンクについても、特に短期・中期の影響力を及ぼしている可能性がある。

まず、ブルッキングス研究所に代表されるように、中立系シンクタンクは民主・共和両党への「等距離外交」を通じて両党の政府高官経験者やその予備軍を抱え、政界との強固な繋がりを有している。そのため、中立系シンクタンクも特に政府との関係で短期的影響力を行使している可能性がある。また、非党派性の強調とともに客観的な研究を追求する姿勢が、高い「信頼性」という「強み」を生み出しているものと思われる。アンドリュー・リッチが、議員補佐官やジャーナリストを対象に実施したシンクタンクの「信頼度」調査によると、①ブルッキングス研究所、②ランド研究所、③AEI、④外交問題評議会、⑤カーネギー国際平和財団、⑥戦略国際問題研究所、という順位となっており、大手の中立系シンクタンクが上位をほぼ独占している[33]。イデオロギー系シンクタンクが急増し特定イデオロギーに立つ政策研究が溢れる状況が、逆に中立系シンクタンクの希少価値を高め、このような評価をもたらしているものと考えられる。無論、中立系シンクタンクも政策提言にマーケティングの手法を取り入れることで、イデオロギー系シンクタンクにはない自らの研究の質を意欲的に売り込んできた効果も忘れてはならない。いずれにせよ、その信頼度の高さから中立系シンクタンクが発表する研究が注目され、課題設定の場面でも少なからず関与していると思われる。すなわち、中立系シンクタンクも中期的影響力を有している可能性がある。

その一方で、長期的影響力についてはどうか。イデオロギー系シンクタンクは、短期・中期の影響力を行使する中、人材を結集し、さらに拡大することにも関与している。これに対して、中立系シンクタンクの場合、長期的影響力は全くないという訳ではないものの、イデオロギー系シンクタンクのように短期・中期の影響力の行使が人材の拡充に繋がっているようには思われない。そもそも、中立系シンクタンクの使命とは客観的で高度な研究の実現であり、重視する人材はそのような研究を行い得る実績豊富な者たちである。当然、中立系シンクタンクが関わりをもつ人材は限られ、実績の乏しい若手の専門家や無名の専門家が即戦力として起用されることは少ない。したがって、イデオロギー系シンクタンクと比べると、中立系シンクタンクの長期的影響力は乏しい可能性がある(34)。

第三節　保守系シンクタンクが掲げる主な政策

一　国内政策

本書が焦点を当てる保守系シンクタンクは具体的にどのような政策を提唱しているのであろうか。以下では、国内政策および外交政策において、保守系シンクタンクが推進している代表的なものを紹介する。

まず、国内政策では、保守系シンクタンクは長年にわたりニューディール以来のリベラリズムの解体を目指してきた。すなわち、大きな政府路線が経済社会問題を解決したどころか、むしろ問題を悪化させたと批判し、「小さな政府」や「自由市場」を具体化する政策案を推進してきたのであった。

規制緩和は、保守系シンクタンクが唱えてきた政策案の典型であった。一九七〇年代に規制問題が本格的に議論されるようになったが、マーサ・ダーシックらも『規制緩和の政治』の中で言及しているように、その際にＡＥＩが果たした役割はなかでも重要であった。ＡＥＩのマレー・ワイデンバウムやジェームズ・ミラー、そしてマーヴィン・

コスターズらが、季刊誌『規制（*Regulation*）』などで規制政策の問題を頻繁に取り上げ、規制緩和の気運を盛り上げることに大きく関与したと言われている。ドナルド・クリッチローによれば、AEIは正に「規制緩和を求める動きの中央指令センター」であった[35]。

また、保守系シンクタンクは、経済学者アーサー・ラッファーが考案したサプライサイド経済学を支持し、減税を強力に提唱してきた。ケインズ経済学が積極財政による有効需要の創出を説いたのに対して、サプライサイド経済学は減税の成長促進効果、すなわち供給の増大を強調したが、AEIのジュード・ワニスキーやアーヴィング・クリストル、そしてマンハッタン政策研究所のジョージ・ギルダーらがこのサプライサイダーの筆頭であった[36]。

そして、規制緩和と減税を組み合わせる形で立案されたのがエンタープライズ・ゾーンという政策案であった。これは、都市部の荒廃地区に規制緩和と優遇税制を認めることで企業活動の活性化と雇用創出を促し地区の再生を図るというものである。元々、エンタープライズ・ゾーンという政策案は、一九七〇年代後半頃からイギリスの保守党内で提唱されていたアイディアであった。アダム・スミス研究所の創設に関わったイギリス人のスチュアート・バトラーが、一九七〇年代末へリテージ財団に移籍した直後に『エンタープライズ・ゾーン（*Enterprize Zone*）』を発表したことで、アメリカ国内でも注目されるようになり、その後、州レベルを中心に実施されていったのである[37]。

公的年金の民営化論は、一九八〇年代に入ってから保守系シンクタンクが提唱するようになった政策案である。公的年金の民営化論とは、現役世代が社会保障税の一部を自らが保有する「個人勘定」において積み立てることを可能にし、積み立て資金を国債や株式市場などで運用することを認めるという政策案である。ケイトー研究所に所属するチリ人のホゼ・ピネラという人物は、この政策案の提唱者の一人である。ピネラは、アウグスト・ピノチェト政権のもとで新自由主義的改革を断行した経済学者のグループ、いわゆる「シカゴ・ボーイズ（Chicago Boys）」の一員として、母国において公的年金の民営化を実現させた実績を有していた。この実績をもとに、ピネラはケイトー研究所に在籍しながらこの改革をアメリカにおいて売り込んだのであった。ブッシュ政権が二期目の政策目標に掲げたことは記憶に新しいが、ピネラ自身、このブッシュ政権の動きにも関わっていたと言われている[38]。

以上の他では、当然、保守系シンクタンクが推進した政策案の中には、マレーの『後退』が一つの発火点となり、最終的にクリントン政権期で成立した福祉改革も含まれる。

二　外交政策

保守系シンクタンクはどのような外交政策を推進してきたのであろうか。この点を理解する上で次の類型論は有益である。久保文明は政党との関係に着目して、①民主党左派・反戦派、②民主党穏健派、③リベラル・ホーク、④共和党リアリスト、⑤共和党保守強硬派、⑥共和党新保守主義者、⑦共和党孤立主義者、⑧共和党宗教保守派、以上の八つのグループに分類している[39]。この分類に従うと、保守系シンクタンクは保守強硬派と新保守主義者の外交専門家の拠点となる。確かに両者の性格には違いがあり、新保守主義者が民主主義の普及をアメリカの国益と見なし人道的介入や民主主義拡大のためには武力行使も必要であると考えるのに対し、保守強硬派はそのような道義的な理由に基づく軍事力の行使には積極的ではない。しかし、両者はともに強固な国防を掲げて他の追随を許さない圧倒的軍事力を保持することを主張している点や、敵との妥協を、アメリカ的価値観を蔑ろにするものとして嫌悪している点など共通点も多い[40]。なお、保守系シンクタンクの中にはケイトー研究所のような立場もある。ケイトー研究所はリバタリアニズムに立脚し、外交政策では海外不介入路線を貫いており、上記の分類によると孤立主義者である。しかし、この種の立場は保守系シンクタンク全体においてはごく少数である。

以上の特徴から、保守系シンクタンクはアメリカにとって脅威となる国々を強く警戒し、そうした国々に対して強硬な政策を訴える傾向がある。冷戦期は、一九七〇年代半ばにポール・ニッツェやリチャード・パイプスが設立した現在の危機に関する委員会（Committee on the Present Danger）に代表されるように、対ソ・デタントを批判し、ソ連の軍事的脅威に対抗するため大幅な軍備増強を唱えたのであった[41]。

冷戦が終結すると、保守系シンクタンクはアメリカに対する脅威として、イラク、イラン、北朝鮮といった「ならず者国家」の動向に次第に焦点を合わせていった。なかでも、イラクを重大な脅威と見なすようになり、クリントン政権後半には新アメリカの世紀プロジェクトという保守系シンクタンクを中心にサダム・フセイン体制の打倒が叫ばれていたことは第二章で述べた通りである[42]。また、中国の台頭に対しても警戒心を強め、特に一九九〇年代半ばの台湾をめぐる危機後は、新アメリカの世紀プロジェクトのビル・クリストルやロバート・ケーガン、ＡＥＩのアーサー・ウォルドロン、安全保障政策センター（Center for Security Policy）のフランク・ギャフニーらによって、中国脅威論が唱えられた。対中政策に関連して付言すると、中国脅威論が沸騰したのと同じ頃、アメリカでは中国国内においてキリスト教徒の権利が侵害されているとの批判も高まり、こうした批判は宗教的少数派を迫害する国に対して各種制裁を科す一九九八年の国際的宗教自由法（International Religious Freedom Act）へと繋がった。この動きは宗教保守派によって主導されたものであったが、ハドソン研究所のマイケル・ホロウィッツも深く関与していた。また、言うまでもなく、軍事力を重視する姿勢から現在の危機に関する委員会以来、保守系シンクタンクは軍縮・軍備管理をめぐる動きに徹底して反対している。包括的核実験禁止条約（Comprehensive Nuclear Test Ban Treaty）をめぐって、ＡＥＩのジーン・カークパトリックやパール、そしてギャフニーらが反対論を展開したことで知られる[43]。

三　ミサイル防衛とスクール・バウチャー

続く第五章と第六章においては事例研究を行い、ミサイル防衛およびスクール・バウチャーをめぐる動向と保守系シンクタンクの関係について詳しく考察するが、ここではなぜこれら二つの政策案を取り上げるのかについて簡単に説明したい。

第一に、以上で紹介した政策案同様、ミサイル防衛およびスクール・バウチャーも、保守派の代表的な政策案であり、保守系シンクタンクが推進してきた政策の一部を構成するからである。すなわち、保守系シンクタンクは、アメリカの強固な国防を具体化するものとしてミサイル防衛を高く評価するとともに、公教育という世界においても競争原理を導入できるとしてスクール・バウチャーの実現を強く訴えてきた。

第二に、より重要な理由は、ミサイル防衛とスクール・バウチャーは保守系シンクタンクがその初期から推進してきたということである。本書は、保守系シンクタンクが三つの影響力を行使していると考えているが、特に長期的な影響力を分析するためには、より長いスパンで個々の政策案と保守系シンクタンクの関係について観察する必要がある。当然、保守系シンクタンクが推進するようになって日の浅い政策案では長期的影響力を分析することは難しい。その初期から訴えてきた政策案を選択すべきであり、規制緩和や減税などとともに、一九七〇年代から保守系シンクタンクが提唱してきたミサイル防衛とスクール・バウチャーは正しく適した事例であると考える。

（1）鈴木崇弘・上野真城子『世界のシンクタンク——「知」と「治」を結ぶ装置』（サイマル出版会、一九九三年）。

（2）Peter W. Singer, “Washington’s Think Tanks: Factories to Call Our Own,” *Washingtonian*, August 13, 2010.

（3）ジェームズ・A・スミス著、長谷川文雄ほか訳『アメリカのシンクタンク——大統領と政策エリートの世界』（ダイヤモンド社、一九九四年）、六頁。Diane Stone, *Capturing the Political Imagination: Think Tanks and the Policy Process* (London: Frank Cass, 1996), pp. 122–124.

（4）スミス『アメリカのシンクタンク』二八九—二九〇頁。Andrew Rich, *Think Tanks, Public Policy, and the Politics of Expertise* (Cambridge: Cambridge University Press, 2004), pp. 67–69; Thomas Medvetz, *Think Tanks in America*

（Chicago: University of Chicago Press, 2012）, pp. 109–110.

（5） Rich, *Think Tanks, Public Policy, and the Politics of Expertise*, pp. 65–69; Medvetz, *Think Tanks in America*, pp. 90–92.

（6） James A. Smith, *Brookings at Seventy-Five*（Washington D.C.: Brookings Institution Press, 1991）, pp. 54–55. レナード・シルク、マーク・シルク著、山岡清二訳『エスタブリッシュメント――アメリカを動かすエリート群像』（TBSブリタニカ、一九八一年）、二六四―二六五頁。

（7） 実行に移されることはなかったものの、ニクソン政権内部では内国歳入庁を利用して嫌がらせを行うという案や、ブルッキングス研究所そのものを爆破するという過激な計画まで密かに話し合われていたとされる。後者については、「ペンタゴン・ペーパーズ」を暴露したダニエル・エルスバーグの友人であった、ブルッキングス研究所のレスリー・ゲルブが同文書の一部を隠し持っていると疑ったからであり、チャールズ・コルソンが提案したと言われている。Smith, *Brookings at Seventy-Five*, pp. 94–98.

（8） *Ibid.*, pp. 99–101, pp. 109–112.

（9） *Ibid.*, pp. 112–116; Medvetz, *Think Tanks in America*, p. 109; Brookings Institution, *2012 Annual Report*, http://www.brookings.edu/~/media/about/content/annualreport/2012annualreport.pdf

（10） James G. McGann, *Think Tanks and Policy Advice in the United States: Academics, Advisors and Advocates*（New York: Routledge, 2007）, pp. 82–85; Department of State, *The Role of Think Tanks in U.S. Foreign Policy*, November 2002.

（11） Lee Edwards, *Leading the Way: The Story of Ed Feulner and The Heritage Foundation*（New York: Crown Forum, 2013）, p. 94.

（12） Lee Edwards, *The Power of Ideas: The Heritage Foundation at 25 Years*（Ottawa: Jameson Books, 1997）, pp. 24–26; Molly Ball, "The Fall of the Heritage Foundation and the Death of Republican Ideas," *Atlantic*, September 25, 2013; Allen McDuffee, "Heritage Foundation Graduates New Class of Hill Staffers from Conservative Value Program," *Washington Post*, October 9, 2012.

（13） Heritage Foundation, *Mandate for Leadership: Policy Management in a Conservative Administration*（Washington D.C.:

Heritage Foundation, 1981).

(14) Edwards, *The Power of Ideas*, pp. 159–160; Timothy J. Burger and Mary Jacoby, "In Baltimore, Frosh Pledge 'Revolution'," *Roll Call*, December 12, 1994.

(15) Edwin J. Feulner, "Heritage Foundation," in James G. McGann and R. Kent Weaver, eds., *Think Tanks and Civil Societies: Catalysts for Ideas and Action* (New Brunswick: Transaction Publishers, 2002), p. 79; Edwards, *Leading the Way*, p. 95.

(16) *Ibid.*, p. 124, pp. 190–191.

(17) 久保文明「共和党の変容と外交政策への含意」久保文明編『G・W・ブッシュ政権とアメリカの保守勢力――共和党の分析』(日本国際問題研究所、二〇〇三年)、一三―一六頁。

(18) Edwards, *Leading the Way*, p. 314; Feulner, "Heritage Foundation," p. 70.

(19) ジェフ・クリヒリー元アメリカ進歩センターLGBT問題研究部長とのインタビュー(二〇一一年九月一日)。

(20) ジョアン・ハファー予算・優先政策センター連邦財政イニシアチブ部長とのインタビュー(二〇一二年三月二六日)。

(21) Stone, *Capturing the Political Imagination*, p. 4.

(22) 久保文明「政治的インフラストラクチャーについて」久保文明編『アメリカ政治を支えるもの――政治的インフラストラクチャーの研究』(日本国際問題研究所、二〇一〇年)、九―一〇頁。

(23) ジョージ・W・ブッシュ著、伏見威蕃訳『決断のとき　下』(日本経済新聞出版社、二〇一一年)、二〇九頁。Randy Barrett, "Surge Protector," *National Journal*, February 10, 2007.

(24) Bob Woodward, *Obama's Wars* (New York: Simon & Schuster, 2010), pp. 88–90; James Mann, *The Obamians: The Struggle inside the White House to Redefine American Power* (New York: Viking, 2012), pp. 123–126; David E. Sanger, *Confront and Conceal: Obama's Secret Wars and Surprising Use of American Power* (New York: Broadway Paperbacks, 2012), p. 16.

(25) Donald E. Abelson, *Do Think Tanks Matter? Assessing the Impact of Public Policy Institutes* (Montreal & Kingston: McGill-Queen's University Press, 2002), p. 51.

(26) John W. Kingdon, *Agendas, Alternatives, and Public Policies* (New York: Longman, 1995), p. 115, pp. 122–124,

pp. 180–181.

(27) 西山隆行『アメリカ型福祉国家と都市政治――ニューヨーク市におけるアーバン・リベラリズムの展開』(東京大学出版会、二〇〇八年)、二七七―二七九頁。

(28) スミス『アメリカのシンクタンク』二七九―二八〇頁。Edwards, *The Power of Ideas*, pp. 59–60.

(29) 久保文明「政治インフラとしての政治家養成機構――共和党保守派を中心にして」久保編『アメリカ政治を支えるもの』二六四―二六五頁。

(30) Feulner, "Heritage Foundation," pp. 73–74.

(31) Benjamin Hart, ed., *The Third Generation: Young Conservative Leaders Look to the Future* (Washington D.C.: Regnery Gateway, 1987); Ryan Lizza, "Fussbudget: How Paul Ryan Captured the G.O.P.," *New Yorker*, August 6, 2012.

(32) クリヒリーとのインタビュー(二〇一一年九月一日)。

(33) Rich, *Think Tanks, Public Policy, and the Politics of Expertise*, p. 84.

(34) 二〇〇九年に、ピーター・W・シンガーが二九歳でブルッキングス研究所の上級研究員に就任し、その九〇年に及ぶ同研究所の歴史において史上最年少の上級研究員の誕生であるとして注目を集めた。しかし、これは中立系シンクタンクの門戸が狭く、人材の拡大にはさほど貢献していないことを何よりも示す例であろう。対照的に、保守、リベラルのイデオロギー系シンクタンクでは多くの二〇代の若者が最前線で活躍している。

(35) Donald T. Critchlow, *The Conservative Ascendancy: How the Republican Party Right Rose to Power in Modern America* (Kansas: University Press of Kansas, 2011), p. 120.

(36) ポール・クルーグマン著、伊藤隆敏監訳『経済政策を売り歩く人々――エコノミストのセンスとナンセンス』(日本経済新聞社、一九九五年)、九五―一〇〇頁。

(37) 横江公美『第五の権力 アメリカのシンクタンク』(文春新書、二〇〇四年)、九五―九六頁。Edwards, *The Power of Ideas*, pp. 33–34; Karen Mossberger, *The Politics of Ideas and the Spread of Enterprise Zones* (Washington D.C.: Georgetown University Press, 2000).

(38) Nelson Lichtenstein, "Ideology and Interest on the Social Policy Home Front," in Julian E. Zelizer, ed., *The*

Presidency of George W. Bush: A Historical Assessment (Princeton: Princeton University Press, 2010), pp. 187–193.

（39）久保文明「外交論の諸潮流とイデオロギー」久保文明編『アメリカ外交の諸潮流――リベラルから保守まで』（日本国際問題研究所、二〇〇七年）、二五―四二頁。

（40）泉川泰博「共和党保守強硬派の外交思想――その特徴と歴史およびジョージ・W・ブッシュ政権の外交」久保編『アメリカ外交の諸潮流』一五五―一五八頁。

（41）現在の危機に関する委員会については、以下の文献が詳しい。Jerry W. Sanders, *Peddlers of Crisis: The Committee on the Present Danger and the Politics of Containment* (Cambridge: South End Press, 1983).

（42）Maria Ryan, *Neoconservatism and the New American Century* (New York: Palgrave Mamillan, 2010), pp. 91–110.

（43）湯浅成大「冷戦終結後の米中関係」久保文明・赤木完爾編『アメリカと東アジア』（慶應義塾大学出版会、二〇〇四年）、一四九―一五〇頁。久保文明「共和党多数議会の「外交政策」――一九九五―二〇〇〇年」五十嵐武士編『太平洋世界の国際関係』（彩流社、二〇〇五年）、一〇二―一二二頁。

第五章　ミサイル防衛と保守系シンクタンク

本章と次章では二つの事例研究を通して、保守系シンクタンクが①政策立案への関与を通じた短期的影響力、②課題設定（アジェンダ・セッティング）への関与を通じた中期的影響力、③人材面での関与を通じた長期的影響力、これらの三つの影響力を政策過程に及ぼしながら保守主義原則に基づく政策案を強力に推進していることを明らかにする。まず、本章では、ミサイル防衛の展開と保守系シンクタンクの関係を事例として取り上げる。

第一節　ミサイル防衛をめぐる動向

一　アイゼンハワー政権からニクソン政権までの動向

アメリカが、弾道ミサイルを迎撃するミサイル防衛の研究開発に乗り出したのは、一九五〇年代である。建国以来、長くアメリカは大洋の存在によって外敵による侵略の脅威にほとんど直面することはなかったが、冷戦はこのような環境を劇的に変えることになった。一九五七年に、ソ連が大陸間弾道ミサイル（Intercontinental Ballistic Missile, 以下ＩＣＢＭと略記する）の実験と人工衛星の打ち上げを相次いで成功させたことで、核弾頭を搭載した弾道ミサイルがアメリカ本土を襲うシナリオが突如現実味を帯びるようになったのである。そして、このような安全保障環境の激変を受けて、まずアイゼンハワー政権がナイキ・ゼウス（Nike-Zeus）と呼ばれるミサイル防衛計画に着手し、ケネディ政権もその後継となるナイキ・X（Nike-X）を推進していった。

しかし、一九六〇年代中頃になると一転して、アメリカ国内においてミサイル防衛に対する逆風が強まる。アメリカ科学者連盟（Federation of American Scientists）など科学者を中心に、技術面や財政面での実現可能性が疑問視されるようになったばかりか、根本的な批判、すなわちミサイル防衛の安全保障戦略上の意義を疑問視する声が増大したのである。この頃までに、米ソが互いに十分な報復能力を確保している状態、すなわち「相互確証破壊（Mutual Assured Destruction, 以下MADと略記する）」の状態を維持することが、核戦争の発生を防ぐ上でも肝要であるとの戦略観が広く支持されるようになっていた。より具体的には、報復攻撃によって自らの国土に耐え難い損害を被ることが明らかであれば、いずれの側でも先制攻撃を仕掛けることはできないとし、そのためには米ソ双方の国土が核攻撃に対して脆弱である状態を維持することが何よりも重要であるとの考えが有力となった。そして、この戦略的見地に従って、国土全体を覆う防御体系の構築は、むしろ有害であると批判されるようになった。当時、ジョンソン政権はセンチネル（Sentinel）と呼ばれるミサイル防衛計画を進めていたが、このようにミサイル防衛に対する批判が高まる中で、センチネルの目的についてソ連ではなく、その可能性がほぼ皆無であった中国による核攻撃に備え、アメリカの主要都市を防衛するものと釈明せざるを得なかった。

続くニクソン政権は、ＩＣＢＭの防衛を主眼としたセーフガード（Safeguard）という新たな計画を発表する。ジョンソン政権のセンチネルをめぐっては、多くの都市で反対の声が上がった。都市部の住人は、彼らの近くにセンチネルが配備されることになれば、逆にソ連からの集中的な核攻撃の標的になりかねないと猛反発したのである。そこで、ニクソン政権はセンチネルを破棄する代わりに、都市の防衛ではなくＩＣＢＭ基地の防衛を目的としたセーフガードを打ち出す。一方、この頃になるとミサイル防衛に対する批判は連邦議会の審議にも影響を及ぼすようになっていた。

たとえば、一九六九年夏の上院におけるセーフガードについての初年度予算案は難航を極め賛否同数となり、最終的に副大統領の投票によって辛うじて承認されるという状況であった。しかし、やがてセーフガードには、当時進められていた戦略兵器制限交渉においてソ連との取引材料になるという、外交上の意義が見出されるようになる。ソ連にミサイル防衛の制限を呑ませるためにもセーフガードは必要であるとの声が勢いを増していったのである。その結果、セーフガードは当面継続されることになった。

こうした中で、一九七二年に米ソ間で第一次戦略兵器制限協定（Strategic Arms Limitation Treaty, SALT I）とともに、弾道弾迎撃ミサイル制限条約（Anti-Ballistic Missile Treaty, 以下ABM制限条約と略記する）が調印される。後者のABM制限条約はMADの戦略観を反映するものであり、ミサイル防衛に著しい制約を課し、「領域の防衛」を目的とした防御体系が禁止された。また「個々の地域の防衛」のための防御体系についても首都およびICBM近辺の「展開地域」二カ所に限られ、さらに二年後に調印された付属議定書によってアメリカはICBM基地近辺、ソ連は首都近辺のそれぞれ一カ所に制限されることになった。加えて、ABM制限条約では地上配備以外の防御体系の開発、実験、展開等についても禁じた。一方、継続していたセーフガードは、一九七五年一〇月にノースダコタ州のICBM基地近辺に配備され、その運用が開始される。しかし、ミサイル防衛に対する批判の声が依然として根強く存在した上に、ソ連との交渉材料としての意義も失われたことで、議会は予算の承認を拒否しセーフガードはわずか四カ月で運用を中止する。その後も研究開発は続けられたものの、フォード、カーター両政権においてミサイル防衛の動向は概して低調であった(1)。

二　レーガン、ブッシュ・シニア両政権の動向

レーガンの登場は、ミサイル防衛をめぐる動きにおいて大きな転換点となった。かねてから、レーガンはMADの

戦略観に嫌悪感を示し、一九七〇年代半ばの時点で既に「互いの頭に拳銃を突きつけているような状態であり、どちらかが怯めば両者とも破滅しまう」と批判していた[2]。このようなレーガンにとって、一九七九年夏の北米防空司令部への視察はミサイル防衛に対する関心を深める機会となった。この視察において、ソ連の弾道ミサイルを追跡することは可能であっても、アメリカには落下してくるミサイルを撃ち落とす手段はないとの担当官の説明を聞き、強い衝撃を受けたレーガンは、以後「敵の核ミサイルからアメリカ国民を防衛する策を模索すべきである」との思いを強めていく[3]。

大統領就任後も、レーガンは「米ソの神経戦を永久に続けることは不可能」との考えを表明し、一九八三年三月、戦略防衛構想（Strategic Defense Initiative, 以下ＳＤＩと略記する）を打ち出す。ＳＤＩ発表に至った背景には、上記のようにレーガン大統領本人の強い意思に加え、アメリカの国内事情も少なからず影響していた。政権初期にレーガン政権が断行した軍拡路線は核戦争に対する恐怖心を国内外で高め、多くの国々で反核平和運動を生み出すことになった。アメリカにおいても、「核凍結運動（Nuclear Freeze Movement）」として反核世論が各地で盛り上がった。このような状況を受けて、レーガン政権はＳＤＩを「核兵器を無力化し時代遅れにする」ための希望であると訴えることで、反核世論の沈静化を目指したのであった[4]。

ＳＤＩは大規模なミサイル防衛計画であり、地上、空中、宇宙に張り巡らした迎撃兵器によって、ソ連の弾道ミサイルを推進段階（ブースト段階）、中間段階（ミッド・コース段階）、終末段階（ターミナル段階）の各段階において撃ち落とすという「多層防御」を目指していた。また、多層防御の実現のため、弾道ミサイルに迎撃ミサイルを直接激突させる運動エネルギー兵器、各種のレーザーや粒子ビームを応用した指向性エネルギー兵器といった先端技術の活用も検討された。以前は、核を用いた迎撃が計画され、核弾頭を搭載した弾道ミサイルの近辺で核弾頭付きの迎撃ミサイルを爆発させるという方式が主流であった。しかし、この方式では地上にいる自らも核爆発に晒される可能性は否定できず、そのため一九七〇年代中頃から運動エネルギー兵器や指向性エネルギー兵器といった非核の迎撃方式の研究が重点的に進められていた。なお、ミサイル防衛に対して著しい制約を加えていたＡＢＭ制限条約との関係では、レーガン政権は「非伝統的な物理原理」に基づく場合、宇宙配備のものを開発実験してもＡＢＭ制限条約には抵触しないという、「広義解釈」を打ち出した(5)。

しかし、当然ＳＤＩに対しては従来の戦略観に基づく批判、すなわち米ソの戦略的安定を崩壊させかねないといった批判が突きつけられた。また、反対派がＳＤＩを荒唐無稽の「スター・ウォーズ計画」と揶揄したように、技術面での問題はあまりにも大きかった。さらに、巨額の予算を必要とするとの財政面での問題も指摘された。こうした中で、レーガン政権はＳＤＩを実現させることはできなかった(6)。

その後、冷戦が終息に向かい意図的な核攻撃の脅威は大幅に低下していったが、その一方で旧ソ連の核兵器の管理の問題や第三世界への弾道ミサイルの拡散が懸念されるようになる。このような新たな問題に対応するために、一九九一年にブッシュ・シニア政権は限定攻撃に対するグローバル防衛（Global Protection Against Limited Strikes, 以下ＧＰＡＬＳと略記する）を発表する。ＧＰＡＬＳはＳＤＩを縮小させたもので、地上と宇宙に配備された迎撃兵器によって、第三世界からのミサイル攻撃や旧ソ連等からの偶発的・非公認のミサイル攻撃から、アメリカ本土や在外米軍および同盟国・友好国を防衛することを目的とした。そして、この計画の柱としては、ブリリアント・アイズ（Brilliant Eyes）という衛星とともに、ブリリアント・ペブルス（Brilliant Pebbles）と呼ばれる、宇宙配備の小型の運動エネルギー兵器が注目された。ＡＢＭ制限条約との関連では、ブッシュ・シニア政権も前政権の広義解釈を踏襲した。

しかし、ＳＤＩ同様、ＧＰＡＬＳに対しても技術面での問題が大きく立ちはだかった。加えて、湾岸戦争では、一時短距離弾道ミサイルの迎撃を目的としたパトリオット（ＰＡＣ-２）が大きな戦果を挙げているかのような印象を与えたものの、間もなくこれは誇張されていたことが明らかになる。(7) こうした中で、ブッシュ・シニア政権においても、アメリカ本土の防衛を目的としたミサイル防衛は実現できずに終わる。(8)

三　クリントン政権の動向

共和党政権のミサイル防衛計画では、長距離弾道ミサイルからアメリカ本土を防衛することが第一目的であったが、クリントン政権はこれを踏襲せず、ミサイル防衛計画の優先順位を逆転させる。すなわち、クリントン政権は在外米軍および同盟国・友好国を防衛する戦域ミサイル防衛（Theater Missile Defense, 以下TMDと略記する）を最優先に掲げる一方、本土ミサイル防衛（National Missile Defense, 以下NMDと略記する）については第二優先とする。(9) このようにクリントン政権がNMDに消極的な方針を示したのは、冷戦後の安全保障環境ではアメリカ本土に対する切迫した脅威はしばらく出現しないと分析していたからである。たとえば、一九九五年にアメリカの情報機関が纏めた「国家情報見積り（National Intelligence Estimate）」では、核保有国のほかに一五年以内にアメリカ本土を脅かす弾道ミサイルを取得する国が新たに現れるとは考え難いとの脅威評価を提示していた。(10)

しかし、こうしたクリントン政権の方針は間もなく議会共和党の激しい反発を引き起こす。レーガン政権がミサイル防衛計画を安全保障政策上の中心に位置付けて以来、共和党内ではNMDに対する強固な支持が形成されていた。そのため、クリントン政権の動きは共和党を強く刺激することになり、NMDは党派対立の争点へと浮上する。すなわち、ニュート・ギングリッチ下院議長（ジョージア州）を中心とする議会共和党は、NMDの実現を求めてクリントン政権に対し執拗なまでの圧力を加えていく。

まず、議会共和党は一九九四年中間選挙前に作成した「アメリカとの契約」においてNMDの早期実現を掲げたのに続き、いずれも不成立に終わったものの、一九九五年以降も毎年のようにNMD配備を義務づける法案を提出する[11]。無論、クリントン政権も沈黙していたわけでなく、議会の反発を静めるため一九九六年に「3＋3計画」を打ち出す。これは、まず三年かけてＮＭＤの開発を行い、技術上の実現可能性や脅威の状況をもとに配備の決定が下された場合、次の三年間で配備を完了させるという計画であったが、その真の狙いは一定の期間を設けることでＮＭＤを事実上先送りすることであった。なお、クリントン政権のＮＭＤは、当初から地上配備の迎撃ミサイルによる中間段階での迎撃を目指しており、ＳＤＩなどと比べると限定的なミサイル防衛計画であった。

ただし、その後も議会共和党による揺さぶりは続き、関連法案の提出に加え、クリントン政権の脅威評価を覆すことを試みていく。すなわち、議会共和党はクリントン政権がＮＭＤを第二優先とした根拠を真っ向から否定することを企て、ドナルド・ラムズフェルド元国防長官を委員長とする「米国に対する弾道ミサイルの脅威を評価する委員会（Commission to Assess the Ballistic Missile Threat to the United States）」という専門家委員会を議会に設置する。一九九八年七月に、この通称ラムズフェルド委員会はイランや北朝鮮であれば五年以内、イラクであれば一〇年以内にアメリカ本土に到達する弾道ミサイルを開発する可能性があるとの最終報告書を発表するが、言うまでもなく議会共和党が待ち望んでいた脅威評価であった。そして、ラムズフェルド委員会の最終報告書とほぼ時を同じくして、イランと北朝鮮が弾道ミサイルの発射実験を行い、とりわけ、八月の北朝鮮によるテポドン一号の発射はアメリカ政府に大きな衝撃を与えた。こうした「ならず者国家」の一連の動きはラムズフェルド委員会の警告を裏書きするものと受け止められたのであった[12]。

このような国際情勢の急転を受けて、クリントン政権もその脅威評価を見直さざるを得なくなり、次第にＮＭＤ配備に傾斜していく。クリントン政権は、一九九九年にＮＭＤ配備を見込んだ予算をはじめて要求しただけでなく、同年春には議会共和党によって提出された本土ミサイル防衛法（National Missile Defense Act）に署名する。本土ミサイル防衛法は、「技術上可能になり次第ＮＭＤ配備を義務付ける」というものであり、クリントン政権は議会審議の途中で必要な修正が施されたとしてこれに賛成の立場を示す。このように、クリントン政権末期にはNMDの実現に向けて大きな追い風が吹いているかに見えた。しかし、最終的にクリントン政権は二つの理由を挙げてNMD配備を見送る。一つは技術上の問題である。三回の迎撃実験のうち成功したと言えるのは一回にとどまっただけでなく、「対抗措置（countermeasures）」の問題、すなわち攻撃側が迎撃を回避するために弾道ミサイルに施す仕掛けに対処できないといった問題が懸念されるようになった。(13) もう一つは軍備管理への影響であった。そもそも、NMDはABM制限条約で禁じられている「領域の防衛」を目的としていた。また、迎撃ミサイルの展開を予定していたアラスカ州は、ICBM基地近辺ではないことからABM制限条約において許容された「展開地域」でもなかった。そのため、クリントン政権はABM制限条約の修正に乗り出したものの、これにロシア側は強く反発し、もしアメリカがNMDを強行すれば軍備管理の停滞を招くと警告を何度も発したのであった。このような技術的な問題および軍備管理への影響を懸念し、二〇〇〇年九月にクリントン政権はNMD配備の決断を次期政権に委ねると表明したのである。(14)

四　ブッシュ政権の動向

二〇〇〇年大統領選挙において、ブッシュはミサイル防衛の実現を公約に掲げた。多くの共和党員がそうであったように、ブッシュもレーガン政権のSDIに魅了された一人であった。確かに、その後ブッシュがミサイル防衛をめぐる動きに関わることはなかったものの、二〇〇〇年大統領選挙を視野に入れるようになると、ミサイル防衛への関心を再び増大させていく。ブッシュは、NMDをめぐるクリントン政権と議会共和党の対立を注視しており、一九九八年夏に自らの外交アドバイザーを決定するためコンドリーザ・ライスと面談した際も、まず取り上げたのがミサイル防衛であった。ライスによれば、ミサイル防衛に対するブッシュの関心は伝統的な戦略観への疑問から生まれていた。ブッシュは、かつてのレーガンのように防衛よりも国土を脆弱にするかのような戦略観を理解することができず、ミサイル防衛を強く支持していたのである[15]。

ブッシュは、大統領に就任すると直ちにミサイル防衛の実現に向けて取りかかる[16]。二〇〇一年五月の国防大学での演説において、ブッシュはより多くの国々に核兵器が拡散し不確実性と危険が増す今日の国際社会において、攻撃兵器と防御体系の双方に依存した新たな抑止の概念が必要であるとした上で、「三〇年に及ぶＡＢＭ制限条約の拘束を超えていかなければならない」と述べた。すなわち、ブッシュ政権はミサイル防衛の実現のためにはＡＢＭ制限条約に捕らわれるべきではないという立場を明示したのである。そして、同年一二月に同条約からの脱退を正式に表明（条約は翌年六月に失効）するのであった[17]。

ブッシュ政権のミサイル防衛計画は、前政権において区別されていたＮＭＤとＴＭＤを統合し、地上、海上、空中、宇宙に展開した迎撃兵器によって、飛来する弾道ミサイルを、推進段階、中間段階、終末段階において迎撃することを目指したが、これはレーガン政権のＳＤＩの流れを汲む「多層防御」であった。ブッシュ政権は、前政権のＮＭＤについて地上配備中間段階防衛（Ground-based Midcourse Defense，以下ＧＭＤと略記する）と名称を変え、同じく中間段階での防衛に関して海軍が開発を進めていたＴＭＤをイージス弾道ミサイル防衛システム（Aegis Ballistic Missile Defense System，以下イージスＢＭＤと略記する）と改め、将来的に長距離弾道ミサイルの迎撃を目指すこととした。また、推進段階での防衛においては空中や宇宙に配備するレーザー兵器や運動エネルギー兵器を候補に挙げるとともに、終末段階での防衛に関しては改良型パトリオット（ＰＡＣ-３）を推進した。

以上の計画のもとで、二〇〇五年末に遂にＧＭＤなどの一部の運用が開始される。しかし、ブッシュ政権のミサイル防衛計画も決して順調であったわけではない。中核に位置づけたＧＭＤの迎撃実験は二〇〇六年九月にようやく成功したものの、その実験にしても現実性が乏しく、たとえば対抗措置の問題を十分に考慮していないという批判を受けた。そのため、二〇〇八年三月の時点においても、政府監査院（Government Accountability Office）が、迎撃実験について「戦闘に適合し有効であるか否かを完全に決定する上で十分な現実性を備えていない」といった厳しい評価を示すほどであった。また、その他のシステムについても開発の遅延や放棄が目立った。とはいえ、それまでのミサイル防衛をめぐる歴史を考えれば、ブッシュ政権によってミサイル防衛が新たな段階に入ったことは明らかであった(18)。

なお、その後のオバマ政権の動向については、民主党政権でありながら、前政権のミサイル防衛計画の根本的変更は追求せず、その多くを継続した。そのため、議会共和党の猛反発を呼んだ、一九九〇年代のクリントン政権期とは異なり、ミサイル防衛が国内政治上の大きな争点に浮上することはなかった。

第二節　保守系シンクタンクの政治的影響力

一　ミサイル防衛支持の保守系シンクタンク

保守系シンクタンクは、ミサイル防衛をめぐる動向に深く関与してきた。すなわち、保守系シンクタンクは国内政策において「小さな政府」や「自由市場」の原則から規制緩和や減税といった政策を説く一方、外交政策では「強固な国防」を掲げ、その重要な政策としてミサイル防衛を提唱してきたのであった。

無論、初期のミサイル防衛の動きから保守系シンクタンクは関与していたわけではない。一九六〇年代まで、保守系シンクタンクと呼べる政策研究機関はＡＥＩやフーヴァー研究所が活動していたに過ぎず、それらにしても政治的には無力であった。そのため、この時期まではミサイル防衛はもとより、ほぼすべての政策分野における保守系シンクタンクの存在感は皆無に等しかった。このような状況が変わり始めるのは、一九六〇年代末以降のことである。この時期を境に、保守系シンクタンクはミサイル防衛支持の人材の拠点として機能し始め、やがてレーガン政権以降の動向において大きな存在感を発揮していく。

ヘリテージ財団、フーヴァー研究所、ハドソン研究所、現在の危機に関する委員会、ジョージ・C・マーシャル研究所（George C. Marshall Institute）、安全保障政策センターなどは、ミサイル防衛を強力に提唱した保守系シンクタンクの代表格であり、①政策立案への関与を通じた短期的影響力、②課題設定（アジェンダ・セッティング）への関与を通じた中期的影響力、③人材面での関与を通じた長期的影響力、以上の三つの影響力を及ぼすことにより、ミサイル防衛の推進において不可欠な存在であったと考えられる。

二　短期的影響力

まず、保守系シンクタンクはレーガン政権以降の各局面で政府や議会における政策立案に関与することを通じて短期的影響力を及ぼしてきた。

レーガン、ブッシュ・シニア両政権との関係　レーガン政権との関係では、ハイ・フロンティア（High Frontier）という研究グループが活躍した。大統領に就任する前から、レーガンはMADに対する嫌悪感からミサイル防衛の必要性を信じて疑わなかったものの、その一方でミサイル防衛の技術的実現可能性に少なからず不安を抱いていた。ハイ・フロンティアのメンバーは、楽観的な説明を繰り返すことで、こうしたレーガンの不安を解消することに一役買ったのである。

ハイ・フロンティアを設立したのは、ダニエル・グラハムという人物である。グラハムは、フォード政権において国防情報局局長を務めたように元々情報の分野を専門としていたが、一九八〇年大統領選挙を迎える頃には本業よりもミサイル防衛の実現に執着するようになり、レーガン政権発足直後に、カール・ベンデッツェン元陸軍次官や、著名な物理学者のエドワード・テラーらの賛同を得て、ハイ・フロンティアを立ち上げる。なお、テラーは長年ローレンス・リヴァモア国立研究所（Lawrence Livermore National Laboratory）所長を務めた後、この頃はフーヴァー研究所に在籍していた。また、ヘリテージ財団もハイ・フロンティアに関わっており、同財団創設者のエドウィン・フルナーや、このシンクタンクの立ち上げ資金を提供したことで知られるジョセフ・クアーズが、ハイ・フロンティアに参加していた。このように、当初よりハイ・フロンティアはヘリテージ財団との繋がりが強かった。そのため、やがてヘリテージ財団の傘下に組み込まれるのであった(19)。

これらのメンバーからなるハイ・フロンティアは、一九八一年の終わり頃からレーガン政権中枢と定期的に会合をもつようになる。クアーズは長年のレーガンの支援者でもあり、マーティン・アンダーソン国内政策担当大統領補佐官とリチャード・アレン国家安全保障問題担当大統領補佐官は、政権入りするまで、フーヴァー研究所でテラーの同僚であった。また、エドウィン・ミース大統領顧問は、大統領選挙の最中からヘリテージ財団と関係をもち、当時ヘリテージ財団が取り組んでいた『リーダーシップのための負託』を高く評価していた。このような関係から、ハイ・フロンティアのメンバー達は、アンダーソン、ミース、科学問題担当大統領補佐官のジョージ・キーワースといった政府高官と定期的に接触することができ、そうした接触を通じて、運動エネルギー兵器を宇宙に配備する案やX線レーザーを活用する案を繰り返し売り込んでいった(20)。そして、年が明けて早々、ハイ・フロンティアは遂にレーガン大統領本人とも面会する機会を与えられる。

この会合は、レーガン政権の動向において「一大転機」となった。アンダーソンは、この時を振り返り、「大統領にとっての唯一の懸念はミサイル防衛が技術的に可能であるかどうかであった。実際大統領の質問のほとんどはこの技術面の問題に向けられた。そして、会合が終わると大統領は満足している様子であった。明言こそしなかったものの、大統領の態度を見れば大統領が実現可能性について確信したことは間違いなかった」と述べている[21]。

確かに、SDIに関する先行研究が指摘しているように、ハイ・フロンティアの活動が直接SDIへと結び付いたわけではない。SDIの実質部分を立案したのは、レーガン政権内部のごく少数の人々であり、一九八二年の夏頃から国家安全保障問題担当大統領次席補佐官のロバート・マクファーレンと、部下のジョン・ポインデクスターがこの動きを主導した。当時、マクファーレンらはより積極的な国防政策を追求していた。アメリカのICBMが抱える、いわゆる「脆弱性の窓」の問題を解消する切り札と考えていたMXミサイルは、その関連予算が議会において承認されずにいた[22]。また、マクファーレンらは国内の核凍結運動に対しても危機感を募らせており、これを「封じ込める」ことができる、魅力的な政策案を求めていた。こうした中で、マクファーレンらは海軍作戦部長のジェームズ・ワトキンスの協力を得ながら、SDIを立案したのであった[23]。このように、SDIの立案を主導したのは、マクファーレンら政権内部の人々であった。とはいえ、この段階においてもハイ・フロンティアのメンバーは全く無関係というわけではなかった。なかでも、ワトキンスがミサイル防衛の可能性に関心を抱くことになったきっかけは、テラーとの会合であった。テラーの熱意に強く感銘を受け、ワトキンスは「戦略防衛こそ長期的に好ましい抑止の形態をもたらす技術的方策であると確信した」と言われている[24]。

続くブッシュ・シニア政権は、レーガン政権とは対照的に当初保守系シンクタンク関係者を遠ざける傾向があった。レーガンの影を払拭したかったからである。しかし、このようなブッシュ・シニア政権でさえもレーガン政権期に躍進を遂げた保守系シンクタンクを完全に排除することはできず、特に前政権の政策を踏襲した分野では、保守系シンクタンク関係者の助言はある程度受け入れざるを得なかった。それは、ブッシュ・シニア政権のミサイル防衛計画の中身においても同様であった。たとえば、GPALSの柱の一つに採用された宇宙配備の小型運動エネルギー兵器であるブリリアント・ペブルスは、一九八〇年代後半にローレンス・リヴァモア国立研究所において研究されたもので、ハイ・フロンティアのテラーとその弟子のローウェル・ウッドが政府内部に売り込んでいたものであった。最終的に、このブリリアント・ペブルスはジェームズ・エイブラハムソンＳＤＩＯ局長の注意を引き、リチャード・チェイニー国防長官によって承認されたのである(25)。

クリントン政権期の議会共和党との関係　この時期のミサイル防衛の動向に詳しいある議会関係者は、多大な影響力を及ぼした専門家として、フランク・ギャフニーの名前を真っ先に挙げている(26)。ＮＭＤに批判的であった人々も一様にギャフニーの活躍ぶりを認め、ジョセフ・シリンシオーネ・カーネギー国際平和財団不拡散プロジェクト部長は「私は議会で六年間勤務したが、一人のアナリストがあれほどまでの影響力を行使した例を見たことがない」と語っている(27)。

ギャフニーは、代表的な新保守主義者として知られるリチャード・パールの弟子である。一九七〇年代後半にヘンリー・ジャクソン上院議員事務所でパールのもとで働き、レーガン政権でも国防次官補代理として国防次官補のパールに仕えた。レーガン政権時代は「パールの闘犬」との異名をもち、パールを筆頭とする対ソ強硬派の一員として、ギャフニーは政府内部のＳＤＩ反対の声を抑え込むことに精を出した。その後、一九八七年に政府を離れたギャフニーは、レーガン外交のスローガンであった「力による平和」を掲げる安全保障政策センターを立ち上げるが、このシンクタンク設立を後押ししたのもパールであった(28)。

上述した通り、ＮＭＤをめぐり議会共和党はクリントン政権に対して執拗に圧力を掛け続けたが、ギャフニーはこの動きを背後から支えていた一人であった。ギャフニーにとって、ＴＭＤを優先させるクリントン政権の方針は「ＳＤＩを忘却の彼方へ追いやるもの」であり、到底受け入れられるものではなく、議会共和党を通してＮＭＤを強力に推進したのである(29)。

一九九四年中間選挙前に発表された「アメリカとの契約」は、そうしたギャフニーの最初の具体的成果と言えるものであった。ギャフニーは、ギングリッチに対してＮＭＤへの政治的支持は十分にあると訴え、「アメリカとの契約」の中にＮＭＤの早期実現を要求する規定を盛り込むことに成功する。その後も、ギャフニーは議会共和党による一連の立法動向に深く関与するとともに、関係の深いカート・ウェルドン下院議員（ペンシルヴァニア州）を介して、ラムズフェルド委員会の設置を後押しした。これほどまでにギャフニーが共和党内の動向に関与することができたのは、共和党内で豊富な人脈をもっていたからである。安全保障政策センターの内部には、国家安全保障諮問会議（National Security Advisory Council）というグループが設置され、このグループでは、ウェルドンの他に、ボブ・リヴィングストン下院議員（ルイジアナ州）、クリストファー・コックス下院議員（カリフォルニア州）、ヘンリー・ハイド下院議員（イリノイ州）、ジョン・カイル上院議員（アリゾナ州）、ボブ・スミス上院議員（ニューハンプシャー州）、ティム・ハッチンソン上院議員（アーカンソー州）、ケイ・ベイリー・ハッチンソン上院議員（テキサス州）、ジェームズ・インホフ上院議員（オクラホマ州）といった、ミサイル防衛を推進する有力共和党議員が名を連ねていたのである[30]。

ギャフニーは、ヘリテージ財団のミサイル防衛研究チーム（Missile Defense Study Team）というグループのメンバーでもあった。レーガン政権期にハイ・フロンティアを通して存在感を発揮したヘリテージ財団は、一九九四年中間選挙が終わると、ミサイル防衛研究チームを発足させる。ギャフニーのほかに、ジェームズ・エイブラハムソン、ヘンリー・クーパー両元ＳＤＩＯ局長ら共和党政権の元高官や、ヘリテージ財団研究員のトーマス・ムーアなどから構成されたミサイル防衛研究チームも議会共和党に直接助言を提供し、一九九九年までに『アメリカの防衛（*Defending America*）』という報告書を三本発表した。そして、これら一連の報告書で盛り込まれたアイディアは、有力共和党議員によって実際に活用されていく[31]。

たとえば、『アメリカの防衛』では海上配備オプション（sea-based option）という案を強く提唱した。これは、海軍においてイージス艦搭載用に開発が進んでいたＴＭＤを長距離弾道ミサイルの迎撃にもあたらせるというものであった。海上配備オプションは、既存の技術を転用することから比較的容易にNMDを実現できるものとされ、議会共和党にとっても非常に魅力的なアイディアとなった[32]。事実、一九九九年に技術上可能になり次第NMD配備を義務づける本土ミサイル防衛法が成立すると、ジョン・カイルをはじめとする有力共和党議員は最も迅速にNMDを実現できる方策であるとして海上配備オプションを評価し、クリントン政権に対してNMD計画の中に海上配備オプションを含めるよう再三にわたり要求するのであった[33]。

また、『アメリカの防衛』ではABM制限条約からの脱退についても提言していた[34]。後述するように、ミサイル防衛を支持する人々の間では、一九七〇年代以降MADに対する批判が高まっていく。当然、MADの戦略観を反映しミサイル防衛に著しい制約を課すABM制限条約に対する批判も根強く存在していた。確かに、レーガン政権において「広義解釈」が採用されたように、冷戦時代はABM制限条約からの脱退を求める声は少数にとどまっていたものの、冷戦が終結し新たな安全保障環境が出現すると、こうした声が一気に噴出してくる。そして、このリーダー格がレーガン政権元高官のダグラス・ファイスであった。ギャフニーと同じく、ファイスもパールの弟子の一人であった。ファイスは、一九七〇年代半ばにジャクソン上院議員事務所に出入りするようになり、そこでパールから直接教えを受ける。そして、レーガン政権が発足すると国防次官補代理として、再びパールの部下となる[35]。

クリントン政権期、ファイスは大手法律事務所に勤務する傍ら、旧友であるギャフニーが設立した安全保障政策センターの理事長を務める。ここで、ファイスはミサイル防衛の研究に集中的に取り組み、一九九五年に「国際法上、締約国の一つであるソ連が消滅した以上、ABM制限条約は自動的に失効したと考えることができる」との文書を纏める。ABM制限条約を冷戦時代の遺物であるとするこのファイスの議論は、ミサイル防衛研究チームなどを通じて広まり、ジェシー・ヘルムズ上院外交委員長（ノースカロライナ州）ら有力共和党議員の主張となるのであった[36]。

ブッシュ政権との関係　ブッシュ政権期においては、レーガン政権期のハイ・フロンティアやクリントン政権期の安全保障政策センターに匹敵するような活動はほとんど見られなかった。しかし、それは保守系シンクタンクの影響力が皆無であったことを意味するものではない。むしろ、それ以前まで保守系シンクタンクを拠点に活動していた人々が政府要職に就き、そうした人々を通して保守系シンクタンクが以前から唱えていたアイディアがブッシュ政権のミサイル防衛計画の中に盛り込まれていったのである。

ドナルド・ラムズフェルドは、正しくブッシュ政権と保守系シンクタンクの関係を象徴する人物であった。フォード政権の国防長官退任後、ラムズフェルドはしばらく民間企業の役員を務めていたが、クリントン政権の頃には政界復帰を本格的に目指すようになり、その手段として保守系シンクタンクに接近していく。ギャフニーの安全保障政策センターは、ラムズフェルドが関係をもった保守系シンクタンクの一つであった。多額の寄付を提供するだけでなく、ギャフニーが「非公式顧問」あるいは「特別の友人」と呼んだように、ラムズフェルドは安全保障政策センターの活動にも深く関与した(37)。そして、こうした保守系シンクタンクとの関係を通じてラムズフェルドはミサイル防衛を推進していく。なお、フォード政権期にセーフガードの追加配備を支持したように、ラムズフェルドは元々ミサイル防衛推進論者でもあった(38)。

こうした中で、ラムズフェルドは、自らが委員長を務める議会の諮問委員会において「ならず者国家」の脅威を説くことで注目を集め、遂に政治の表舞台への復帰を果たす。そして、このラムズフェルドの政界復帰は、当時大統領選挙への準備を進めていたブッシュの目に留り、一九九九年の春にラムズフェルドは、ブッシュ側の求めに応じて面談し、弾道ミサイルの脅威についてブリーフィングを行う。以来、定期的にブッシュに助言を提供するようになるが、ラムズフェルドは陣営内部の一アドバイザーにとどまらなかった。選挙戦の最中から、ミサイル防衛の研究に従事する独自のグループを率いて新政権に備えていたのである(39)。そのため、ラムズフェルドの国防長官就任はミサイル防衛をめぐる新政権の動きに大きな勢いをもたらすことになった。事実、ブッシュ政権発足直後から、ラムズフェルドの号令のもと政府内部においてミサイル防衛計画作りが着手される。そして、この過程において保守系シンクタンクによって以前から唱えられてきたアイディアが取り入れられていくのであった。

ヘリテージ財団のミサイル防衛研究チームが『アメリカの防衛』において提言していた海上配備オプションは、その一つであった。海上配備オプションは、ジョン・カイルら有力共和党議員が強く支持していたことに加え、政権内部でも国家安全保障問題担当大統領次席補佐官のスティーブン・ハドレーらが熱心に擁護していた。そのため、海上配備オプションはひと際注目され、イージスBMDという新たな名称のもとミサイル防衛計画の柱に据えられていく。なお、ハドレー自身もクリントン政権期に保守系シンクタンクと関係を深めていた人物であり、全米公共政策研究所（National Institute for Public Policy）などの会合に頻繁に顔を出していた[40]。

また、一九九〇年代半ば以降、ミサイル防衛を支持する専門家の間でABM制限条約からの脱退を求める声が増大していったが、この脱退論のリーダー格であったファイスは国防次官に就任し、同じく安全保障政策センターの役員であったロバート・ジョセフは国家安全保障会議上級部長に任命される。なかでも、ジョセフはABM制限条約からの脱退を示唆した二〇〇一年五月のブッシュ演説から、同年一二月の脱退表明に至る政策作りを一貫して指揮し、事実上ブッシュ政権内部の動きを主導したと考えられている。二〇一二年六月に、ヘリテージ財団はABM制限条約脱退一〇周年を記念するシンポジウムを開いているが、このシンポジウムに講演者の一人として招かれたファイスは、ジョセフについて「脱退までの数々の難しい決定において真の中心的プレーヤーであった」と評している[41]。

以上のように、特にブッシュ政権の初期の動向においては保守系シンクタンクの影響を少なからず認識することができる。なお、オバマ政権との関連では、上述した通り前共和党政権のミサイル防衛計画の多くを受け継いだこともあり、保守系シンクタンクの間でミサイル防衛を強力に推進する動きが展開されることはなかった。

三　中期的影響力

次に、保守系シンクタンクは課題設定（アジェンダ・セッティング）への関与を通じた中期的影響力として主に二つの課題を広めることに成功した。具体的には、冷戦期にMADをめぐる問題を強調し、また冷戦後はアメリカが新たな脅威に直面していると警鐘を鳴らすことで、ミサイル防衛の構築が必要であるとの根拠を提示したのである。

MADをめぐる道徳上の問題の訴え　一九六〇年代までに、アメリカの冷戦戦略の主流となったMADの戦略観のもとでは、ミサイル防衛の導入はむしろ米ソ間の戦略的不安定をもたらすものとして退けられた。その後もMADの戦略観は影響力を持ち続けていくが、その一方で一九七〇年代に入るとこれを真正面から批判する議論が現れるようになる。ハドソン研究所のドナルド・ブレナンはこの種の議論を先導した専門家であった。

一九六一年にランド研究所出身者のハーマン・カーンによって設立されたハドソン研究所は一九六〇年代末頃からブレナンの存在により、ミサイル防衛を求める動きに徐々に関わるようになるが、ブレナンは、「人に危害を与えないとの理由から防衛こそ人道的であり、本質的に好ましい」との考えの持ち主であった。そのため、このような考えをもつブレナンにとって、核攻撃に対する防御手段をもつことを否定するMADは受け入れられるものではなかった。

一九七〇年代初頭から、ブレナンは議会の公聴会などでMAD批判を広めていく。ブレナンは、技術上の問題や国際政治の現実から他に選択肢がないのであれば受け入れざるを得ないとしても、これを好ましいもの、すなわちABM制限条約が前提としているように軍備管理交渉の目標に設定することは全くもって奇妙であると訴えるようになる。そして、上院においてABM制限条約が批准されると、ブレナンはその後繰り返し引用されることになるMADをめぐる有名な批判を行う。ブレナンは、敵の攻撃に対して罪のない無数の民間人を無防備な状態に晒す戦略は明らかに道徳に反しており、これを目標に掲げることは、文字通り「狂気の沙汰（mad）である」と主張し、その後このような主張を『ナショナル・レビュー』誌をはじめ様々な媒体で訴えるのであった。[42]

以上のMADをめぐる道徳上の問題の訴えはあまりにも単純明快であったが故に、多くの人々の注意を引きつけることに成功する。そして、やがてミサイル防衛を支持する重要な根拠として、政治家の間でも公の場で主張されるようになるが、その中にはレーガンも含まれていた。一九八〇年大統領選挙前年の北米防空指令部への視察後、レーガンはいかなる理由であれソ連から核ミサイルが発射された場合、「アメリカの大統領には二つの選択肢しかない。すなわち、核ボタンを押すか、あるいは何もしないかである。しかし、いずれも間違っている」と述べたように、MADは道徳上正当化できないと非難したのであった。[43]

新たな「脅威」の強調　冷戦が終結すると、アメリカに対する直接的な脅威は大幅に減少したとの脅威評価が示されるようになり、この評価に基づきクリントン政権はアメリカ本土の防衛を目的としたNMDにブレーキを掛ける。こうした動きに対して、議会共和党はクリントン政権の脅威評価を否定することを試みるが、この場面においても保守系シンクタンクは少なからず関与していた。一九九〇年代半ばより、ヘリテージ財団のミサイル防衛研究チームを筆頭に保守系シンクタンクは、イランやイラク、そして北朝鮮が弾道ミサイルの開発を非常に早いペースで進めており、これら「ならず者国家」の動向が近い将来アメリカにとっての大きな脅威になると盛んに煽り立てていたのであった。[44]

実は、このような脅威を強調する手法は保守派の伝統と言えるものであり、その最たる例がフォード政権末期にブッシュCIA長官によって設置された専門家委員会である「チームB（Team B）」であった。ポール・ニッツェやリチャード・パイプスら当時の対ソ強硬派の面々が集結したチームBは、当時の「国家情報見積り」についてソ連の軍事的脅威を過小に評価しているとこき下ろし、対ソ・デタント批判を広める原動力になったことで知られる。[45] ヘリテージ財団のミサイル防衛研究チームはこの伝統を受け継ぐものであり、実際研究チームの別称は「チームB」と名付けられた。

ミサイル防衛研究チームなどが展開した「ならず者国家」の脅威論はラムズフェルド委員会へと継承されていく。ラムズフェルド委員会は、民主・共和両党の関係者が委員に任命され、形式上は超党派の体裁をとっていた。しかし、委員の任命に関して多数党の共和党が委員六名を任命できたのに対して、少数党の民主党が任命できたのはわずか三名に過ぎず、そのため委員会ではミサイル防衛推進派の声が多数派であった。共和党任命の委員は、ラムズフェルド、ウィリアム・シュナイダー、ウィリアム・グラハム、ポール・ウォルフォウィッツ、R・ジェームズ・ウールジー、ラリー・ウェルチであったが、ラムズフェルドの例が示すように、そのほとんどが保守系シンクタンクと繋がりのある人々であり、シュナイダーとグラハムに至ってはミサイル防衛研究チームのメンバーであった。一方、少数党の民主党は、リチャード・ガーウィン、バリー・ブレックマン、リー・バトラーというＮＭＤに懐疑的な専門家を任命したが、委員会の構成から懐疑派は無力であり、最終報告書において新たな脅威論はほぼ「無傷」のまま残ったのである(46)。

クリントン政権の脅威評価を示していた一九九五年の「国家情報見積り」が、核保有国以外で今後一五年以内にアメリカ本土を脅かす弾道ミサイルを取得する国は新たに現れるとは考え難いとしていたのに対し、一九九八年夏に発表されたラムズフェルド委員会の最終報告書は、北朝鮮やイランであれば五年以内、イラクであれば一〇年以内に長距離弾道ミサイルを取得する可能性があると警告を発した。ラムズフェルド委員会は、その悲観的な予測の理由として弾道ミサイル開発のペースを早める諸外国からの技術支援の問題を挙げた。先の「国家情報見積り」では、諸外国からの支援は「不確定要因（wild card）」としてさほど重視されていなかったのに対し、ラムズフェルド委員会は「外国からの支援は不確定要因ではなく、現実に起きていること」と断定した。また、ラムズフェルド委員会はこのような「現実」にもかかわらず、アメリカの情報機関が弾道ミサイル配備に至るまでに何らかの兆候を事前に掴むことはできないであろうとも付け加えたのであった(47)。

ラムズフェルド委員会の悲観的な見通しは、議会共和党の期待に添うものであり、ギングリッチら有力共和党議員は「冷戦終結以降で国家安全保障に関する最も重要な警告である」と述べた。そして、アメリカ政府が意表を突かれることになった、北朝鮮によるテポドン一号の発射は、ラムズフェルド委員会の正しさを裏付けるものとの印象を与えた。こうした中で、クリントン政権もその脅威評価を改めざるを得なくなり、一時的にＮＭＤ配備に傾斜したのであった(48)。

四　長期的影響力

最後に、保守系シンクタンクは、以上の短期・中期の影響力を行使しながら人材の結集・拡大をもたらし、長期的影響力を及ぼしてきたと考えられる。

アイゼンハワー政権期に研究開発が始まったとはいえ、長くアメリカの国防政策においてミサイル防衛の地位は決して高いとは言えなかった。技術的な実現可能性が問題視されていたこと、そして何よりも国防戦略の主流であったＭＡＤの戦略観に反していたことから、セーフガードが配備された一時期を除き、ミサイル防衛は研究開発の域を出ず、これを推進する政治的気運はレーガン政権の登場以前はなかなか盛り上がらなかった。しかしその一方で、専門家のレベルでは、一九六九年の議会審議を通じて既にミサイル防衛支持の人材が結集し始めていた事実は極めて重要であろう。当時、ミサイル防衛への反対論が高まり、ニクソン政権のセーフガードの初年度予算案が上院において否決される可能性が高まる中、対ソ強硬派の専門家が反対論に対抗すべく立ち上がる。このとき、受け皿となったのが保守系シンクタンクの一つの原型とも言える団体であった。そしてこれ以降、保守系シンクタンクはミサイル防衛支持の専門家の拠点として、今日に至るまでミサイル防衛支持の人材を結集するとともに、若手らを取り込むことで人材の拡大に関与してきたと考えられる。

一九六〇年代　対ソ強硬派の専門家は、早くからミサイル防衛の戦略的可能性に注目しており、たとえばアルバート・ウォルステッターは、一九五八年に『フォーリン・アフェアーズ』誌に寄稿した「きわどい恐怖の均衡（Delicate Balance of Terror）」という論文の中で「仮に漏れのない防空システムを手に入れることができたら多くのことが変わるだろう」と述べていた(49)。そのため、セーフガードの審議が紛糾すると、ウォルステッターは、ポール・ニッツェやディーン・アチソンとともに、セーフガードを擁護するキャンペーンを展開し、分別ある国防政策堅持委員会（Committee to Maintain a Prudent Defense Policy）という団体を結成する。この団体では、リチャード・パール、ポール・ウォルフォウィッツ、エドワード・ルトワック、ピーター・ウィルソンという大学院生たちも働いていた。彼らは、ウォルステッターによって集められた人々であり、セーフガード擁護の資料作りを任されただけでなく、ニッツェら重鎮と交流する機会にも恵まれた。後に、ニッツェに関して、パールが「彼の頭脳明晰さには圧倒されるばかりであった。複雑な問題を噛み砕いていく能力には驚かされた」と語っているように、以上の重鎮との交流は若い専門家たちに大きな影響をもたらした(50)。

ハドソン研究所のブレナンがミサイル防衛を求める動きに登場したのも、このセーフガード擁護のキャンペーンからであった。分別ある国防政策堅持委員会と歩調を合わせながら、ブレナンは『なぜＡＢＭか（*Why ABM?*）』という報告書を著し、反対派の主張を徹底的に論破するが、このブレナンの右腕として働いていたのが、ウィリアム・シュナイダーという若手の研究員であった。シュナイダーは、後にヘリテージ財団のミサイル防衛研究チームや、ラムズフェルド委員会に名を連ねる人物である(51)。

一九七〇年代　分別ある国防政策堅持委員会は、あくまでセーフガードの「防衛」を目的としていた団体であったことから、セーフガードが議会で承認されると間もなく解散する。しかし、一九七〇年代に入ると、その他の保守系シンクタンクにおいてミサイル防衛支持の人材が一層組織化され、拡充していくのであった。

まず、ハドソン研究所のブレナンがＭＡＤをめぐる道徳上の問題を訴え、広く注目を集めたことは上述した通りである。また、一九七〇年代半ばにはニッツェやリチャード・パイプスらによって現在の危機に関する委員会が設立されている。無論、現在の危機に関する委員会は事実上ニッツェらがメンバーを務めたチームＢの対外宣伝機関であり、対ソ・デタントを否定することが主たる目的であった。そのため、現在の危機に関する委員会は、ソ連の軍事的脅威を煽りＩＣＢＭや戦略爆撃機など攻撃兵器の拡充を強く提唱したのであり、ミサイル防衛を熱心に推進したわけではない。事実、現在の危機に関する委員会が発表した報告書では、ミサイル防衛についての言及がないこともあった。とはいえ、ニッツェをはじめ現在の危機に関する委員会のメンバーの多くは以前からミサイル防衛を支持する人々であり、その中には後にハイ・フロンティアなどで活躍する人材も含まれていた(52)。

一方、現在の危機に関する委員会が設立されたのとほぼ同じ頃、若手の共和党議員スタッフによって「マディソン・グループ（Madison Group）」という勉強会が活動を始めている。これは、当時ジャック・ケンプ下院議員のスタッフであったウィリアム・シュナイダーが主催していたものであり、フィリップ・クレーン下院議員（イリノイ州）の補佐官で、間もなくヘリテージ財団所長に就任するエドウィン・フルナーや、マルコム・ウォロップ上院議員（ワイオミング州）の知恵袋であったアンジェロ・コデヴィラといった人々が参加していた。シュナイダーが率いていた事実からも明らかなように、このグループはハドソン研究所、特にブレナンと繋がりをもっていた(53)。

このマディソン・グループは、議会内でミサイル防衛をめぐる動きが徐々に盛り上がりつつあることを示していた。実際コデヴィラは、上司のウォロップとともに議会内での活動を活発化させており、ミサイル防衛への支持を広げるため、ロッキード・マーティン（Lockheed Martin）のエンジニアであるマクスウェル・ハンターの助言を得ながら、議員やそのスタッフを対象とした説明会を頻繁に開催していた。当時、ヘンリー・ジャクソン上院議員事務所でパールのもとで働いていたフランク・ギャフニーは、そうした説明会に顔を出していた一人であった。一方、一九八〇年大統領選挙が近づくと、ウォロップらはレーガン陣営に対する働き掛けも強めていった。そして、一九七九年秋にレーガン本人と面会する機会が与えられ、北米防空司令部への視察を終えたばかりのレーガンは、ウォロップの説明に非常に興味を示していたと言われている。確かにレーガン政権発足後、ウォロップとコデヴィラの活動はハイ・フロンティアの影に隠れてしまい、二人はレーガン政権内部の政策立案に直接関与することはできなかったものの、その後もフーヴァー研究所やヘリテージ財団などを舞台にミサイル防衛を推進し続けるのであった[54]。

一九八〇年代　ダニエル・グラハムも、一九八〇年大統領選挙の時点からレーガン本人にミサイル防衛の必要性を直訴していた一人であり、そのあまりの熱意に対して、レーガン陣営内部ではグラハムが専門とする情報の分野についてレーガンに全く説明していないとの不満の声が上がるほどであった[55]。上述した通り、このグラハムがレーガン政権発足後に立ち上げたハイ・フロンティアは、間もなくヘリテージ財団に吸収される。設立当初からヘリテージ財団はミサイル防衛を積極的に推進しており、レーガン政権発足直前に発表した『リーダーシップのための負託』の中でも、後にレーガン政権で国家安全保障会議部長に就任するスヴェン・クラマーらが、ミサイル防衛の実現の必要性を提言していた。こうした背景のもと、ヘリテージ財団はグラハムの動きに接近していき、間もなくハイ・フロンティアは一研究プロジェクトとしてヘリテージ財団に組み込まれるのであった[56]。

ハイ・フロンティアにおける最も著名な人物はエドワード・テラーである。テラーは、ローレンス・リヴァモア国立研究所に在籍していた一九六〇年代半ばから、ミサイル防衛の研究開発に取り組み、一九七五年以降はフーヴァー研究所を拠点としながら、現在の危機に関する委員会などの活動にも関わっていく。こうした中で、テラーは『一九八〇年代のアメリカ（*The United States in the 1980s*）』をはじめ、ミサイル防衛が技術的に有望であることを公の場で積極的に説くようになり、ハイ・フロンティアにも参加するようになった。また、テラーは一九八〇年代半ばからは、ジョージ・C・マーシャル研究所という保守系シンクタンクにも関わりをもつようになる。ジョージ・C・マーシャル研究所は、物理学者のフレデリック・ザイツらが一九八四年に立ち上げたシンクタンクであり、その目的はセーフガード反対論に対抗して結成された、かつての分別ある国防政策堅持委員会と同様、SDI反対派の主張を逐一否定することであった。長年、ミサイル防衛は多くの科学者によって批判され、アメリカ科学者連盟や憂慮する科学者連盟といった団体が、一九六〇年代からミサイル防衛の技術上の問題を幾度となく訴えてきた。SDIをめぐっても、ハンス・ベーテやリチャード・ガーウィンらが「実現可能性は皆無である」と手厳しく批判するレポートを発表していた。こうした反対派に対抗するために、ジョージ・C・マーシャル研究所は設立されたのであり、テラーはこのシンクタンクにおいても中心人物であった[57]。

一九八〇年代末になると、保守系シンクタンクを拠点にミサイル防衛を提唱する人材が大きく膨れ上がる。それは、レーガン政権においてSDIに取り組んだ政府高官が下野し、その多くが保守系シンクタンクに流れたためである。もっとも、こうした人材の一部は以前から保守系シンクタンクと繋がりのあった人々であり、「古巣」に戻ったとの表現の方が正しいかもしれない。レーガン側近のマーティン・アンダーソンはその一人であり、かつて在籍していたフーヴァー研究所に復帰する。また、レーガン政権内部の対ソ強硬派を代表したパールは、国防次官補退任後AEIに加入する。なお、一九七〇年代、パールは分別ある国防政策堅持委員会の解散後も保守系シンクタンクと関わりを保ち、ジャクソン上院議員の補佐官を務める傍ら、現在の危機に関する委員会などと関係をもっていた。

そして、こうした人材を束ねながら急速に頭角を現していったのが、パールの弟子にあたるギャフニーによって設立された安全保障政策センターである。

一九九〇年代　安全保障政策センターは、迅速さを売りとしたシンクタンクであった。「ピザ・チェーン店のような政策ビジネスにおける新たなシンクタンクが必要である。三〇分以内に分析を届けることができなければ、返金しなければならない」というパールの助言に基づき、安全保障政策センターは、政策決定者らに対して日々政策課題に関する大量のファックスを送りつけることで、設立からわずか数年で大きな存在感を発揮していく。同時にこうした機動力とともに、ギャフニーが構築した広範なネットワークも安全保障政策センターの強みであった。クリントン政権が「スター・ウォーズの時代は終わった」と宣言し、アメリカ本土の防衛を目的としたNMDにブレーキを掛ける中で、コデヴィラによる説明会に出席するなど一九七〇年代からミサイル防衛に傾倒していたギャフニーは、「自分が尊敬する、レーガン政権で共に働いた人々を繋ぎ止める」ことで、民主党政権に対抗しようと試みたのである(58)。

安全保障政策センターの内部にある国家安全保障諮問会議は、およそ一〇〇名から構成され、上述したカート・ウェルドンやジョン・カイルら有力共和党議員のほかにも、錚々たる人材が集まった。ミサイル防衛推進論者として有名であったテラーやウォロップ元議員といった人々、ジョージ・キーワース、ウィリアム・グラハム両元科学問題担当大統領補佐官、フレッド・イクレ元国防次官、パール元国防次官補、ドヴ・ザーカイム元国防次官代理、ロバート・ジョセフ元国防次官補筆頭代理、ダグラス・ファイス元国防次官補代理、ヘンリー・クーパー元SDIO局長、シュナイダー元国務次官、エリオット・エイブラムス元国務次官補、ジーン・カークパトリック元国連大使、クラマー元国家安全保障会議部長といった共和党政権の元高官が参加していた。これらの元政府高官の多くは、パール同様、当時、AEI(カークパトリック)、ハドソン研究所（シュナイダー）、倫理・公共政策センター（エイブラムス）といった保守系シンクタンクに在籍していた人々であった。また、ファイスとジョセフは安全保障政策センターの役員を兼任していた。

これだけの人材が集う国家安全保障諮問会議を、ミサイル防衛に利害関心を有する軍需産業が無視するはずがなかった。実際、ロッキード・マーティンからはチャールズ・カッパーマンとダグラス・グラハム、ボーイング（Boeing）からはブルース・ジャクソンとスタンリー・エブナー、レイセオン（Raytheon）からは議員を引退し同社のロビイストに転身したボブ・リヴィングストン、ＴＲＷからはアモレッタ・ホーバーといった人々が国家安全保障諮問会議に参加していた。軍需産業からは安全保障政策センターに対して莫大な資金も流れ込んでおり、年次報告書を見ると、二〇〇〇年の時点で年間予算に占める軍需産業の寄付の割合は一三パーセントに達していた[59]。いずれにせよ、以上の国家安全保障諮問会議に集った人材から、安全保障政策センターが、ミサイル防衛反対派によって「スター・ウォーズ・ロビーの司令塔」と強く警戒されたのは当然であった[60]。

ハイ・フロンティア以来、ミサイル防衛を提唱してきたヘリテージ財団も、反対派から警戒された保守系シンクタンクであった。ヘリテージ財団は、ダニエル・グラハムやテラーをはじめとする、ハイ・フロンティアの主要メンバーとの繋がりを維持していた。グラハムは、他界する直前の一九九五年にミサイル防衛研究チームの設立に立ち会い、テラーは、ヘリテージ財団が一九九四年中間選挙直後に開催した新人共和党議員研修会に招かれ、ここでミサイル防衛の必要性について力説している[61]。また、ギャフニーがミサイル防衛研究チームのメンバーであったことから明らかなように、ヘリテージ財団と安全保障政策センターは協力関係にあった。一八名から構成されたミサイル防衛研究チームには、ギャフニーを筆頭にクーパー、グラハム、イクレ、シュナイダー、ウォロップ、クラマーら安全保障政策センターの関係者一二名が名を連ねており、一方ヘリテージ財団所長のフルナーは安全保障政策センターの国家安全保障諮問会議の一員であった[62]。このような協力関係から、ミサイル防衛研究チームの『アメリカの防衛』における提言が、安全保障政策センターにおいて拡散するという構図が出来上がっていたのである。

ドナルド・ラムズフェルドは、以上の専門家のネットワークを活用して台頭した一人である。クリントン政権期、ラムズフェルドは政界復帰の機会を窺いながら、安全保障政策センターの活動に積極的に関わっていった。一九九八年にラムズフェルドは安全保障政策センターから「炎の守護者（Keeper of the Flame）」という賞を贈られているが、これはギャフニーのシンクタンクとの関係の深さを雄弁に物語っている。また、ラムズフェルドが、ビル・クリストル主宰のシンクタンクである、新アメリカの世紀プロジェクトと関係をもっていたことも広く知られている。新アメリカの世紀プロジェクトの設立趣意書に名を連ね、このシンクタンクが一九九八年にクリントン大統領にイラクのフセイン体制打倒を求める書簡を送った際にも、同書簡に署名している(63)。

二〇〇〇年代　二〇〇〇年大統領選挙において、ラムズフェルドはブッシュの外交チーム、いわゆる「ヴァルカンズ」には属していなかったものの、コンドリーザ・ライス、パール、ウォルフォウィッツ、スティーブン・ハドレーらヴァルカンズの主要メンバーらを集めて、ミサイル防衛について集中的に検討していた。このグループは、フーヴァー研究所のマーティン・アンダーソンの提案に基づき設置されたものであり、以上の面々の他に、ジョージ・シュルツや、物理学者でテラーの弟子のローウェル・ウッドらも参加していた(64)。

ラムズフェルドの研究グループは、保守系シンクタンクを拠点にミサイル防衛を提唱してきた人材が新政権において重用されることを示唆していた。事実、安全保障政策センターによると、同センターの国家安全保障諮問会議からは、ファイス国防次官、ザーカイム国防次官、J・D・クラウチ国防次官補、ジョセフ国家安全保障会議上級部長、エイブラムス国家安全保障会議上級部長、シュナイダー国防科学委員会委員長、パール国防政策諮問委員会委員長をはじめ二四名がブッシュ政権入りを果たした(65)。また、国防総省でラムズフェルドの側近であった者達も、クリントン政権期に保守系シンクタンクと関係のあった人々で占められた。たとえば、その一人の国防長官府部長であったスティーブン・カンボーンは、ラムズフェルド委員会のスタッフ・ディレクターを務めて以来、ラムズフェルドから厚い信頼を得ていたが、全米公共政策研究所などの活動にも関わっていた(66)。

ブッシュ政権期においては、前政権のときに繰り広げられた保守系シンクタンクの組織的な活動は見られなかった。それは、以上の動きが示すように「同志」の多くが政府要職に就き、ブッシュ政権が発足直後から本格的にミサイル防衛に取り組んだことで、政府の外側から活動を行う必要がなかったからである。ただし、ブッシュ政権期に保守系シンクタンクがミサイル防衛支持の人材の拠点としての機能を喪失したというわけではない。ブッシュ政権後期になると、政府から保守系シンクタンクへ舞い戻る動きが顕著になっていく。たとえば、ファイスは国防次官を退任した後、ハドソン研究所に移籍している。

本章では、ミサイル防衛の展開において保守系シンクタンクが短期的影響力、中期的影響力、長期的影響力を行使してきたことを明らかにした。そして、次章で取り上げるスクール・バウチャーの展開も、同様に保守系シンクタンクの三つの影響力が観察できる事例である。

（1）梅本哲也「本土ミサイル防衛の展開」森本敏編『ミサイル防衛——新しい国際安全保障の構図』（日本国際問題研究所、二〇〇二年）、三四―三八頁。Bradley Graham, *Hit to Kill: The New Battle over Shielding America from Missile Attack* (New York: Public Affairs, 2001), pp. 10–13.
（2）Donald R. Baucom, *The Origins of SDI, 1944–1983* (Lawrence: University Press of Kansas, 1992), p. 130.
（3）Martin Anderson, *Revolution: The Reagan Legacy* (Stanford: Hoover Institution Press, 1990), pp. 80–83.
（4）Frances FitzGerald, *Way Out There in the Blue: Reagan, Star Wars and the End of the Cold War* (New York: Touchstone Book, 2000), pp. 199–200.
（5）梅本「本土ミサイル防衛の展開」三九―四一頁。
（6）FitzGerald, *Way Out There in the Blue*, pp. 246–255.
（7）パトリオットは、元々航空機迎撃用の地対空ミサイルであったが、技術改良により短距離弾道ミサイルの迎撃にも活用できる可能性が高まり、湾岸戦争直前に実用化された。
（8）梅本「本土ミサイル防衛の展開」四〇―四一頁。
（9）クリントン政権時代、ミサイル防衛計画は本土ミサイル防衛（ＮＭＤ）と戦域ミサイル防衛（ＴＭＤ）と分けて呼ばれていたため、本章でもそのように呼ぶ。

（10）また、レーガン政権以降、ミサイル防衛計画を主導してきた戦略防衛構想局（Strategic Defense Initiative Organization, 以下ＳＤＩＯと略記する）は、クリントン政権において弾道ミサイル防衛局（Ballistic Missile Defense Organization, 以下ＢＭＤＯと略記する）に改組され、国防総省内における地位も低下した。梅本「本土ミサイル防衛の展開」四一―四二頁。

（11）議会共和党は、一九九六年国防授権法案（1996 National Defense Authorization Bill）、米国防衛法案（Defend America Act）（一九九六年）、本土ミサイル防衛法案（National Missile Defense Act）（一九九七年）、米国ミサイル防衛法案（American Missile Protection Act）（一九九八年）と相次いで提出している。ただし、いずれの法案も不成立に終わっている。久保文明「共和党多数議会の「外交政策」――一九九五―二〇〇〇年」五十嵐武士編『太平洋世界の国際関係』（彩流社、二〇〇五年）、一〇七頁。

（12）梅本「本土ミサイル防衛の展開」四二―四四頁。

（13）攻撃する側が仕掛ける対抗措置としては、デコイ（囮弾道）やチャフ（センサー探知妨害）などが代表的である。憂慮する科学者連盟（Union of Concerned Scientists）などのミサイル防衛に批判的な科学者らは、ＩＣＢＭを開発する能力をもつ国であれば、対抗措置を容易に構築できると強調した。Graham, *Hit to Kill*, pp. 218–228.

（14）梅本「本土ミサイル防衛の展開」四四―五二頁。

（15）Graham, *Hit to Kill*, pp. 341–349.

（16）また、ブッシュ政権はミサイル防衛計画を担当してきたＢＭＤＯをミサイル防衛庁（Missile Defense Agency）へと改組し、国防総省における格上げを行った。

（17）*Ibid.*, pp. 357–358.

（18）梅本哲也『アメリカの世界戦略と国際秩序――覇権、核兵器、ＲＭＡ』（ミネルヴァ書房、二〇一〇年）、一八八―一九四頁。Richard Dean Burns, *The Missile Defense Systems of George W. Bush: A Critical Assessment* (Santa Barbara: Praeger, 2010), pp. 121–130.

（19）Baucom, *The Origins of SDI*, pp. 141–155; FitzGerald, *Way Out There in the Blue*, pp. 125–131.

（20）*Ibid.*, pp. 133–135.

（21）Anderson, *Revolution*, pp. 94–96.

（22）五十嵐武士『政策革新の政治学――レーガン政権下のアメリカ政治』（東京大学出版会、一九九二年）、一七九頁。

(23) 同上、一九五―二〇八頁。Baucom, *The Origins of SDI*, pp. 181–196.

(24) FitzGerald, *Way Out There in the Blue*, p. 196; Edward Teller, *Memoirs: A Twentieth-Century Journey in Science and Politics* (Cambridge: Perseus Publishing, 2001), pp. 530–531.

(25) *Ibid*., p. 536; FitzGerald, *Way Out There in the Blue*, pp. 481–482.

(26) 議会関係者（匿名希望）とのインタビュー（二〇一二年三月二〇日）。

(27) John J. Fialka, "Reagan-Aide Seeks to Persuade GOP to Push for Smaller Version of Star Wars Missile Defense," *Wall Street Journal*, April 6, 1996.

(28) Ken Silverstein, *Priate Warriors* (New York: Verso, 2000), pp. 242–244.

(29) Fialka, "Reagan-Aide Seeks to Persuade GOP to Push for Smaller Version of Star Wars Missile Defense."

(30) Michelle Ciarrocca and William D. Hartung, "Axis of Influence: Behind the Bush Administration's Missile Defense Revival," *A World Policy Institute Special Report*, July 2002.

(31) 久保「共和党多数議会の「外交政策」」一〇六―一〇七頁。Maria Ryan, *Neoconservatism and the New American Century* (New York: Palgrave Macmillan, 2010), pp. 46–47.

(32) クリントン政権は、地上配備の迎撃ミサイルによって飛来する弾道ミサイルをその中間段階で撃ち落とすことを目指していたが、ミサイル防衛研究チームは、敵のより近いところにイージス艦は配置できるため、迎撃の範囲が広がり推進段階においても対応できると強調した。Missile Defense Study Team, *Defending America: Ending America's Vulnerability to Ballistic Missiles* (Washington D.C.: Heritage Foundation, 1996), pp. 35–37.

(33) Steven A. Hildreth and Amy F. Wolf, "National Missile Defense: Issues for Congress," *CRS Issue Brief for Congress*, May 2, 2001, p. 6; Graham, *Hit to Kill*, pp. 215–216.

(34) Missile Defense Study Team, *Defending America*, pp. 38–40.

(35) Douglas J. Feith, *War and Decision: Inside the Pentagon at the Dawn of the War on Terrorism* (New York: Harper, 2008), pp. 26–41.

(36) 久保「共和党多数議会の「外交政策」」一〇六頁。Heritage Foundation, "Tenth Anniversary of the Anti-Ballistic Missile Treaty Withdrawal," *Lecture*, February 14, 2013; Jason A. Vest, "The Men from JINSA and CSP," *The Nation*,

September 2/9, 2002.

(37) ウィリアム・D・ハートゥング著、杉浦茂樹ほか訳『ブッシュの戦争株式会社――テロとの戦いでぼろ儲けする悪い奴ら』(阪急コミュニケーションズ、二〇〇四年)、九一―九二頁。

(38) Graham, *Hit to Kill*, p. 350.

(39) ドナルド・ラムズフェルド著、江口泰子ほか訳『真珠湾からバグダッドへ――ラムズフェルド回想録』(幻冬舎、二〇一二年)、三三四頁。James Mann, *Rise of the Vulcans: The History of Bush's War Cabinet* (New York: Viking, 2004), p. 253.

(40) Graham, *Hit to Kill*, pp. 354–355, pp. 360–362.

(41) Heritage Foundation, "Tenth Anniversary of the Anti-Ballistic Missile Treaty Withdrawal"; Ciarrocca and Hartung, "Axis of Influence."

(42) B. Bruce-Briggs, *The Shield of Faith: Strategic Defense from Zeppelins to Star Wars* (New York: A Touchstone Book, 1988), pp. 372–379; FitzGerald, *Way Out There in the Blue*, p. 97.

(43) Anderson, *Revolution*, p. 83.

(44) Missile Defense Study Team, *Defending America*, pp. 15–20.

(45) チームBについては、以下の文献が詳しい。Anne Hessing Cahn, *Killing Détente: The Right Attacks the CIA* (University Park: Pennsylvania State University Press, 1998).

(46) Ryan, *Neoconservatism and the New American Century*, pp. 114–116; Graham, *Hit to Kill*, pp. 34–36.

(47) 梅本「本土ミサイル防衛の展開」四二―四四頁。Graham, *Hit to Kill*, pp. 44–48.

(48) *Ibid*., pp. 48–49; Ryan, *Neoconservatism and the New American Century*, pp. 124–125.

(49) アレックス・アベラ著、牧野洋訳『ランド 世界を支配した研究所』(文春文庫、二〇一一年)、一九二―一九三頁。

(50) Nicholas Thompson, *The Hawk and the Dove: Paul Nitze, George Kennan, and the History of the Cold War* (New York: Picador, 2009), pp. 223–225.

(51) Bruce-Briggs, *The Shield of Faith*, pp. 307–316.

(52) *Ibid*., pp. 390–392; Jerry W. Sanders, *Peddlers of Crisis: The Committee on the Present Danger and the Politics of Containment* (Cambridge: South End Press, 1983).

(53) Bruce-Briggs, *The Shield of Faith*, pp. 350–351.

(54) Baucom, *The Origins of SDI*, pp. 123–129; FitzGerald, *Way Out There in the Blue*, pp. 122–125.

(55) *Ibid*., pp. 124–130.

(56) Heritage Foundation, *Mandate for Leadership: Policy Management in a Conservative Administration* (Washington D.C.: Heritage Foundation, 1981), p. 118; Baucom, *The Origins of SDI*, pp. 149–150.

(57) Edward Teller, "Technology: The Imbalance of Power," in Peter Duignan and Alvin Rabushka, eds., *The United States in the 1980s* (Palo Alto: Hoover Institution, 1980), pp. 519–520; Naomi Oreskes and Eric M. Conway, *Merchants of Doubt: How a Handful of Scientists Obscured the Truth on Issues from Tabacco Smoke to Global Warming* (New York: Bloomsbury Press, 2010), pp. 54–59.

(58) Peter H. Stone, "Ice-Cold Warrior," *National Journal*, December 23, 1995.

(59) Center for Security Policy, *2001 Annual Report*.

(60) ハートゥング『ブッシュの戦争株式会社』八八頁。

(61) Timothy J. Burger and Mary Jacoby, "In Baltimore, Frosh Pledge 'Revolutution'," *Roll Call*, December 12, 1994.

(62) Missile Defense Study Team, *Defending America*, p. 2.

(63) ハートゥング『ブッシュの戦争株式会社』九一―九二頁。Bradley Graham, *By His Own Rule: The Ambitions, Successes, and Ultimate Failure of Donald Rumsfeld* (New York: Public Affairs, 2009), pp. 183–184.

(64) Mann, *Rise of the Vulcans*, p. 253.

(65) Center for Security Policy, *2002 Annual Report*.

(66) Graham, *Hit to Kill*, p. 186, p. 259.

第六章　スクール・バウチャーと保守系シンクタンク

本章では、スクール・バウチャーをめぐる動向を取り上げる。スクール・バウチャーは、近年のアメリカの公教育改革において注目されている学校選択制度の一つであり、長年にわたり保守系シンクタンクが提唱してきた政策案である。そこで、本章ではミサイル防衛の事例と同様、保守系シンクタンクが①政策立案への関与を通じた短期的影響力、②課題設定（アジェンダ・セッティング）への関与を通じた中期的影響力、③人材面での関与を通じた長期的影響力、これらの三つの影響力を行使することで、スクール・バウチャーという政策案を推進してきたことを明らかにしたい。

第一節　スクール・バウチャーをめぐる動向

一　スクール・バウチャーの起源

スクール・バウチャーとは、政府が発行するバウチャー（授業料振替券）をもとに、親達が子供の通う学校を公立・私立を問わず自由に選択できる政策である。このスクール・バウチャーの生みの親は、経済学者のミルトン・フリードマンである。フリードマンは、一九六二年に発表した『資本主義と自由（*Capitalism and Freedom*）』などで公立学校制度に内在する問題を解決する手段として、スクール・バウチャーを提唱したのであった。

フリードマンの議論の要点は、以下の通りである。伝統的な公立学校制度は政府の独占的な運営であり、各学校はその水準にかかわらず、生徒と予算を保証されている。そのため、公立学校は質の高い教育を提供し、親の要望に応えるといった努力を行おうとせず、凡庸さを育んでいる。これに対して、スクール・バウチャーのもとでは、公立学校も親達の支持を求めて競争せざるを得なくなり、こうした学校間の競争によって自ずと全体の教育水準は向上する。フリードマンはこのように、スクール・バウチャーの意義を論じたのであった(1)。

要するに、スクール・バウチャーの核心とは、公教育に市場原理を導入するという斬新なものであったが、この政策案に多くの支持が集まることはなかった。当時の公共哲学に明らかに反するものであったからである。積極的な政府路線を無批判に支持する風潮は、教育の分野にも及びつつあった。憲法の規定により教育の第一義的権限は州政府にあるが、一九六五年の初等・中等教育法（Elementary and Secondary Education Act）の制定により、教育の分野でも連邦政府の役割が拡大しつつあったのである。このような時代環境では、スクール・バウチャーが好意的に受け止められることはなかった(2)。

その後、一九七〇年代に入るとやや状況が変化していく。この頃、巻き返しを図っていた保守派がスクール・バウチャーを提唱するようになり、また興味深いことに一部のリベラル派の学者も関心を示すようになる。無論、リベラル派が唱えたスクール・バウチャーはフリードマンのそれとは異なっていた。フリードマンが提示した案では、すべての生徒に同額のバウチャーを支給することなどを前提とした「規制のないバウチャー」であったのに対し、社会学者のクリストファー・ジェンクスらリベラル派の学者が唱えた案とは、再分配政策の一環として低所得者層の利益となるよう設計されたものであり、低所得者層の生徒に対してより多額のバウチャーを提供する「規制されたバウチャー」であった(3)。

いずれにせよ、一部の専門家の間で評価されるようになったといっても、政治的にスクール・バウチャーの実現可能性は皆無であった。スクール・バウチャーをめぐっては、民主党の主要支持団体が強硬に反対するという、もう一つの障害が存在したのである。全米教員組合（National Education Association）やアメリカ教員連盟（American Federation of Teachers）は、スクール・バウチャーの導入によって各公立学校は生徒や予算を奪われ、公立学校制度そのものが根底から脅かされると主張した。また、アメリカ市民的自由連合（American Civil Liberties Union）などは、バウチャーが宗教系私立学校の授業料として用いられれば、政府が直接宗教を支援していることにほかならず、政教分離に違反すると主張した。さらに、全米有色人種地位向上協会（National Association of Colored People）などの公民権団体は、白人の親達に黒人の生徒が通学する学校を避ける手段を与えることになり、人種分離の問題が一層悪化すると主張したのであった。このような政治の現実もあり、一九七〇年代においてもスクール・バウチャー導入に向けた政治的気運が盛り上がることはなかった(4)。

二　レーガン、ブッシュ・シニア両政権の動向

しかし、一九七〇年代の終わりを迎える頃には積極的な政府路線への批判が増してくる。そして、このような公共哲学をめぐる変化を体現し、小さな政府や市場の役割を強調するレーガン政権の発足は、スクール・バウチャーにとっても大きな追い風をもたらすことになった。

レーガン政権は、教育の分野でも選択と競争こそが学校改善の鍵であると唱え、スクール・バウチャーを支持し、一九八三年以降三度にわたり関連法案を提出する。いずれの法案もフリードマンの案ではなくジェンクスの案に沿うものであり、主に低所得家庭の生徒を対象とするものであった。無論、レーガン政権がそのような法案を提出したのはジェンクスの主張を受け入れたというよりは、むしろ広範な支持を期待できるとの政治的判断が大きく、まず政治

的により可能性のあるスクール・バウチャーを実現させた上で、その後、対象を徐々に拡大させていくという戦略であった。なお、この戦略はその後のスクール・バウチャー推進派の間でも採用される。とはいえ、この時点ではいかなるスクール・バウチャーも政治的には時期尚早であった。民主党議会の抵抗から、関連法案はすべて満足に審議されることなく廃案となってしまう。しかし、立法化の試みはすべて失敗に終わったとはいえ、レーガン政権の動向は次の二つの意義を有していた。一つは、それまで専門家内部の議論にとどまっていたスクール・バウチャーを具体的な政策案へと引き上げ、これへの関心を高めたことであった。もう一つは、一九八三年にテレル・ベル教育長官の諮問委員会（National Commission on Excellence in Education）によって発表された『危機に立つ国家（*A Nation at Risk*）』の影響である。『危機に立つ国家』は、諸外国の生徒に比べてアメリカの生徒の学力が劣っているとして、「我々の将来を脅かす凡庸さが高まっている」と警鐘を鳴らす。この警鐘は、教育界はもとより一般のレベルにおいてもセンセーショナルに取り上げられ、教育の現状に対する悲観論を巻き起こし、その後の州レベルを中心としたスクール・バウチャーを含む教育改革の火付け役となったのである。[5]

　続くブッシュ・シニア政権は、当初スクール・バウチャーから距離を置く一方で、チャーター・スクール（charter school）など党派対立が乏しい公立学校制度の枠内の学校選択を支持した。[6] しかし、一九九二年大統領選挙が近づくにつれ、保守派の支持を繋ぎ止める狙いから、ブッシュ・シニア政権もスクール・バウチャーを推進する姿勢に転じる。すなわち、ブッシュ・シニア政権は、一九九一年の「二〇〇〇年のアメリカ（American 2000）」という教育戦略の一項目でスクール・バウチャーを取り上げたのに続き、翌年には最終的に議会において廃案となったものの、低所得家庭の生徒に対するバウチャー支給を定めた、子供のためのGI法案（GI Bill for Children）を提出している。ちなみに、二〇〇〇年のアメリカについて付言すると、その主眼は一定の学力水準の達成等を目指す、いわゆる「スタンダード教育改革」であり、この流れはクリントン、ブッシュ両政権へと受け継がれていく。[7]

三　一九九〇年代の州レベルの動向

ただし、一九九〇年代のスクール・バウチャーをめぐる主役は、連邦レベルではなく州レベルであった。『危機に立つ国家』において「国家的危機」と表現された公教育の現状は、教育の第一義的権限を有する州レベルにおいて、より深刻なものとして受け止められていく。その結果、各州では様々な教育改革が実施されていくが、いくつかの州では共和党知事の主導のもとスクール・バウチャーが強力に推進されていく。

ウィスコンシン州はこの先陣を切った州である。当時、ウィスコンシン州でも州内最大学区であるミルウォーキー市学区の現状をめぐり懸念の声が高まる中、一九八七年に州知事に就任した共和党のトミー・トンプソンは、教育政策の目玉としてスクール・バウチャーを打ち出す。そして、最終的にトンプソンの改革は、二つの集団の支持を背景に本格的なスクール・バウチャー運動へと発展し、反対派の強固な抵抗という障害を乗り越え、全米で初となるスクール・バウチャーを実現させる(8)。

まず、トンプソンの改革に対しては、同州に本部がある保守系財団のブラッドレー財団を中心に地元ビジネス・コミュニティがいち早く支持を表明する。ブラッドレー財団会長のマイケル・ジョイスは教育問題に精通しており、スクール・バウチャー支持で地元ビジネス・コミュニティを結束させたのであった。加えて、トンプソンはミルウォーキー市内の黒人層からの支持も確保する。本来、都市部に住む黒人層は民主党支持層であるものの、ミルウォーキー市在住の黒人層は子供達が劣悪な公立学校に通わざるを得ないことに不満を抱いていた。州下院議員のポリー・ウィリアムズは、こうした不満を代弁していた政治家であった。かつてジェシー・ジャクソンの選挙運動を手伝った経験を有するなど、ウィリアムズは典型的な民主党リベラル派の政治家であったが、彼女も子をもつ親として市内の公立学校に対して批判的であり、次第にトンプソンの改革に共鳴するようになり市内の黒人層を束ねていったのである。

それまで、スクール・バウチャーが専ら共和党や保守派によって提唱されてきたことを考えれば、ウィスコンシン州の動向が民主党支持層にも支持を広げたことは画期的であった[9]。

このように、地元ビジネス・コミュニティと市内黒人層という二つの集団の支持を確保したトンプソンは、反対派の抵抗を乗り越え、一九九〇年にミルウォーキー市の低所得家庭の生徒一〇〇〇名を上限とした「ミルウォーキー・ペアレンタル・チョイス・プログラム（Milwaukee Parental Choice Program）」を制定する。その後、一九九四年州議会選挙において共和党が多数党の座を奪還すると、翌年トンプソンは生徒数の上限を一万五〇〇〇名にまで大幅に引き上げるとともに、当初のプログラムでは民主党の反発から断念せざるを得なかった宗教系私立学校の参加を認める改正法案を成立させる。アメリカでは、私立学校の多くが宗教系、なかでもカトリック系であり、スクール・バウチャーにおいて宗教系私立学校の参加が認められないと、親達が選択できる私立学校の範囲は自ずと限られてしまう。そのため、トンプソンは宗教系私立学校の参加を認める法改正を目指したのである[10]。

同じ頃、オハイオ州でもスクール・バウチャー運動が盛り上がりを見せていた。共和党のジョージ・ボイノヴィッチ州知事のもとに、企業家のデイヴィッド・ブレナンを筆頭とするビジネス・コミュニティ、そしてクリーヴランド市議会議員のファニー・ルイスら同市の黒人層が結束した結果、一九九五年にクリーヴランド市の低所得家庭の生徒を対象とした「クリーヴランド・スカラーシップ・チュータリング・プログラム（Cleveland Scholarship Tutoring Program）」が成立する。このプログラムでは、およそ二〇〇〇名の生徒が参加し、また当初から宗教系私立学校の参加も認めていた[11]。それから四年後、フロリダ州でも教育改革を最優先公約に掲げたジェブ・ブッシュ州知事のリーダーシップのもとで、「フロリダ・Aプラス・オポチュニティ・スカラーシップ・プログラム（Florida A + Opportunity Scholarship Program）」が導入される。このプログラムは、ミルウォーキー市やクリーヴランド市のプログラムとは異なり、特定の都市ではなく州内全域を対象とし、同州が要求する学力水準を満たさない公立学校に通う生徒に対してバウチャーを支給し、転校を認めるというものであった。なお、フロリダ州のプログラムでも、宗教系私立学校の参加が認められた(12)。

一方で、上記の三州以外では反対派の抵抗を前にスクール・バウチャーを求める動きはすべて挫折している。一九九〇年代を通じて公立学校選択のチャーター・スクールが多くの州に拡大していった状況とは対照的であった。ニュージャージー州では、共和党のクリスティン・ウィットマン州知事やブレット・シャンドラー・ジャージーシティ市長らが、同市でのスクール・バウチャー導入に意欲を見せたものの、教員組合を筆頭とする抵抗により、州議会において関連法案が否決されてしまう。同じく、ペンシルヴァニア州、アリゾナ州、テキサス州、カリフォルニア州、コロラド州などでも、スクール・バウチャーの立法化の試みは失敗している(13)。要するに、一九九〇年代のスクール・バウチャーを求める動きは一面で敗北の連続であった。とはいえ、ウィスコンシン州など一部の州においてスクール・バウチャーが実現したことは、かつてに比べその政治的な実現可能性が格段に高まったことを意味していた。そして、こうした州レベルにおける進展は徐々に連邦レベルへと波及していくのである。

四　ブッシュ政権の動向

クリントン政権は、チャーター・スクールなどの公立学校選択やスタンダード教育改革を推進し、後者については一九九四年に目標二〇〇〇年――アメリカ教育法（Goals 2000: Educate Americans Act）とアメリカ学校改善法（Improving America's School Act）という、二つの成果を挙げる。その一方で、教員組合等から支援を受ける民主党政権は、当然スクール・バウチャーに反対であった。とはいえ、ウィスコンシン州などの動きや、一九九四年中間選挙での共和党の大勝を受けて、一九九〇年代後半になると、スクール・バウチャーを取り巻く状況に変化が生じ始める。すなわち、ディック・アーミー下院共和党院内総務（テキサス州）が中心となって関連法案が提出されるなど、議会内でスクール・バウチャーを求める気運が次第に高まっていく[14]。

こうした中で、ブッシュ政権が誕生する。言うまでもなく、教育政策におけるブッシュ政権の最大の業績とは、政権初期の落ちこぼれを作らないための法律（No Child Left Behind，以下NCLBと略記する）である。NCLBは典型的なスタンダード教育改革であり、クリントン政権期に制定された法律からさらに踏み込んで、一定の学力水準を達成できない公立学校に対して、生徒の転校や補習の提供、さらには学校の再編といった制裁措置を科すものであった[15]。ただし、NCLBはブッシュ政権がスクール・バウチャーに消極的であったことを意味するものではない。ブッシュ自身、以前からスクール・バウチャーに好意的であり、それはNCLBの法案審議の段階でも表れていた。NCLBでは成績不振の公立学校に対する最も強い制裁措置としてチャーター・スクールへの転換を定めていたが、当初の法案ではそのような公立学校に通学する生徒にバウチャーを支給する規定も盛り込んでいた[16]。予想された通り民主党が猛反発を示したことで、ブッシュ政権は法案の成立を優先し、スクール・バウチャーの規定については断念したという経緯があった[17]。

その後、NCLB成立から間もなく、連邦最高裁判所がスクール・バウチャーをめぐる重要な判決を下す。ウィスコンシン州やオハイオ州でスクール・バウチャーが導入されると、反対派は政教分離の問題を挙げて違憲訴訟を相次いで提起するが、この一連の訴訟は最終的に連邦最高裁判所にまで持ち込まれた。そして、二〇〇二年夏、連邦最高裁判所はクリーヴランド市のプログラムをめぐる訴訟において反対派の主張を退け、スクール・バウチャーに合憲の判断を下す。この判決は、スクール・バウチャーにとって更なる追い風となり、翌年初めにブッシュ政権はワシントンD・Cを対象としたスクール・バウチャーを実現させると宣言する[18]。

この頃になると、ワシントンD・Cにおいてもウィスコンシン州やオハイオ州で見られたスクール・バウチャーを求める運動が生まれており、政治的に機が熟しつつあった。不動産業を営むジョセフ・ロバートを筆頭に地元ビジネス・コミュニティは、スクール・バウチャーを熱心に支持していた。また、市内の黒人層もヴァージニア・ウォルデン・フォードという活動家の活躍によりスクール・バウチャー支持で固まり、さらには地元民主党政治家の中からも、市長のアンソニー・ウィリアムズのようにスクール・バウチャー支持に転じる者が現れていた。上記の最高裁判所判決に加えて、このような市内の変化もあり、ブッシュ政権はワシントンD・Cにおけるスクール・バウチャーの導入に本格的に乗り出し、二〇〇四年初頭に関連法案が歳出法案の中に挿入される形で成立する。「D・Cオポチュニティ・スカラーシップ・プログラム（D.C. Opportunity Scholarship Program）」と呼ばれる同プログラムは、参加資格をNCLBの基準に満たない公立学校の生徒とし、上限を一七〇〇名と定めた。また、ウィスコンシン州などと同様、このプログラムにおいても宗教系私立学校の参加が認められた(19)。

こうして、連邦政府予算では初となるスクール・バウチャーが実現されたが、その後のオバマ政権発足に際しては、このプログラムが継続されるかどうか注目が集まった。オバマ自身、多くの民主党政治家と同様、公立学校に向けられるはずの予算が奪われると主張してスクール・バウチャーに反対の立場であったからである。しかし、オバマ政権においてもD・Cオポチュニティ・スカラーシップ・プログラムは一時の中断はあったものの、議会共和党が継続を強く要求したため廃止されることはなかった。

第二節　保守系シンクタンクの政治的影響力

一　スクール・バウチャー支持の保守系シンクタンク

前章のミサイル防衛の事例と同様、保守系シンクタンクは、①政策立案への関与を通じた短期的影響力、②課題設定（アジェンダ・セッティング）への関与を通じた中期的影響力、③人材面での関与を通じた長期的影響力、以上の三つの影響力を行使し、スクール・バウチャーの推進において不可欠な存在であったと考えられる。

スクール・バウチャー支持の保守系シンクタンクの筆頭としては、ヘリテージ財団とフーヴァー研究所が挙げられる。ヘリテージ財団は、一九七〇年代初頭の設立直後から教育政策の研究にも取り組み、特にスクール・バウチャーの推進に力を入れてきた。フーヴァー研究所は、長くミルトン・フリードマンが在籍した事実が示すように、この政策案の理論的拠点であった。これらの他では、ハドソン研究所、マンハッタン政策研究所、ＡＥＩといった保守系シンクタンクもスクール・バウチャーの推進に少なからず関わってきた。

また、以上の大手の保守系シンクタンクと比べると知名度は低いものの、レーガン政権の元教育省高官らによって設立されたエンパワー・アメリカや教育改革センター（Center for Education Reform）なども、一九九〇年代以降スクール・バウチャーを求める動きで大きな存在感を発揮した保守系シンクタンクである。さらに、同時期には各州においてこの次元の政策課題に特化する「州レベルの保守系シンクタンク」が拡大するが、こうした「地元密着型」の保守系シンクタンクも、それぞれの地元でスクール・バウチャーを求める動きにおいて欠かせない存在であった。

二　短期的影響力

長く教育政策の専門家の間では、教育の現実を無視しているとしてスクール・バウチャーに批判的な声が大勢であった。このような教育界の状況から、保守系シンクタンクは数少ないスクール・バウチャー支持の専門家集団として、共和党政治家に対する貴重な専門知識・人材の供給源となり、レーガン政権からブッシュ政権に至る各局面で政策立案に深く関与することを通じて短期的影響力を及ぼすのであった。

レーガン、ブッシュ・シニア両政権との関係　まず、レーガンとの関係ではミルトン・フリードマン本人の影響は無視できない。カリフォルニア州知事時代から、レーガンはフリードマンとの交流を通して、スクール・バウチャーという政策案に親しんでいた。レーガンの側近で副知事を務めたジョン・ハーマーによると、二人の交流は一九七〇年代前半の時点まで遡る[20]。その後、二人の関係は一九七〇年代後半以降、一層深まっていく。フリードマンは一九七七年にフーヴァー研究所に移籍し、一九八〇年大統領選挙において同じくフーヴァー研究所のマーティン・アンダーソンがレーガン陣営の国内経済政策チームを組織した際にはその主要メンバーとして名を連ねたのであった[21]。

ただし、フリードマンがスクール・バウチャーをめぐるレーガン政権の動向に関与した形跡はない。レーガン政権の動向に実質的に関わったのはヘリテージ財団関係者である。ヘリテージ財団は設立直後から親や家族の選択こそが教育において重視されなければならないと主張し、レーガン政権に対してもスクール・バウチャーの実現を提言していた。すなわち、レーガン政権発足直前に発表した『リーダーシップのための負託』の中に、低所得家庭の生徒に対してバウチャーを支給する案を盛り込んでいた。この時点で、既にヘリテージ財団がリベラル派のジェンクスの案に沿ったスクール・バウチャーを提示していたことは注目されるが、レーガンの側近は教育政策の提言についても大いに参考にすると応じただけでなく、執筆に携わった人々も政府に引き抜いていく。すなわち、教育政策の提言は一一名の専門家によって執筆され、そのうち共和党議員補佐官であったドナルド・セネスとジョージ・アーチボールドの二名がそれぞれ、教育次官補、教育次官補代理に起用されたのであった。また、『リーダーシップのための負託』全体の作業を監督したチャールズ・ヘザリーも教育長官顧問に抜擢される。レーガン政権は、一九八三年に最初のスクール・バウチャー法案を提出するが、上記のヘリテージ財団関係者はその作成に少なからず関与していたのであった[22]。

その後、二期目に入ると全米人文科学基金会長であったウィリアム・ベネットが教育長官に任命されたことで、レーガン政権の動きは加速していく。ベネットは、教育において「内容（content）」、「質（character）」、「選択（choice）」の三つの「C」が重要であると訴え、熱心にスクール・バウチャーを支持していた専門家であった[23]。

一九七〇年代、ベネットは新保守主義者のサークルで活動し、『コメンタリー(*Commentary*)』誌や『パブリック・インタレスト(*Public Interest*)』誌などに時折寄稿していたものの、ワシントン政界でその名が広く知られるような存在ではなかった。このベネットが頭角を現すようになったのは、一九七九年にヘリテージ財団の研究員に採用されてからである。『リーダーシップのための負託』において全米人文科学基金に関する提言を纏めたことで、三八歳という若さでレーガン政権の同基金会長に抜擢される(24)。そして、レーガン政権の二期目に教育長官に任命されると、ベネットは古巣を積極的に活用し、スクール・バウチャーの必要性を訴える『新たな教育のアジェンダ(*A New Agenda for Education*)』という報告書を受け取ったばかりか、この報告書を取り纏めたアイリーン・ガードナーを自らの顧問に起用する。当時、教育省内部ではこうしたベネットとヘリテージ財団の関係の深さについて懸念が表明されるほどであった。いずれにせよ、ヘリテージ財団を重用したベネット主導のもとで、レーガン政権は一九八五年および一九八六年と連続してスクール・バウチャー法案を提出するのであった(25)。

上述した通り、ブッシュ・シニア政権は当初スクール・バウチャーからは距離を置き、公立学校選択を支持していたものの、一九九二年大統領選挙が近づくと保守派の支持を繋ぎ止める狙いから保守色を前面に押し出していく。教育政策でもテネシー州知事時代に教育改革を実現し注目されたラマー・アレクサンダーを新たに教育長官に据え、二〇〇〇年のアメリカや子供のためのＧＩ法案を発表し、それらの中でスクール・バウチャー支持を強調するようになる。

チェスター・フィンという人物はアレクサンダー長官を支えた一人であった。一九七〇年代、ダニエル・パトリック・モイニハン上院議員のもとでキャリアを積んだフィンは、一九八〇年代初頭に保守系財団の一角を占めるオーリン財団から財政的支援を受け、コロンビア大学のダイアン・ラヴィッチとともに、エデュケーショナル・エクセレンス・ネットワーク(Educational Excellence Network)というシンクタンクを立ち上げる。このシンクタンクにおいて、フィンは教育問題に関する論評を活発に行っていたところ、ベネットの注意を引き、レーガン政権二期目に教育長官顧問に起用される。その後、ブッシュ・シニア政権では政府要職には就かなかったものの、フィンは旧知のアレクサンダーの要請を受けて助言を提供するようになり、教育省高官のブルーノ・マンノやスコット・ハミルトン、そして後に教育副長官となるデイヴィッド・カーンズとともに、上記の教育政策の立案に関与したのであった。なお、後述するように、フィンが立ち上げたエデュケーショナル・エクセレンス・ネットワークは、後にハドソン研究所に吸収される(26)。

州レベルの動向との関係　ヘリテージ財団を筆頭とする保守系シンクタンクは、リベラル派に対する政策論争、いわゆる「アイディアをめぐる戦い（war of ideas）」において保守派の一翼を担い、レーガン政権の誕生によってその存在感の大きさを広く印象づけたが、その後、ワシントン政界における保守系シンクタンクの「成功」を州レベルでも再現しようとする動きが活発化していく。一九八〇年代半ば頃から、ワシントン政界でキャリアを積んだ保守派の若手専門家や活動家らが、それぞれの地元で州レベルの保守系シンクタンクを立ち上げるようになったのであり、イリノイ州のハートランド研究所（Heartland Institute）やコロラド州のインディペンデンス研究所（Independence Institute）の設立を皮切りに、多くの州に拡散していく。なお、後述する通り、こうした州レベルの保守系シンクタンクの拡散には連邦レベルの保守系シンクタンクの支援が大きく貢献していた。

州レベルの保守系シンクタンクは、文字通りこの次元における政策課題の研究に特化している。州が第一義的権限をもつ教育政策は、州レベルの保守系シンクタンクがなかでも力を入れている分野であり、スクール・バウチャーはその中核的主張であった。一九九〇年代に各州でスクール・バウチャーを求める動きが盛り上がったのも、この次元における保守系シンクタンクの出現と無関係ではなかった(27)。実際、スクール・バウチャーの先陣を切ったウィスコンシン州においても、トミー・トンプソンの州知事就任とほぼ同時期に、ウィスコンシン政策研究所（Wisconsin Policy Research Institute）というシンクタンクが活動を始めていた。

ウィスコンシン政策研究所は、一九八七年にジム・ミラーという人物によってミルウォーキー市郊外に設立され、「自由市場」、「小さな政府」、「個人の責任」といった原則に基づき、ウィスコンシン州が直面する課題について研究を行うことを使命としている。このウィスコンシン政策研究所は、設立直後からトンプソンの「ブレイン・トラスト」として機能する。そもそも誕生間もないウィスコンシン政策研究所がトンプソンの政策立案に関与することができたのには、二つの理由が指摘できる。第一に、ウィスコンシン州では伝統的にウィスコンシン州立大学に在籍する研究者が州政府の政策立案を支えてきたが、スクール・バウチャーをめぐってはウィスコンシン州立大学の研究者の態度は批判的ないしは懐疑的であり、そのためトンプソンにとって頼ることができる専門家が州内に乏しかった[28]。

第二に、保守派内部で影響力をもつブラッドレー財団会長のマイケル・ジョイスがウィスコンシン政策研究所の活用を強く推薦したことも大きかった。ジョイスは、かつて在籍したオーリン財団において保守系団体への助成を数多く手掛けた。なかでもアーヴィング・クリストルらを財政面で支えたことから、「新保守主義者のパトロン」と評されるほどの人物であった。教育問題にも強い関心を示し、オーリン財団がフィンのエデュケーショナル・エクセレンス・ネットワークの立ち上げを支援した際も、ジョイスがこれを手がけていた[29]。ジョイスは一九八〇年代半ばにブラッドレー財団に会長として招聘されるが、このジョイス率いるブラッドレー財団の資金をもとに誕生したのが、ウィスコンシン政策研究所であった。

トンプソンは、ミルウォーキー市を対象とするスクール・バウチャー・プログラムを立案する上で、市内の黒人層を代表した州下院議員のポリー・ウィリアムズや、彼女の盟友でミルウォーキー市学区教育長のハワード・フーラー、そして同州で教育コンサルタントの業務を行ってきたジョージ・ミッチェルおよびスーザン・ミッチェルの四名の意見を取り入れた。このミッチェル夫妻こそ、ウィスコンシン政策研究所の研究員であった。ジョージ・ミッチェルは一九九〇年のプログラム立案において大きな役割を果たし、妻のスーザン・ミッチェルも一九九五年のプログラム改正案の作成に関わった。このように、ミッチェル夫妻がトンプソンの政策立案過程の奥深くに入り込んだことから、トンプソンの政策ディレクターを務めたトム・フォンファーラは、ウィスコンシン政策研究所の功績を称え「我々は、ウィスコンシン政策研究所の助言を活用した。彼らは、極めて重要な仕事をしてくれたと評価している」と述べている(30)。

一方、ウィスコンシン州ほどではないにせよ、オハイオ州の動向においても保守系シンクタンクの関与を観察できる。オハイオ州では、州知事のジョージ・ボイノヴィッチが全幅の信頼を寄せたのは、彼の長年の支援者であり地元企業家のデイヴィッド・ブレナンであった。ボイノヴィッチは、一九九二年にブレナンを委員長とする教育選択に関する委員会（Commission on Educational Choice）を設置する。その後、この委員会はクリーヴランド市を対象とするプログラムの原案を立案するが、ブレナンによると、立案作業において参考にした資料の一つはヘリテージ財団の報告書であった(31)。また、フロリダ州をめぐる動きでは、何よりもジェブ・ブッシュ自身が州知事就任以前に州内の保守系シンクタンクにおいてスクール・バウチャーについて学習し、専門知識を蓄えていた事実は重要である。一九九九年に州知事に就任するまで、ブッシュは同州にあるジェームズ・マディソン研究所（James Madison Institute）やフロリダの未来のための財団（Foundation for Florida's Future）といったシンクタンクの役員を務め、これらのシンクタンクにおいてスクール・バウチャーを提唱していたのである(32)。

ブッシュ政権との関係　一九九〇年代後半になると、連邦レベルでもスクール・バウチャー導入に向けた気運が再び高まり、議会においてはディック・アーミー主導で関連法案が提出されるまでに至っていた。そして、このような動きは遂にブッシュ政権において実を結ぶことになる。

ブッシュがスクール・バウチャーに積極的であったことは、二〇〇〇年大統領選挙における陣営内部の教育政策アドバイザーの顔ぶれからも明らかであり、その大半はそれまで保守系シンクタンクなどを舞台に活動し、スクール・バウチャーを熱心に提唱してきた人々であった。たとえば、その中には歴代共和党政権でスクール・バウチャーに取り組んだベネットやフィンらの名前もあった。同じくアドバイザーの一人であったロデリック・ペイジに至っては、ヒューストン市学区教育長時代に成績不振の公立学校に通う生徒が私立学校に転校することを認めるプログラムを導入していた。このプログラムは、ウィスコンシン州やオハイオ州などのプログラムに比べるとはるかに小規模であり、また参加校について論争を呼ぶ宗教系私立学校を除外していたため、さほど注目を集めることはなかったものの、その内容はスクール・バウチャーに極めて近いものであった(33)。ペイジは、この実績を買われてブッシュ政権の教育長官に任命される。ブッシュのアドバイザーの中には、ペイジのケースのようにその後政権入りを果たした者が少なくなかったが、ヘリテージ財団のニーナ・リーズもそのような一人であり、彼女はワシントンＤ・Ｃにおけるスクール・バウチャーの実現に大きく貢献するのであった。

リーズが教育政策の分野と関わりをもつようになったのは、保守系法曹団体のインスティテュート・フォー・ジャスティスに勤務していた一九九〇年代半ばである。この頃、ウィスコンシン州やオハイオ州においてスクール・バウチャーが導入され、反対派はこれらのプログラムに対する違憲訴訟を相次いで提起していた。クリント・ボーリック率いるインスティテュート・フォー・ジャスティスは、この一連の訴訟でスクール・バウチャーの合憲性を主張した団体であり、リーズはボーリックの右腕として活躍した人物であった。その後、一九九七年にリーズはヘリテージ財団に引き抜かれ、先のアーミーらによる議会共和党の立法動向にも関わる。この時点でリーズはまだ二〇代後半であったが、それまでの経験が高く評価されて、二〇〇〇年大統領選挙ではブッシュ陣営の教育政策アドバイザーの一人に名を連ね、その後チェイニー副大統領の補佐官に任命される(34)。

リーズは、ブッシュ政権においても着実に実績を積み上げていく。ブッシュ政権が最重要課題に掲げたＮＣＬＢの制定に尽力した後、NCLBでの働きぶりが認められ、教育次官補に昇進する。その後、リーズはスクール・バウチャー法案作成の統括役を任され、国内政策担当大統領次席補佐官のジェイ・レフコウィッツが述べているように、「DC学校選択をめぐる政権内部の動きを先導した」のであった[35]。

一方、ブッシュ政権がスクール・バウチャー導入に向けて本腰を入れた一つの理由としては、首都においてスクール・バウチャー運動が勢いを増していたことが挙げられる。上述した通り、ジョセフ・ロバートら地元企業家やヴァージニア・フォードら市内黒人層が中心となり、スクール・バウチャーの実現を訴え、地元民主党政治家の間からもアンソニー・ウィリアムズ市長のようにスクール・バウチャー支持を打ち出す者が現れていた。リーズはスクール・バウチャー法案を取り纏める際に、こうした市内の主要アクターとも定期的に協議を重ねていたのである。なお、ブッシュ政権とウィリアムズ市長らとの連携には、ウィリアム・ベネットも少なからず関わっており、ウィリアムズ市長らの意向を政府内部に事細かに伝達していたと言われている[36]。このように、リーズやベネットといった保守系シンクタンク関係者が首都を対象としたスクール・バウチャーにおいても政策立案に深く関与したのである。

三　中期的影響力

保守系シンクタンクは、課題設定（アジェンダ・セッティング）の場面でも深く関わり、中期的影響力を及ぼしていたと考えられる。

『政治、市場、アメリカの学校』　一九九〇年に、若手の政治学者であったジョン・チャブとテリー・モーによって『政治、市場、アメリカの学校（*Politics, Markets and America's Schools*）』という書籍が公刊される。この『政治、市場、アメリカの学校』は、教育の現状に警鐘を鳴らした七年前の『危機に立つ国家』と同様、アメリカの教育政策をめぐって大きな論争を引き起こす。同書は制度それ自体が及ぼす影響に着目し、広範なデータに基づき公立学校が抱える構造的問題を解き明かし、その処方箋として市場メカニズムを活用した改革を訴えたのであった。

チャブらの議論の要点は、以下の通りである。まず、ほとんどの州で学区を運営する教育委員会の委員や州教育委員会の委員、そしてこれらの頂点にいる州教育長は選挙で選出される。この教育の民主的統制は必然的に様々な手続きを生み出し、教育行政の官僚化を促す。その結果として、各公立学校の自由度は減少し、効果的な教育を実施することができない。これに対して、市場メカニズムの影響を受ける私立学校は、このような問題とは無縁である。要するに、問題は制度それ自体にあるのであるから、公立学校を改善するには公立学校を市場メカニズムの影響下に置くべきだ。以上のように、論じたのである(37)。

『政治、市場、アメリカの学校』は、教育の民主的統制を正しいものと信じていた多くの教育関係の専門家にとって衝撃であった。賛否両論が専門誌を賑わし、一九九〇年代に出版された教育学文献のなかで最も大きな反響を呼んだと言われる(38)。また、反響は教育界を超えて広がり、新聞などでも取り上げられ一般のレベルにまで及んだ(39)。当然、この『政治、市場、アメリカの学校』はスクール・バウチャーを擁護する強力な材料となり、その後の州レベルを中心とする動きを後押しするのであった。

保守系シンクタンクとの関係　実は、『政治、市場、アメリカの学校』はチャブとモーがブルッキングス研究所に在籍していた時に発表されたものであった。ブルッキングス研究所は、客観的な研究を志向し党派を超えて高く評価されている、中立系シンクタンクの一つである。そのため、スクール・バウチャーに批判的な人々の間では、ブルッキングス研究所という「看板」があったからこそ『政治、市場、アメリカの学校』は幅広い注目を集めたのであり、仮にヘリテージ財団など保守派から発表されていれば、懐疑的な反応を受けることになったであろうとの声も聞かれた(40)。

そもそも、このような論争を呼ぶ研究がなぜブルッキングス研究所から発表されたのかについては、都市政治研究の権威であり、一九八三年から四年間ブルッキングス研究所の政治研究部長を務めていたポール・ピーターソンの後ろ盾が指摘できる。ピーターソンは、元々スクール・バウチャー推進論者ではなかったが、一九八〇年代に家族の問題から学校選択の可能性に関心を寄せるようになる。自身の子供が、ワシントンD・C市内の公立学校に馴染めず、郊外の私立学校に転校せざるを得なかったのである。この経験から、ピーターソンはチャブらが取り組んでいた研究に関心を寄せるようになり、彼らにブルッキングス研究所において研究に従事する機会を提供したのであった[41]。

いずれにせよ、『政治、市場、アメリカの学校』は保守系シンクタンクとは無関係であったかのように見える。しかし、実態は全くの逆であった。チャブとモーは保守系シンクタンクをはじめスクール・バウチャー推進派の支援も受けながら、以上の研究プロジェクトを遂行していたのである。たとえば、二人はマンハッタン政策研究所などいくつかの保守系シンクタンクの機関誌において論文の原案を発表する機会を提供されていた。また、この研究プロジェクト自体、保守系財団の財政的支援を受けて実施されたものであり、とりわけマイケル・ジョイス会長自らスクール・バウチャーを提唱していたブラッドレー財団からは多額の研究資金が提供されていた。チャブとモーは、このブラッドレー財団の支援のもと、ウィスコンシン州で開催されたスクール・バウチャーに関するシンポジウムにも足を運んでおり、ここでチェスター・フィンや、トンプソン州知事の政策立案を支えたハワード・フーラーと意見交換を行っている[42]。

そして、チャブらと保守系シンクタンクをはじめとするスクール・バウチャー推進派の関係性を何よりも示すのが、『政治、市場、アメリカの学校』の刊行から間もなく、フリードマンが在籍し、スクール・バウチャーの総本山とも呼べるフーヴァー研究所に二人が移籍したことであった。また、ブルッキングス研究所における二人の後見人であったピーターソンも、ハーヴァード大学で教鞭を執る傍ら、やがてフーヴァー研究所と関係をもつようになる。

四　長期的影響力

かつてスクール・バウチャーは教育政策の傍流に過ぎず、一九七〇年代に入ってもこれを積極的に評価する声はごくわずかであった。しかし、その後の四〇年あまりでスクール・バウチャーを支持する人材は保守系シンクタンクを拠点に拡充していく。二〇〇〇年大統領選挙におけるブッシュ陣営の教育政策アドバイザーはそのことを象徴しており、その大半はそれまで保守系シンクタンクを舞台に活動し、スクール・バウチャーを提唱してきた人々であった。そこで、以下では長く保守系シンクタンクがスクール・バウチャーを唱える専門家の拠点として、人材面での関与を通じて長期的影響力を及ぼしてきたことを詳述したい。

一九七〇―一九八〇年代　確かに、一九七〇年代の時点においては、保守派だけでなくクリストファー・ジェンクスやジョン・クーンズ、そしてスティーブン・シュガーマンといった、リベラル派の学者もスクール・バウチャーに関心を寄せていたことは事実である。ジェンクスらは、フリードマンの「規制のないバウチャー」と区別される、低所得者層の利益となることを目的とした「規制されたバウチャー」を発表し、その後この案がレーガン政権や保守派によって採用されていったように、スクール・バウチャーの中身の発展にも大きく貢献した。[43] とはいえ、リベラル派の中でジェンクスらは例外的な存在であった。リベラル派の大勢がスクール・バウチャー反対で固まる中で、その後ジェンクスらに続く人材は生まれなかったのである。これに対して、保守派においては、保守系シンクタンクを拠点にスクール・バウチャーを支持する人材が着実に拡大していった。

当然、保守系シンクタンクの筆頭はヘリテージ財団とフーヴァー研究所であった。まず、ヘリテージ財団が一九七三年の設立直後から、コンナート・マーシュナーやオナリー・マクグローといった教育政策の専門家を採用し、スクール・バウチャーを提唱していたことは注目される。なかでも、マクグローは『教育における家族の選択（*Family*

Choice in Education)』という報告書を執筆し、また後にレーガン政権入りするドナルド・セネスとジョージ・アーチボールドらを集めて『リーダーシップのための負託』の教育政策に関する提言部分を取り纏めるなど、精力的にスクール・バウチャーを推進した。こうしたマクグローの活動により、ヘリテージ財団はその初期から教育政策においても保守派の拠点として機能し数々の専門家を輩出していったが、上述した通りウィリアム・ベネットも事実上ヘリテージ財団が輩出した専門家の一人であった(44)。

一九七〇年代、フーヴァー研究所はW・グレン・キャンベル所長のもとで成長を遂げ、経済学者を中心に著名な学者を数多く引き抜いていた。ミルトン・フリードマンもキャンベルによって引き抜かれた一人であり、一九七七年に加入した。フーヴァー研究所加入後も、フリードマンは自らが発案した政策案の宣伝に励み、たとえば、一九八〇年には『資本主義と自由』の続編となる『選択の自由(*Free to Choose*)』を発表している。『選択の自由』は、フリードマンが数週間にわたって行ったテレビ番組を土台としたものであり、スクール・バウチャーについても一章を割きその必要性を改めて力説している。このフリードマンの存在により、フーヴァー研究所はスクール・バウチャーの理論的拠点としての地位を揺るぎないものとしたのである(45)。

一九九〇年代　一九九〇年代は、保守系シンクタンクの活動が一層活発化し、保守系シンクタンクを拠点とする専門家が一気に膨れ上がった時期である。その要因としては、二点を指摘することができる。一つは、ミサイル防衛の事例でも見られたように、共和党政権においてスクール・バウチャーの実現を試みた元政府高官が一斉に下野し、その多くが保守系シンクタンクに加入したことである。もう一つは、資金源の拡充であり、公立学校制度に対する不満からスクール・バウチャーを支持する企業家や財団が現れたことであった。ウィスコンシン州のブラッドレー財団はその最たる例であったが、その他に、ゴールデン・ルール保険(Golden Rule Insurance)のパトリック・ルーニー、ウォルマート(Walmart)創業家一族でウォルトン・ファミリー財団(Walton Family Foundation)を指揮するジョン・ウォルトン、投資会社フォーツマン・リトル（Fortsmann Little）のセオドア・フォーツマンといった人々もこの時期にスクール・バウチャーを熱心に支持するようになり、保守系シンクタンクに対して莫大な資金を提供するようになる(46)。これら要因のもと、ヘリテージ財団やフーヴァー研究所の活動が強化されるとともに、他の保守系シンクタンクもやがてスクール・バウチャーを求める動きに参入してくる。

一九九〇年代初頭、ヘリテージ財団では、ジェームズ・バックリー上院議員（ニューヨーク州）の補佐官を務めるなど豊富な議会経験を有するケイト・オベーンが国内政策全般の研究を取り仕切り、教育政策についてはジーン・アレンという専門家が担当していた。アレンは、レーガン政権において教育省の下級スタッフであった以外、必ずしも目を引くような実績はなかったものの、ヘリテージ財団において修行を積む中でスクール・バウチャー支持の代表的専門家へと成長し、やがて自らのシンクタンクを立ち上げる。また一九九〇年代後半になると、上述した通り、後にブッシュ政権において活躍するニーナ・リーズもヘリテージ財団に加入する(47)。

ヘリテージ財団に集った専門家は二〇代や三〇代の若い人々が中心であったのに対し、フーヴァー研究所では著名な専門家との関係を強化していく。『政治、市場、アメリカの学校』で脚光を浴びたジョン・チャブやテリー・モー、そして二人の恩師のポール・ピーターソン以外にも、ハーヴァード大学教授のキャロライン・ホックスビー、レーガン政権において議会予算局局長を務めたエリク・ハヌシェク、イリノイ州立大学教授のハーバート・ウォルバーグ、コロンビア大学教授のダイアン・ラヴィッチ、かつてケイトー研究所と繋がりをもちリバタリアン系の雑誌を編集していたウィリアムソン・エヴァースといった人々も、フーヴァー研究所に籍を置くようになる。こうした人材の拡大を受けて、コレト・タスク・フォース（Koret Task Force）と呼ばれるグループが結成される。このグループは『エデュケーション・ネクスト（*Education Next*）』という雑誌を創刊し、その中でスクール・バウチャーなど学校選択やスタンダード改革を頻繁に取り上げていくのであった(48)。

一方、一九九〇年代、スクール・バウチャーを求める動きに新たに参入した保守系シンクタンクとしては、ハドソン研究所、マンハッタン政策研究所、ＡＥＩ、エンパワー・アメリカ、教育改革センターなどが挙げられる。ハドソン研究所は、長年国防政策の研究を専門としてきたシンクタンクであったが、一九八〇年代半ばに本部をニューヨーク州からインディアナ州に移転し、保守系財団の一つであるスミス・リチャードソン財団のレスリー・レンコウスキーを所長に迎えると、国内政策の研究にも積極的に取り組むようになる。この流れのなかで、ハドソン研究所はスクール・バウチャーにも関わるようになり、チェスター・フィンや、ブッシュ・シニア政権時代にフィンとともにラマー・アレクサンダー長官を補佐したブルーノ・マンノやスコット・ハミルトン、そしてインディアナ州教育省高官であったキャロル・ダミーコが加入する。なお、この頃ハドソン研究所はフィンがラヴィッチとともにかつて立ち上げたエデュケーショナル・エクセレンス・ネットワークを吸収している[49]。

一九七〇年代末に誕生したマンハッタン政策研究所は、福祉政策批判を広めたチャールズ・マレーの『後退』や、サプライサイド経済学を売り込んだジョージ・ギルダーの『富と貧困（*Weath and Powerty*）』を発表したことで知られるが、一九九〇年代に入るとスクール・バウチャーの推進にも関与していく。事実、一時期フィンやラヴィッチらが籍を置いていたほか、ジェイ・グリーンという若い専門家も所属していた。グリーンは、チャブやモーのようにポール・ピーターソンの弟子にあたり、大学院時代にはピーターソンから直接論文指導を受けていた[50]。ＡＥＩでは、この時期、リン・チェイニーが教育政策の研究を指揮していたが、チェイニーの部下のリン・マンソンという、二〇代後半の研究員がスクール・バウチャーを熱心に提唱していた[51]。

エンパワー・アメリカは、一九九三年にベネットがジャック・ケンプ元下院議員とともに立ち上げたシンクタンクであり、翌年にはブッシュ・シニア政権の教育長官であったラマー・アレクサンダーも加入する。ベネット、アレクサンダーという歴代共和党政権の教育長官の顔ぶれから明らかなように、エンパワー・アメリカはスクール・バウチャーの推進に特に力を入れたのであった[52]。このエンパワー・アメリカ設立と同じ頃、ヘリテージ財団で修行を積んだアレンによって教育改革センターが生まれる。教育改革センターは小規模なシンクタンクであったが、スクール・バウチャーやチャーター・スクールなど学校選択の情報を大量に集積することで、一九九〇年代後半以降教育政策をめぐる議論で存在感を増大させていく[53]。

一方、以上の保守系シンクタンクは独立して活動していたわけではなく、相互に交流していた。それを象徴したのがベネットであった。ベネットはエンパワー・アメリカを立ち上げただけでなく、ヘリテージ財団やハドソン研究所などの研究員を兼任していた。ハドソン研究所やマンハッタン政策研究所を渡り歩いたフィンもそうした一人であった。また、教育政策に関するセミナーやシンポジウムが共催されることもあった。一九九一年に、ヘリテージ財団はハドソン研究所やフーヴァー研究所などの研究員を招いて「いかにビジネスが教育を救うことができるか（How Business Can Save Education）」と題するシンポジウムを開いている。一九九五年にも、教育改革センター、エンパワー・アメリカ、ハドソン研究所の共催で教育問題に関するシンポジウムが行われている。このように連携しながら、保守系シンクタンクはスクール・バウチャーを推進したのである[54]。

こうした保守系シンクタンク間の連携は州レベルにも及んでいた。上述した通り、一九九〇年代は州レベルにおける保守系シンクタンクが拡大した時期でもあり、ウィスコンシン政策研究所はその筆頭であったが、ワシントンD・Cに拠点を構える保守系シンクタンクは、こうした州レベルの保守系シンクタンク設立にも手を貸していたのである。なかでも、ヘリテージ財団は「リソース・バンク」と呼ばれる事業を通して全米各地にいる保守派の専門家情報を蓄積させており、その成果を毎年『公共政策専門家年次ガイド』として発表してきた。州レベルの保守系シンクタンクにとって、このガイドは身近にいる専門家を探し出す上で非常に有益な資料となった。ヘリテージ財団は州レベルの保守系シンクタンクの資金調達に協力することもあり、それぞれの州の大口支援者を紹介することもあった。このような支援から、コロラド州でインディペンデンス研究所を立ち上げたジョン・アンドリュースは、「自分の研究所はヘリテージの胸の中で育ったようなものだ」と述べている。ヘリテージ財団のほかでは、ケイトー研究所も州レベルの保守系シンクタンクに対して同様の支援を提供していたことで知られる[55]。

そして、以上の動きを背景としながら、各地のスクール・バウチャー運動を先導した人々の名が彼らの地元以外でも知れ渡っていった。ウィスコンシン州のミルウォーキー市内の黒人層を束ねたポリー・ウィリアムズや彼女の盟友であるハワード・フーラーは、そのような典型であった。彼らは、保守系シンクタンクに在籍はしなかったものの、保守系シンクタンクからワシントンD・Cなどにおいて講演する機会を提供された。たとえば、ウィリアムズはヘリテージ財団のケイト・オベーンの企画により、一九九二年に同財団で「学校選択――アフリカ系アメリカ人コミュニティにおける教育エクセレンスを達成するための手段（School Choice: A Vehicle for Achieving Educational Excellence in the African-American Community）」と題する講演を行っている。こうして、彼らの名は一九九〇年代を通して全国的にもスクール・バウチャー推進の代表的論者として広く知れ渡るようになり、なかでもフーラーの名は二〇〇〇年大統領選挙への準備に入っていたブッシュの目に留まるのであった[56]。

二〇〇〇年代　二〇〇〇年大統領選挙は、人材面での関与を通じた保守系シンクタンクの長期的な影響力をより端的に示していた。ブッシュ陣営の教育政策アドバイザーには、ベネット、フィン、ラヴィッチ、ダミーコ、エヴァース、ハヌシェク、リーズ、マンソン、ランス・イズミといった保守系シンクタンクを舞台に活動してきた人々が集結した。また、その中にはウィスコンシン州のフーラーの名前もあった。フーラーは、早い段階でブッシュのアドバイザーに就任した一人である。保守系シンクタンクの支援を通じてフーラーの名が全国的にも知れ渡る中、ブッシュ側の求めで一九九九年春に二人の会談が実現した。二人は、当初の予定時間を超えてスクール・バウチャーをはじめとする教育政策について意見交換を行い、この会談後、フーラーはブッシュのアドバイザーに就任することを快諾したのであった[57]。

二〇〇四年にワシントンD・Cを対象とするプログラムが導入された後も、保守系シンクタンクを拠点とした人材の結集・拡大は続いていった。ブッシュ政権の教育長官であったロデリック・ペイジは退任後、トーマス・フォードハム研究所（Thomas Fordham Institute）というシンクタンクの役員に就任する。このトーマス・フォードハム研究所は、一九九〇年代末から教育政策を専門に活動しており、所長にはハドソン研究所やマンハッタン政策研究所などを渡り歩いたフィンが就任していた[58]。

また、ワシントンD・C市内の黒人層を纏めたヴァージニア・フォードという活動家も、ヘリテージ財団と関わりをもつようになり、このシンクタンクの客員研究員に就任した。元々、フォードはスクール・バウチャー運動に関わるまでは、一介の主婦に過ぎなかった。しかし、ウィスコンシン州のウィリアムズのように、彼女も子をもつ親として劣悪な市内の公立学校に強い不満を抱いていたのであった。このフォードに支援の手を差し伸べたのがジーン・アレンの教育改革センターである。教育改革センターの支援を受けて、フォードは学校選択のためのD・C親達の会（D.C. Parents for School Choice）という団体を立ち上げ、近隣の黒人層を束ねて首都におけるスクール・バウチャー運動の主要アクターへと台頭していったのである[59]。

二〇一〇年、ダイアン・ラヴィッチが著した『偉大なるアメリカの教育システムの死と生（*The Death and Life of the Great American School System*）』は、保守系シンクタンクの長期的影響力を垣間見ることができる書籍である。ラヴィッチは、市場メカニズムが教育に革新と効率性をもたらすという強い信念のもと、保守系シンクタンクと関わりをもちながら、長年にわたりスクール・バウチャーをはじめとする教育改革を提唱してきた。盟友のフィンとともに、一九八〇年代初頭にエデュケーショナル・エクセレンス・ネットワークを立ち上げ、一九九〇年代にはフーヴァー研究所やマンハッタン政策研究所にも籍を置き、スクール・バウチャーを推進してきた。しかし、その後ラヴィッチは熱意をもって取り組んできた教育改革が効果をもたらすどころか、逆にアメリカの教育制度を危機に陥れているという懸念を抱くようになる。こうして、「転向」を決意したラヴィッチは上記の『偉大なるアメリカの教育システムの死と生』を執筆したのであり、その中でかつての「同志」達の名前を具体的に挙げて痛烈に非難するに至ったのである。[60]

（1）ミルトン・フリードマン著、村井章子訳『資本主義と自由』（日経BP社、二〇〇八年）。

（2）Terry M. Moe, *Schools, Vouchers, and the American Public* (Washington D.C.: Brookings Institution Press, 2001), pp. 17–20.

（3）Jeffrey R. Henig, *Rethinking School Choice: Limits of the Market Metaphor* (Princeton: Princeton University Press, 1994), pp. 64–66.

（4）Moe, *Schools, Vouchers, and the American Public*, pp. 27–30.

（5）*Ibid.*, p. 25; Robert C. Bulman and David L. Kirp, "The Shifting Politics of School Choice," in Stephen D. Sugarman and Frank R. Kermer, eds., *School Choice and School Controversy: Politics, Policy, and Law* (Washington D.C.: Brookings Institution Press, 1999), p. 44.

（6）チャーター・スクールとは、州・地方教育委員会などとの契約に基づき、教師や親、そして地域のグループによって自律的に運営される公立学校のことである。チャーター・スクールは、公立学校制度の枠内の学校選択であることから、スクール・バウチャーのような激しい党派対立には晒されず、基本的に民主党も支持している。一九九一年にミネソタ州においてはじめて法制化されて以降、現時点までにほとんどの州と首都ワシントンで実施されるに至っている。公立学校選択には、その他に、学区外の公立学校への通学を認める「オープン・エンロールメント（open enrollment）」や、特色ある教育を提供する「マグネット・スクール（magnet school）」などがある。

（7）Patrick J. McGuinn, *No Child Left Behind and the Transformation of Federal Education Policy, 1965–2005* (Lawrence: University Press of Kansas, 2006), pp. 65–69.

（8）ウィスコンシン州では、一九八五年に州知事の諮問委員会（Study Commission on the Quality of Education in the Metropolitan Milwaukee Public Schools）が、ミルウォーキー市学区の実態について、白人生徒や富裕層の生徒が多い郊外の学区と比べると、黒人が集中する市内の学区では学力水準が低く、また退学率も高いと報告したことで、教育が政治問題化しつつあった。John F. Witte, *The Market Approach to Education: An Analysis of America's First Voucher Program* (Princeton: Princeton University Press, 2000), pp. 41–42.

（9）*Ibid.*, pp. 164–166; Moe, *Schools, Vouchers, and the American Public*, pp. 32–33.

（10）Witte, *The Market Approach to Education*, pp. 43–46, pp. 162–170.

（11）Joseph P. Viteritti, *Choosing Equality: School Choice, the Constitution, and Civil Society* (Washington D.C.: Brookings Institution Press, 1999), pp. 108–109.

（12）Moe, *Schools, Vouchers, and the American Public*, pp. 37–39.

（13）*Ibid.*, p. 37; Bulman and Kirp, "The Shifting Politics of School Choice," pp. 50–52.

（14）Jennifer Ballen Riccards, "No D.C. Child Left Behind: An Examination of the History and Early Implementation of the Washington, D.C. Voucher Program" (Ph.D. dissertation, University of Pennsylvania, 2005), pp. 33–34.

（15）小池治「アメリカの教育改革とガバナンス」『横浜国際社会科学研究』第一六巻第1号（二〇一一年）、六—八頁。なお、NCLBは、教育政策をめぐる共和党の変化を象徴的に示すものである。伝統的に、共和党は連邦教育省の解体や予算削減を強硬に主張するなど、一九六五年の初等・中等教育法を機に始まった連邦政府の権限拡大という流れに一貫して反対であった。しかし、一九九〇年代後半以降、こうした頑なな姿勢が共和党の「弱点」となり、なかでも教育に関心をもつ女性票を失う要因の一つになっているとの声が共和党内で高まってくる。テキサス州知事時代のブッシュは、こうした懸念を積極的に訴えていた共和党政治家の一人であった。要するに、ブッシュ政権が誕生する頃には、共和党内でスタンダード教育改革に対する一定の支持が形成されていたのである。McGuinn, *No Child Left Behind and the Transformation of Federal Education Policy*, pp. 129–139, pp. 151–153.

（16）要するに、成績不振の公立学校に通う生徒に対してスクール・バウチャーを提供し、私立学校への転校も認めるというものであり、先に弟のジェブ・ブッシュがフロリダにおいて実現したスクール・バウチャーに類似するものであった。

（17）*Ibid.*, p. 173.

（18）このクリーヴランド市のプログラムをめぐる訴訟において、連邦最高裁判所はスクール・バウチャーに関する初の司法判断を下し、宗教との関係で中立であるとして合憲とした。なお、この五年前にもミルウォーキー市のプログラムをめぐる訴訟が連邦最高裁判所にまで持ち込まれたものの、この時は審理を拒否しウィスコンシン州最高裁判所に差し戻していた。拙稿「連邦最高裁判所、スクール・バウチャーに合憲判決」『外国の立法』第二一四号（二〇〇二年）、一六四―一六九頁。

（19）Riccards, "No D.C. Child Left Behind," pp. 31–59; Spencer S. Hsu, "How Vouchers Came to D.C.," *Education Next*, Fall 2004.

（20）John Harmer, *Reagan: Man of Principle* (Springville: Council Press, 2002), p. 21.

（21）Martin Anderson, *Revolution: The Reagan Legacy* (Stanford: Hoover Institution Press, 1990), pp. 172–173.

（22）Heritage Foundation, *Mandate for Leadership: Policy Management in a Conservative Administration* (Washington D.C.: Heritage Foundation, 1981), p. 177; Ernest Holsendolph, "Waiting for Reagan-And Change; Washington," *New York Times*, January 4, 1981; Eileen White, "Heritage Provides Conservative Blueprint for Education Policy," *Education Week*, September 28, 1981.

（23）Diane Ravitch, *The Death and Life of the Great American School System: How Testing and Choice Are Undermining Education* (New York: Basic Books, 2010), p. 117.

（24）『リーダーシップのための負託』は、省庁ごとに政策提言を作成したものであるが、このときベネット自身は教育省に関する提言には関わっていない。

（25）"Federal File: Conservative Manifesto," *Education Week*, February 20, 1985; Fred M. Hechinger, "About Education: Conflicting Messages from Administration," *New York Times*, May 7, 1985; Robert Pear, "Reagan Proposes Vouchers to Give Poor a Choice of Schools," *New York Times*, November 14, 1985.

（26）Chester E. Finn, *Troublemaker: Personal History of School Reform since Sputnik* (Princeton: Princeton University Press, 2008), pp. 118–129, pp. 169–171; Karen De Witt, "Washington at Work: Education Pundit Heard as Voice of Revolution," *New York Times*, August 2, 1991.

（27）拙稿「州レベルにおける保守系シンクタンクの台頭とその政治的役割――トンプソン政権下のウィスコンシンを中心に」『法学政治学論究』第六九号（二〇〇六年）、一六八―一七三頁。

(28) たとえば、教育政策に精通するウィスコンシン州立大学教授のジョン・ウィッテは、スクール・バウチャーに懐疑的な立場を取っていた。

(29) William Schambra, "Michael Joyce's Mission: Using Philanthropy to Wage a War of Ideas," *Chronicle of Philanthropy*, March 9, 2006; Finn, *Troublemaker*, p. 119.

(30) Tommy Thompson, *Power to the People: An American State at Work* (New York: HarpersCollins Publishers, 1996), pp. 90–95; Witte, *The Market Approach to Education*, p. 167; トーマス・フォンファーラ・クウォールズ・ブラディ法律事務所政治顧問／元トンプソン州知事政策ディレクターとのインタビュー（二〇〇四年五月三日）。

(31) David L. Brennan, *Victory for Kids: The Cleveland School Voucher Case* (Beverly Hills: New Millennium Press, 2002), pp. 69–70; Michael J. Catanzaro, "David Brennan," *Human Events*, March 20, 1998. なお、オハイオ州の動向には州レベルの保守系シンクタンクは関与していない。現在オハイオ州ではバッカイ研究所（Buckeye Institute）という保守系シンクタンクが活動しているが、このシンクタンクが生まれたのは、一九九〇年代後半であり、オハイオ州におけるスクール・バウチャー・プログラム導入後である。ただし、バッカイ研究所はその後ブレナンらの財政的支援を受けて成長していき、今日オハイオ州において確固たる地位を築いている。Dennis J. Willard and Doug Oplinger, "Brennan Foundation Funds School Business," *Akron Beacon Journal*, December 13, 1999.

(32) David Oinger, "Right Thinking," *St. Petersburg Times*, July 14, 1991; Rob Cheapak, "Democrats Resent Think Tank Workshop," *Tampa Tribune*, January 8, 1997.

(33) Siobhan Gorman, "Bush's Lesson Plan," *National Journal*, August 7, 1999; Darcia Harris Bowman, "Republican Prefer to Back by Any Other Name," *Education Week*, January 31, 2001.

(34) Clint Bolick, *Voucher Wars: Waging the Legal Battle over School Choice* (Washington D.C.: Cato Institute, 2003), p. 65.

(35) Dana Milbank, "From Iran, the 'Thomas Paine of School Choice'," *Washington Post*, September 3, 2003.

(36) Hsu, "How Vouchers Came to D.C."

(37) John E. Chubb and Terry M. Moe, *Politics, Markets and America's Schools* (Washington D.C.: Brookings Institution Press, 1990). 黒崎勲『学校選択と学校参加――アメリカ教育改革の実験に学ぶ』（東京大学出版会、一九九四年）、四一―五六頁。

(38) 同上。

(39) Carol Innert, “Liberals Take Conservative Tack, School Choice for Public Schools,” *Washington Times*, June 6, 1990; Kenneth J. Cooper, “A Radical Prescription for Schools,” *Washington Post*, June 11, 1990.

(40) Henig, *Rethinking School Choice*, p. 87.

(41) Dale Mezzacappa, “Market Forces: Professor Paul Peterson’s Influential Protégé,” *Education Sector*, April 2006.

(42) John E. Chubb and Terry M. Moe, “Educational Choice,” *Wisconsin Policy Research Institute Report*, vol. 2, no. 3 (1989); John E. Chubb and Terry M. Moe, “Letting School Work,” *City Journal*, vol. 1, no. 1 (1990); John J. Miller, *Strategic Investment in Ideas: How Two Foundations Reshaped America* (Washington D.C.: Philanthropy Roundtable, 2003), pp. 41–43; Jim Carl, “Unusual Allies: Elite and Grass-Roots Origins of Parental Choice in Milwaukee,” *Teachers College Record*, vol. 98, no. 2 (1990), p. 278.

(43) Moe, *Schools, Vouchers, and the American Public*, pp. 20–24.

(44) Eileen White, “Power, Visibility, Come to the Heritage Foundation,” *Education Week*, September 28, 1981; Onalee McGraw, *Family Choice in Education: The New Imperative* (Washington D.C.: Heritage Foundation, 1978).

(45) ミルトン・フリードマン、ローズ・フリードマン著、西山千明訳『選択の自由——自立社会への挑戦(新装版)』(日本経済新聞出版社、二〇一二年)。

(46) Moe, *Schools, Vouchers, and the American Public*, p. 38; Rick Cohen, *Strategic Grantmaking: Foundations and the School Privatization Movement* (Washington D.C.: National Committee for Responsive Philanthropy, 2007).

(47) Jeff Archer, “Agitator for Choice Leaves Her Mark,” *Education Week*, November 12, 2003; Gorman, “Bush’s Lesson Plan.”

(48) Ravitch, *The Death and Life of the Great American School System*, p. 12.

(49) Finn, *Troublemaker*, pp. 199–200. レンコウスキーは、スミス・リチャードソン財団において、今やサプライサイド経済学の古典とも呼べる、ジュード・ワニスキーの『ザ・ウェイ・ザ・ワールド・ワークス(*The Way the World Works*)』などの支援を手掛けたことで知られ、外交よりは国内問題に関心のある人物であった。Sidney Blumenthal, *The Rise of the Counter-Establishment: From Conservative Ideology to Political Power* (New York: Times Books, 1986), pp. 192–195.

(50) Mezzacappa, "Market Forces."

(51) Gorman, "Bush's Lesson Plan."

(52) Mark Pitsch, "Empower America Cast in Key Role in Dole Campaign," *Education Week*, September 18, 1996.

(53) Archer, "Agitator for Choice Leaves Her Mark."

(54) Heritage Foundation, *How Business Can Save Education: A State Agenda for Reform* (Washington D.C.: Heritage Foundation, 1991); Mark Pitsch, "Conservative Vie to Use Momentum to Push Education-Reform Agenda," *Education Week*, February 1, 1995.

(55) ヘリテージ財団などによる支援は一九九二年にステート・ポリシー・ネットワーク（State Policy Network, 以下ＳＰＮと略記する）という団体が設立されたことにより組織化される。ＳＰＮは、州レベルの保守系シンクタンクへの支援に特化し、立ち上げからその後の活動に至るまで様々な支援を提供している。また、州レベルの保守系シンクタンクを考える上で、アメリカ立法交流評議会（American Legislative Exchange Council, 以下ＡＬＥＣと略記する）という団体も重要である。一九七三年にＡＬＥＣは、ヘリテージ財団設立者のポール・ワイリックによって設立され、州や地方レベルの共和党政治家の多くが加盟し、勉強会などを定期的に開催しているが、州レベルの保守系シンクタンク関係者も参加している。拙稿「州レベルにおける保守系シンクタンクの台頭とその政治的役割」一七〇―一七三頁。John Nichols, "ALEC Exposed," *The Nation*, August 1–8, 2011; Lee Edwards, *The Power of Ideas: The Heritage Foundation at 25 Years* (Ottawa: Jameson Books, 1997), pp. 90–91.

(56) Polly Williams, "School Choice: A Vehicle for Achieving Educational Excellence in the African-American Community," *Heritage Foundation Lecture No. 414*, 1992; Jeffrey Henig, "Education Policy from 1980 to the Present: The Politics of Privatization," in Brian J. Glenn and Steven M. Teles, eds., *Conservatism and American Political Development* (Oxford: Oxford University Press, 2009), p. 307; Bolick, *Voucher Wars*, p. 26.

(57) Gorman, "Bush's Lesson Plan."

(58) Thomas Fordham Institute, "Rod Paige," http://208.106.213.194/detail/bio.cfm?name=Rod-Paige&page_id=127&id=341

(59) Virginia Walden Ford, *Voices, Choices, and Second Chances: How to Win the Battle to Bring Opportunity Scholarship*

to Your State（Washington D.C.: D.C. Parents for School Choice, 2005）; Benjamin, D. Stafford, "Virginia Walden Ford," http://www.mackinac.org/article.aspx?ID=9079&print=yes

（60） Ravitch, *The Death and Life of the Great American School System.*

終章　政治主体としてのアメリカのシンクタンク

第一節　アメリカ政治のアクター

アメリカにおいてシンクタンクを主題とした研究は依然として停滞している。無論、シンクタンク研究が全く行われていないわけではなく、二〇一二年にはトーマス・メドヴェーツの本格的な研究である『アメリカにおけるシンクタンク』が発表されている。第一章で言及したように、同書はシンクタンクの多面的性格について非常に興味深い考察を展開している。しかし、メドヴェーツの研究はシンクタンクという世界を社会学の視点から明らかにすることを目的としており、シンクタンク研究の停滞をもたらした影響力の解明には踏み込んでいない。そのため、メドヴェーツの研究がアメリカの政治学界においてシンクタンク研究を再び活気づける起爆剤になるとは考え難い。

こうした研究動向に対して、本書は個々の政策案の展開にいかに「関与」しているのかという観点から、保守系シンクタンクが、①政策立案への関与を通じた短期的影響力、②課題設定（アジェンダ・セッティング）への関与を通じた中期的影響力、③人材面での関与を通じた長期的影響力、以上の三つの影響力を具体的に行使していることを指摘した。本書はアメリカ政治におけるシンクタンクの位置づけを整理しようとしたのであり、シンクタンクがアメリカ政治の重要な主体の一つであることを明らかにしようとしたのである。

本書は、今日アメリカ政治で進行している重大な現象、すなわちイデオロギー的分極化との関連においても意味のある視点を提供できよう。ジェイコブ・ハッカーとポール・ピアソンの『オフ・センター』などに代表されるように、この分野の先行研究は政党や利益団体と並んで、シンクタンクに対しても多大な関心を寄せている。特に、保守系シンクタンクについては分極化現象の産物であるとともに、分極化現象を助長させている要因の一つであると論じている。しかしながら、先行研究では保守系シンクタンクが生まれた経緯については詳細な検討を加えているものの、より重要な課題である保守系シンクタンクがいかにして分極化現象を助長させているのかについてはほぼ沈黙している。保守系シンクタンクについて比較的多くの記述を行っているバーバラ・シンクレアの『パーティ・ウォーズ（*Party Wars*）』でさえ、保守系シンクタンクが急増した歴史的背景について言及しているのみである。このような現状はシンクタンク研究の停滞が大きく関係していると言えよう。参考とすべきシンクタンクの先行研究が乏しいことから、保守系シンクタンクをめぐる実態の説明に終始せざるを得ないのである(1)。

この課題をめぐって、本書は正に三つの影響力によって保守系シンクタンクが政策の次元における分極化を助長してきたと主張することができるが、なかでも人材面での関与を通じた長期的影響力は重要であろう。すなわち、今日のアメリカ政治においては、保守系シンクタンクを拠点に様々な政策分野において保守的な政策専門家が拡大再生産される構造が確立していると考えられる。第五章と第六章で取り上げたミサイル防衛やスクール・バウチャーのケースはそのことを端的に示している。

無論、保守派の政策専門家が拡大再生産される構造は保守系シンクタンクが単独で作り上げたものではない。保守派の政治インフラを構成する他の団体との連携も当然無視することはできない。たとえば、保守系シンクタンクは、スケイフ、オーリン、ブラッドレーといった保守系財団から専門家を雇用するための資金を確保している。また、保守系シンクタンクの専門家は『ワシントン・タイムズ』紙やフォックス・ニュースといった保守系メディアにおいて発言する機会を提供されている。さらに、保守系シンクタンクは若者の発掘を目的とした指導者養成機構や大学連携研究所などから有望な人材を獲得することもある。要するに、こうした他の保守派団体との連携を通じて、保守系シンクタンクは保守的な専門家の拡大再生産に深く関与しながら、長年にわたり保守主義運動を先導してきたと考えられる。

なお、リベラル派についても元々保守派の政治インフラを参考にしていることを考えれば、アメリカ進歩センターなどを中心に、リベラル寄りの政策専門家が拡大再生産される構造が確立しているものと考えられる。

第二節　アメリカのシンクタンクのゆくえ

オバマ政権期においても、イデオロギー系シンクタンクの拡大は続いた。たとえば、リベラル派の動向としては、二〇一三年にジョン・ポデスタとメロディ・バーンズによって格差問題の解消を目的としたワシントン公平な経済成長センター（Washington Center for Equitable Growth）というシンクタンクが誕生している。保守派についても、アメリカン・アクション・フォーラム（American Action Forum）、保守改革ネットワーク（Conservative Reform Network）、外交政策イニシアチブ（Foreign Policy Initiative）といったシンクタンクが誕生している。アメリカン・アクション・フォーラムは、ブッシュ政権期に議会予算局局長を務め、二〇〇八年大統領選挙ではジョン・マケイン上院議員（アリゾナ州）の経済政策アドバイザーであったダグラス・ホルツ・イーキンが率いている。保守改革ネットワークは議会共和党指導部の補佐官を務めたジョン・マレーらが創設したシンクタンクである[2]。外交政策イニシアチブは、ビル・クリストルとロバート・ケーガンが指揮しているネオコン系のシンクタンクである。一九九〇年代に二人が立ち上げ、イラク開戦論を主導した新アメリカの世紀プロジェクトの「後継組織」とも目されているが、二〇一三年まで事務局長を務めたジェイミー・フライは「オバマ政権が発足して以降、アメリカの内向き志向が強まる中、外交政策イニシアチブは様々な団体と協力しながらアメリカの国際的なリーダーシップを強く唱え続けることで、外交政策に大きな一石を投じてきた」と述べている。(3)

こうした近年のアメリカのシンクタンクをめぐる動向に関連してなかでも注目されるのは、「シンクタンクの五〇一(c)四団体化」と呼べる現象が生じていることである。第一章で述べたとおり、アメリカにおいてシンクタンクの大半は内国歳入法上の五〇一(c)三団体として登録されている。五〇一(c)三団体は税制面で最も手厚い優遇措置を受けられる代わりに、高い公益性が求められ、ロビーイングと選挙との関わりにおいて厳しい制約が課されている。これに対して、五〇一(c)四団体の場合、税制面での特典は法人税の免除のみであるが、その代わりロビーイングをほぼ無制限に行うことができ、意見広告などを通じて選挙にも少なからず関与することができる。アメリカのシンクタンク、なかでもイデオロギー系シンクタンクの間で、このような五〇一(c)四団体を併設するケースや、五〇一(c)四団体として発足するケースがいくつか生まれている。

前者の例では、ヘリテージ財団のヘリテージ・アクション・フォー・アメリカ（Heritage Action for America, 以下ヘリテージ・アクションと略記する）、アメリカ進歩センターのアメリカ進歩センター・アクション・ファンド（Center for American Progress Action Fund）、競争的企業研究所の競争的企業のためのアメリカ人の会（Americans for Competitive Enterprise）、アメリカン・アクション・フォーラムのアメリカン・アクション・ネットワーク（American Action Network）、超党派政策センターの超党派政策センター・アドボカシー・ネットワーク（Bipartisan Policy Center Advocacy Network）がある。後者では、サード・ウェイ、トルーマン国家安全保障プロジェクト、保守改革ネットワークなどがある。超党派政策センター・アドボカシー・ネットワークを除き、いずれも保守、リベラルのイデオロギー系シンクタンクであるが、この五〇一(c)四団体化はブッシュ政権期に始まり、オバマ政権に入り一層進行した。

では、なぜこのような現象が特にイデオロギー系シンクタンクの間で生じているのか。一つには、イデオロギー系シンクタンクが草の根レベルへの接近をより強く意識するようになった可能性がある。保守派最大のシンクタンクであるヘリテージ財団のケースはそのことを示唆しており、ヘリテージ・アクションの立ち上げはティーパーティ運動との関係強化を目指す動きであったと考えられる。

しばしば指摘されているように、ティーパーティ運動は草の根保守の運動であり、オバマ政権の政策に強く反発した、一般の保守的有権者が各地で自然発生的に結集した運動である。言い換えると、ティーパーティ運動の発生においては明確な指導者と呼べるような人物や団体は存在しなかった。つまり、運動の初期の段階では既存の保守派の政治インフラが果たした役割は非常に限られていたが、このような現実は、長年「保守主義運動のリーダー」を自任してきたヘリテージ財団に対して大きな危機感を生じさせた可能性がある。そこで、今後も保守主義運動の先導役であり続けるために、ヘリテージ財団は草の根保守層への接近を視野に入れるようになった。しかし、五〇一(c)三団体のヘリテージ財団本体では、内国歳入法上の規制から草の根ロビーイングを展開することは難しい。そのため、ロビーイングにほとんど制約のない、五〇一(c)四団体の設置に踏み切ったと考えられる[4]。

こうして、二〇一〇年春に誕生したヘリテージ・アクションは、オバマ政権の政策課題を阻止することを目的とし、なかでもオバマケアに対する反対論を強力に訴え、各地で反対集会を頻繁に開催していった。そして、この草の根レベルにおける活動の主力となったのが、ヘリテージ・アクションが「センチネル（sentinel）」と名付ける活動家たちであり、彼らはほぼすべての選挙区に配置され、保守層の徹底的な動員に努めたのであった。

二〇一三年春に、長年ヘリテージ財団を率いてきたエドウィン・フルナーが引退し、その後任に、上院の共和党保守派を代表したジム・デミントが就任する。ヘリテージ・アクションの活動はデミントの後押しを受けてさらに勢いづくことになり、メディアからもますます注目されるようになった。二〇一三年秋に連邦予算の不成立から一七年ぶりに連邦政府機関が一時的に閉鎖された際には、オバマケア反対を唱えるヘリテージ・アクションなど保守派団体の動きが予算協議の決裂をもたらした主たる要因の一つであると報じられた(5)。

このように、現在ヘリテージ・アクションは注目を集める存在であるが、当然批判的な声もある。「ヘリテージ財団の脱シンクタンク化」や「シンクタンクとしてのヘリテージ財団の死」といった批判であり、アイディアの源泉としてのシンクタンク本来の役割を放棄していると考えられている(6)。確かに一理あるものの、そのような見方はイデオロギー系シンクタンクについての理解が一面的であると言わざるを得ない。すなわち、専ら政策研究・提言に従事しているという、古いシンクタンク像に基づいている。アメリカにおいて圧倒的多数を占めるイデオロギー系シンクタンクは、政策研究・提言のみに特化しているわけではない。当初からイデオロギー系シンクタンクは、同調者の糾合という政治運動の担い手としての性格を有してきたのであり、このような性格を考えれば、ヘリテージ・アクションに象徴される動きは、「脱シンクタンク化」というよりはむしろ「イデオロギー系シンクタンクの発展形」と捉えることもできる。すなわち、これまで主に政治家や専門家といった政策エリートを対象に展開されてきた政治運動が、草の根レベルの支持者もより本格的に巻き込む形で行われるようになったと考えることも可能である。このように、「イデオロギー系シンクタンクの発展形」として捉えるならば、五〇一(c)四団体化という現象は他の保守、リベラルのシンクタンクの間で広がっていく可能性は否定できない。

最後に、アメリカのシンクタンクに対する視線がますます厳しくなってきている現状についても触れなければならない。まず、保守系シンクタンクについては、以前より政治学者やジャーナリストの間で厳しい声が存在してきた。特に、ハッカーらの『オフ・センター』に象徴されるように、イデオロギー的分極化現象との関連において、保守系シンクタンクはアメリカの政治社会を分断させている要因の一つであると糾弾されてきた。そして、オバマ政権発足以降は、リベラル系シンクタンクに対しても厳しい目が向けられるようになった。すなわち、「専門的知識と党派心を結び付けているのは右派のみでない」と主張されている(7)。

また、一部のイデオロギー系シンクタンクについては、政治情勢に応じて立場を変えると批判されている。ヘリテージ財団はそのような批判を受けているシンクタンクの一つであり、その最たる例として医療保険改革をめぐる「変節」が指摘されている。オバマケアの柱の一つに採用された個人の医療保険加入義務という政策案は、元々一九九〇年代にヘリテージ財団のスチュアート・バトラーによって保守派の代案として提唱されたものであり、その後、二〇〇六年にミット・ロムニー州知事のもと実現したマサチューセッツ州の医療保険改革においてこのアイディアが採用された。しかし、オバマケアにおいても個人の保険加入義務が盛り込まれると、ヘリテージ財団は「誤りであった」とこのアイディアをあっさりと放棄した上に、先のヘリテージ・アクションを結成し、オバマケアへの反対を強硬に唱えるようになった。この「変節」がメディアなどから批判された。また、リベラル派を代表するアメリカ進歩センターもその一貫性をめぐり批判を浴びたことがある。ブッシュ政権時代、アメリカ進歩センターはアフガニスタン政策が失敗していると繰り返し訴えていたにもかかわらず、オバマ政権が発足すると一転してテロリストの掃討は着実に進んでいると主張するなどアフガニスタンにおける戦果を強調するようになったと批判されている(8)。

このように、保守、リベラルを問わずイデオロギー系シンクタンクに対する論調は厳しいものがある。その一方でアメリカのシンクタンク世界には、イデオロギー性の乏しいシンクタンクもある。中立系シンクタンクのことである。イデオロギー系シンクタンクが急増し特定イデオロギーに立つ政策研究が溢れる状況にあって、客観的な研究を追求する中立系シンクタンクの姿勢は高い信頼を集めてきた。しかし、ここ数年この中立系シンクタンクも厳しい目に晒されつつある。中立系シンクタンクについては、アメリカ政治の現状との関連ではなく、資金源との関係が問題視されつつある。

第四章で述べた通り、一九八〇年代に大型財団の助成や連邦政府の補助金が大幅に削減されると、中立系シンクタンクは新たな資金源の確保に一層力を入れるようになった。その結果、大企業の寄付を受けるようになり、また近年は外国政府など外国マネーも積極的に受け入れている。

第一章で言及した二〇一四年秋の『ニューヨーク・タイムズ』紙の記事は、正にこうした実態を批判的に分析したものであった。すなわち、同記事では、中立系シンクタンクが実施している研究の中身が外国マネーによって左右されているのではないかと懸念を投げ掛けたのである。無論、名指しされたシンクタンクの側は、そうした影響を即座に否定したが、その後も資金源との関係をめぐり、中立系シンクタンクを標的としたかのような記事が続いた。『ワシントン・ポスト』紙も、アメリカ国内の有力企業と中立系シンクタンクの関係を「告発」している。二〇一六年の夏には、『ニューヨーク・タイムズ』紙が再び資金源との関係を取り上げ、国内企業との関係について詳細な報道を行っている。確かに、シンクタンクと資金源の関係が批判的に取り上げられること自体は今回が初めてではない。アメリカのシンクタンクは非営利団体であり寄付金に依存していることから、大口支援者の影響はこれまでも繰り返し指摘されきた。しかし、それは第二章や第三章で紹介した一九八〇年代の保守系財団とＡＥＩの関係のように、主にイデオロギー系シンクタンクに関するものであり、中立系シンクタンクについては、日米貿易摩擦が激しかった頃、ジャーナリストのジョン・ジューディスらがブルッキングス研究所などに対する日本の資金提供を取り上げた以外は、注目されることはほとんどなかった(9)。現時点でアメリカのシンクタンク関係者の間では一連の報道の影響は限定的と考えられており、中立系シンクタンクの評判を大きく損なうものではないという声がほとんどである(10)。しかし、これまで高い信頼を集めてきた中立系シンクタンクに対しても批判の目が向けられつつある現状はやはり軽視すべきではない。

今日、少なくとも一般の次元ではアメリカ政治の分析においてシンクタンクは欠かせない対象であると広く認識されている。二〇一六年大統領選挙において、「反エスタブリッシュメント」を掲げ、ワシントン政界批判を繰り返したドナルド・トランプでさえ、ヘリテージ財団関係者の助言を受けたことが明らかになっており、政権移行においてもエドウィン・フルナー、エドウィン・ミース、ジェームズ・カラファノといった同財団関係者が重要な役割を果たした。こうした例によって、アメリカのシンクタンクの影響力を高く評価する声がさらに拡大していくことは間違いない(11)。

その一方で、一〇〇年あまりに及ぶその歴史を振り返るとき、イデオロギー的分極化との関連であれ、資金源との関連であれ、アメリカのシンクタンク世界全体がこれほどまでに厳しい視線に晒されたことはなかった。アメリカのシンクタンクを考察する上で、こうしたシンクタンクをめぐる論調が変化してきているという、もう一つの「現実」も無視すべきではない。

（1）Jacob S. Hacker and Paul Pierson, *Off Center: The Republican Revolution and the Erosion of American Democracy* (New Haven: Yale University Press, 2005); Barbara Sinclair, *Party Wars: Polarization and the Politics of National Policy Making* (Norman: University of Oklahoma Press, 2006).

（2）David Leonhardt, "Podesta Starting a Think Tank on Inequality," *New York Times*, November 6, 2013; Jackie Calms, "G.O.P. Group to Promote Conservative Ideas," *New York Times*, February 3, 2010; Sam Tanenhaus, "Can the G.O.P. Be a Party of Ideas?" *New York Times*, July 2, 2014.

（3）Laura Rosen, "PNAC 2.0," *Foreign Policy*, March 26, 2009. ジェイミー・フライ元外交政策イニシアチブ事務局長／マルコ・ルビオ上院議員顧問とのインタビュー（二〇一七年一一月一八日）。

（4）中山俊宏はティーパーティ運動が既存の保守系シンクタンクに対して与えた衝撃を指摘している。中山俊宏『アメリカン・イデオロギー――保守主義運動と政治的分断』（勁草書房、二〇一三年）、二三九―二四六頁。

（5）拙稿「シンクタンク――「アイディア業界」の変容」山岸敬和・西川賢編『ポスト・オバマのアメリカ』（大学教育出版、二〇一六年）、一一〇―一一三頁。

（6）　Ezra Klein, “Jim DeMint and the Death of Think Tanks,” *Washington Post*, December 6, 2012; Jason Stahl, “The Heritage Foundation Has Always Been Full of Hacks,” *Salon*, October 20, 2013; Molly Ball, “The Fall of the Heritage Foundation and the Death of Republican Ideas,” *Atlantic*, September 25, 2013.

（7）　Tevi Troy, “Devaluing the Think Tank,” *National Affairs*, Winter 2012, pp. 75–90; Bryan Bender, “Many D.C. Think Tanks Now Players in Partisan Wars,” *Boston Globe*, August 11, 2013.

（8）　Michael Cooper, “Conservatives Sowed Idea of Health Care Mandate, Only to Spurn It Later,” *New York Times*, February 14, 2012; Tiomthy Noah, “A Conservative Think Tank Indignantly Denies Influencing Obamacare,” *Slate*, April 19, 2010; Michael A. Cohen, “All Silent on the Lefty Front,” *New Republic*, June 11, 2010; Ken Silverstein, “The Great Think-Tank Bubble,” *New Republic*, February 19, 2013.

（9）　拙稿「シンクタンク」一一三—一一九頁。Eric Lipton and Brooke Williams, “Researchers or Corporate Allies? Think Tanks Blur the Line,” *New York Times*, August 7, 2016; Eric Lipton, Nicholas Confessore, and Brooke Williams, “Think Tank Scholar or Corporate Consultant? It Depends on the Day,” *New York Times*, August 8, 2016.

（10）　シンクタンク関係者（匿名希望）とのインタビュー（二〇一六年一一月一八日）。

（11）　Jeremy Herb and Connor O’Brien, “Trump Turns Defense Hawk,” *Politico*, September 7, 2016; Katie Glueck, “Trump’s Shadow Transition Team,” *Politico*, November 22, 2016. 渡部恒雄「トランプ政権に影響力を与える保守系シンクタンクが登場か?」（二〇一六年一一月二二日）、http://www.tkfd.or.jp/research/america/u32zjc

参考文献

インタビュー（所属・役職はインタビュー当時のもの）

スコット・ベイツ（Scott Bates） 国家政策センター理事長（二〇一五年七月三〇日）。

ブライアン・ベンダー（Bryan Bender） ポリティコ紙記者（二〇一六年一一月一七日）。

ジェイミー・フライ（Jamie Fly）元外交政策イニシアチブ事務局長／マルコ・ルビオ上院議員外交顧問（二〇一七年三月二日）。

トーマス・フォンファーラ（Thomas Fonfara） クウォールズ・ブラディ法律事務所政治顧問／元トンプソン州知事政策ディレクター（二〇〇四年五月三日）。

ジョン・フォルティーア（John C. Fortier） 超党派政策センター上級研究員（二〇一一年九月一日）。

ロバート・ファウスト（Robert S. Foust） ジョージ・ワシントン大学客員教授／元ケント・コンラッド上院民主党議員上級政策アドバイザー（二〇〇九年一一月一日、二〇一二年三月二二日、二〇一六年一一月一五日）。

ラース・ハンセル（Lars Hänsel） コンラート・アデナウアー財団ワシントンD・C支部長（二〇一二年三月二六日）。

ジョアン・ハファー（Joan Huffer） 予算・優先政策センター連邦財政イニシアチブ部長（二〇一二年三月二六日）。

クリスタ・ケイファー（Krista Kafer） ヘリテージ財団上級研究員（二〇〇四年一一月三日）。

ジェフ・クリヒリー（Jeff Krehely） 元アメリカ進歩センターLGBT問題研究部長（二〇一一年九月一日、二〇一二年三月二〇日、二〇一四年一一月一七日、二〇一六年一一月一八日）。

レスリー・レンコウスキー（Leslie Lenkowsky） インディアナ州立大学教授（二〇〇五年八月一〇日）。

トーマス・パルマー（Thomas G. Palmer） アトラス経済研究財団国際プログラム部長／ケイトー研究所上級研究員（二〇一二年三月二二日）。

アキ・ペリッツ（Aki Peritz） 元サード・ウェイ研究員／TDインターナショナル・マネージャー（二〇一六年一一月一八日）。

アンドリュー・リッチ（Andrew Rich） ニューヨーク市立大学准教授（二〇〇七年一一月二二日）。

マーク・リグドン（Mark Rigdon）スペンサー財団プログラム・オフィサー（二〇〇四年一月七日）。

ピーター・シンガー（Peter W. Singer）ブルッキングス研究所上級研究員（二〇一〇年九月二日）。

ジェームズ・スミス（James A. Smith）ロックフェラー・アーカイブ・センター研究教育部長（二〇〇八年四月四日、二〇一一年九月三日）。

ベーカー・スプリング（Baker Spring）ヘリテージ財団研究員（二〇〇六年一〇月二五日）。

スン＝ジュ・チョ（Sung-ju Cho）在米韓国大使館シニア・リサーチャー（二〇一四年一一月一九日、二〇一六年一一月一六日）。

マット・ウォーナー（Matt Warner）アトラス経済研究財団プログラム部長（二〇一二年三月二二日）。

回顧録

Anderson, Martin, *Revolution: The Reagan Legacy* (Stanford: Hoover Institution Press, 1990).
Bolick, Clint, *Voucher Wars: Waging the Legal Battle over School Choice* (Washington D.C.: Cato Institute, 2003).
Brennan, David L., *Victory for Kids: The Cleveland School Voucher Case* (Beverly Hills: New Millennium Press, 2002).
Campbell, W. Glenn, *The Competition of Ideas: How My Colleagues and I Built the Hoover Institution* (Ottawa: Jameson Books, 2000).
Feith, Douglas J., *War and Decision: Inside the Pentagon at the Dawn of the War on Terrorism* (New York: Harper, 2008).
Finn, Chester E., *Troublemaker: Personal History of School Reform since Sputnik* (Princeton: Princeton University Press, 2008).
Ford, Virginia Walden, *Voices, Choices, and Second Chances: How to Win the Battle to Bring Opportunity Scholarship to Your State* (Washington D.C.: D.C. Parents for School Choice, 2005).
From, Al, *The New Democrats and the Return to Power* (New York: Palgrave Macmillan, 2013).
Harmer, John, *Reagan: Man of Principle* (Springville: Council Press, 2002).
Kristol, Irving, *Neoconservatism: The Autobiography of an Idea* (New York: The Free Press, 1995).
Ravitch, Diane, *The Death and Life of the Great American School System: How Testing and Choice Are Undermining Education* (New York: Basic Books, 2010).

Teller, Edward, *Memoirs: A Twentieth-Century Journey in Science and Politics* (Cambridge: Perseus Publishing, 2001).

Thompson, Tommy, *Power to the People: An American State at Work* (New York: HarpersCollins Publishers, 1996).

Wiarda, Howard J., *Conservative Brain Trust: The Rise, Fall, and Rise Again of the American Enterprise Institute* (Lanham: Lexington Books, 2009).

——, *Think Tanks and Foreign Policy: The Foreign Policy Research Institute and Presidential Politics* (Plymouth: Lexington Books, 2010).

鈴木崇弘『日本に「民主主義」を起業する——自伝的シンクタンク論』（第一書林、二〇〇七年）。

ブッシュ、ジョージ・W著、伏見威蕃訳『決断のとき　下』（日本経済新聞出版社、二〇一一年）。

ラムズフェルド、ドナルド著、江口泰子ほか訳『真珠湾からバグダッドへ——ラムズフェルド回想録』（幻冬舎、二〇一二年）。

ロックフェラー、デイビッド著、楡井浩一訳『ロックフェラー回顧録』（新潮社、二〇〇七年）。

シンクタンク発行資料およびシンクタンク関係者著作物

Adesnik, David, *100 Years of Impact: Essays on the Carnegie Endowment for International Peace* (Washington D.C.: Carnegie Endowment for International Peace, 2011).

American Enterprise Institute, *2012 Annual Report, 2011 Annual Report, 2010 Annual Report.*

Brookings Institution, *2012 Annual Report, 2011 Annual Report, 2010 Annual Report.*

Carnegie Endowment for International Peace, *2012 Annual Report, 2011 Annual Report, 2010 Annual Report.*

Cato Institute, *2012 Annual Report, 2011 Annual Report, 2010 Annual Report.*

Center for American Progress, *2012 Annual Report, 2011 Annual Report, 2010 Annual Report.*

Center for Security Policy, *2002 Annual Report, 2001 Annual Report.*

Chubb, John E., and Terry M. Moe, "Educational Choice," *Wisconsin Policy Research Institute Report*, vol. 2, no. 3 (1989).

——, "Letting School Work," *City Journal*, vol. 1, no. 1 (1990).

——, *Politics, Markets and America's Schools* (Washington D.C.: Brookings Institution Press, 1990).

Duignan, Peter, and Alvin Rabushka, eds., *The United States in the 1980s* (Palo Alto: Hoover Institution, 1980).

Dyble, Colleen, and Jean Baugh, eds., *Freedom Champions: Stories from the Front Lines in the War of Ideas* (Washington D.C.: Atlas Economic Research Foundation, 2011).

Edwards, Lee, *The Power of Ideas: The Heritage Foundation at 25 Years* (Ottawa: Jameson Books, 1997).

——, *Leading the Way: The Story of Ed Feulner and the Heritage Foundation* (New York: Crown Forum, 2013).

Feulner, Edwin J., *Conservatives Stalk the House: The Story of the Republican Study Committee* (Ottawa: Green Hill Publishers, 1983).

——, "Heritage Foundation," in James G. McGann and R. Kent Weaver, eds., *Think Tanks and Civil Societies: Catalysts for Ideas and Action* (New Brunswick: Transaction Publishers, 2002).

Green, Mark, and Michele Jolin, eds., *Change for America: A Progressive Blueprint for the 44th President* (New York: Basic Books, 2009).

Grose, Peter, *Continuing the Inquiry: The Council on Foreign Relations from 1921 to 1996* (New York: Council on Foreign Relations, 2006).

Hart, Benjamin, ed., *The Third Generation: Young Conservative Leaders Look to the Future* (Washington D.C.: Regnery Gateway, 1987).

Heritage Foundation, *Mandate for Leadership: Policy Management in a Conservative Administration* (Washington D.C.: Heritage Foundation, 1981).

——, *How Business Can Save Education: A State Agenda for Reform* (Washington D.C.: Heritage Foundation, 1991).

——, *2012 Annual Report, 2011 Annual Report, 2010 Annual Report.*

——, "Tenth Anniversary of the Anti-Ballistic Missile Treaty Withdrawal," *Lecture*, February 14, 2013.

McGraw, Onalee, *Family Choice in Education: The New Imperative* (Washington D.C.: Heritage Foundation, 1978).

Mingardi, Alberto, "Bringing the Market Back to Italy," in Dyble and Baugh, eds., *Freedom Champions.*

Missile Defense Study Team, *Defending America: A Near-and Long-Term Plan to Deploy Missile Defense* (Washington D.C.: Heritage Foundation, 1995).

——, *Defending America: Ending Vulnerability to Ballistic Missile* (Washington D.C.: Heritage Foundation, 1996).

——, *Defending America: A Plan to Meet the Urgent Missile Threat* (Washington D.C.: Heritage Foundation, 1999).

Moe, Terry M., *Schools, Vouchers, and the American Public* (Washington D.C.: Brookings Institution Press, 2001).

Podesta, John, *The Power of Progress: How America's Progressives Can (Once Again) Save Our Economy, Our Climate, and Our Country* (New York: Crown Publishers, 2008).

RAND Corporation, *2012 Annual Report, 2011 Annual Report, 2010 Annual Report*.

Selee, Andrew, *What Should Think Tanks Do? A Strategic Guide to Policy Impact* (Stanford: Stanford University Press, 2013).

Singer, Peter W., "Washington's Think Tanks: Factories to Call Our Own," *Washingtonian*, August 13, 2010.

Smith, James A., *Brookings at Seventy-Five* (Washington D.C.: Brookings Institution Press, 1991).

——, *Strategic Calling: The Center for Strategic and International Studies 1962–1992* (Washington D.C.: Center for Strategic and International Studies, 1993).

Spring, Baker, "The Heritage Foundation: Influencing the Debate on Missile Defense," in Department of State, *The Role of Think Tanks in U.S. Foreign Policy*, November 2002.

Teller, Edward, "Technology: The Imbalance of Power," in Duignan and Rabushka, eds., *The United States in the 1980s*.

Think Tanks & Civil Societies Program, *Global Go To Think Tank Index Report 2015*.

Troy, Tevi, "Devaluing the Think Tank," *National Affairs*, Winter 2012.

Weidenbaum, Murray, *The Competition of Ideas: The World of the Washington Think Tanks* (New Brunswick: Transaction Publishers, 2009).

Williams, Polly, "School Choice: A Vehicle for Achieving Educational Excellence in the African-American Community," *Heritage Foundation Lecture No. 414*, 1992.

アーバン・インスティテュート編、上野真城子監訳『政策形成と日本型シンクタンク——国際化時代の「知」のモデル』（東洋経済新報社、一九九四年）。

フリードマン、ミルトン著、村井章子訳『資本主義と自由』（日経BP社、二〇〇八年）。

フリードマン、ミルトン、ローズ・フリードマン著、西山千明訳『選択の自由——自立社会への挑戦（新装版）』（日本経済新聞出版社、二〇一二年)。

新聞・雑誌記事

Archer, Jeff, "Agitator for Choice Leaves Her Mark," *Education Week*, November 12, 2003.

Baer, Kenneth S., "The Homeless Democrats," *Slate*, February 2, 2001.

Ball, Molly, "The Fall of the Heritage Foundation and the Death of Republican Ideas," *Atlantic*, September 25, 2013.

Barnes, James A., "The Company He Keeps," *National Journal*, August 8, 1999.

Baron, Kevin, "Meet the Insurgency: Inside the Liberal Take-Over of U.S. National Security," *Defense One*, June 6, 2014.

Barrett, Randy, "Surge Protector," *National Journal*, February 10, 2007.

Bender, Bryan, "Many D.C. Think Tanks Now Players in Partisan Wars," *Boston Globe*, August 11, 2013.

Bowman, Darcia Harris, "Republican Prefer to Back by Any Other Name," *Education Week*, January 31, 2001.

Burger, Timothy J., and Mary Jacoby, "In Baltimore, Frosh Pledge 'Revolution'," *Roll Call*, December 12, 1994.

Calms, Jackie, "G.O.P. Group to Promote Conservative Ideas," *New York Times*, February 3, 2010.

Carney, Elizabeth, "Extreme Makeover," *National Journal*, February 26, 2005.

Catanzaro, Michael J., "David Brennan," *Human Events*, March 20, 1998.

Cheapak, Rob, "Democrats Resent Think Tank Workshop," *Tampa Tribune*, January 8, 1997.

Cohen, Michael A., "All Silent on the Lefty Front," *New Republic*, June 11, 2010.

Cooper, Kenneth J., "A Radical Prescription for Schools," *Washington Post*, June 11, 1990.

Cooper, Michael, "Conservatives Sowed Idea of Health Care Mandate, Only to Spurn It Later," *New York Times*, February 14, 2012.

Crowley, Michael, "The Shadow President," *New Republic*, November 19, 2008.

De Witt, Karen, "Washington at Work: Education Pundit Heard as Voice of Revolution," *New York Times*, August 2, 1991.

Dreazen, Yochi J., "Obama Dips into Think Tank for Talent," *Wall Street Journal*, November 16, 2008.
Drezner, Daniel W., "Why I'm Not Freaking Out Too Much about the Foreign Funding of American Think Tanks," *Washington Post*, September 8, 2014.
——, "Five Things I Now Think I Think about Think Tanks," *Washington Post*, October 15, 2014.
Eggen, Dan, "Groups on the Left Are Suddenly on Top," *Washington Post*, June 4, 2009.
Fialka, John J., "Reagan-Aide Seeks to Persuade GOP to Push for Smaller Version of Star Wars Missile Defense," *Wall Street Journal*, April 6, 1996.
Glueck, Katie, "Trump's Shadow Transition Team," *Politico*, November 22, 2016.
Gorman, Siobhan, "Bush's Lesson Plan," *National Journal*, August 7, 1999.
Hager, George, "Bush Shops for Advice at Calif. Think Tank," *Washington Post*, June 8, 1999.
Hechinger, Fred M., "About Education: Conflicting Messages from Administration," *New York Times*, May 7, 1985.
Herb, Jeremy, and Connor O'Brien, "Trump Turns Defense Hawk," *Politico*, September 7, 2016.
Holsendolph, Ernest, "Waiting for Reagan-And Change; Washington," *New York Times*, January 4, 1981.
Hsu, Spencer S., "How Vouchers Came to D.C.," *Education Next*, Fall 2004.
Huang, Cary, "Think Tanks Face Hurdle in Answering Xi Jinping's Call," *South China Morning Post*, November 3, 2014.
Innert, Carol, "Liberals Take Conservative Tack, School Choice for Public Schools," *Washington Times*, June 6, 1990.
Ioffe, Julia, "A 31 Year-Old Is Tearing Apart the Heritage Foundation," *New Republic*, November 24, 2013.
Judis, John, "The Japanese Megaphone," *New Republic*, January 22, 1990.
——, "Sullied Heritage," *New Republic*, April 23, 2001.
——, "Foreign Funding of Think Tanks Is Corrupting Our Democracy," *New Republic*, September 10, 2014.
Kaiser, Robert G., and Ira Chinoy, "Scaife: Funding Father of the Right," *Washington Post*, May 2, 1999.
Khimm, Suzy, "The Right's Latest Weapon: Think-Tank Lobbying Muscle," *Washington Post*, January 24, 2013.
Klein, Ezra, "Jim DeMint and the Death of Think Tanks," *Washington Post*, December 6, 2012.
Kondracke, Morton, "The Heritage Model," *New Republic*, December 20, 1980.

Kosterlitz, Julie, "As Times Change, Key Think Tanks Trade Places," *National Journal*, February 14, 2009.

Kukis, Mark, "In the Tanks," *National Journal*, January 15, 2005.

Leonhardt, David, "Podesta Starting a Think Tank on Inequality," *New York Times*, November 6, 2013.

Lewis-Kraus, Gideon, "Could Hillary Clinton Become the Champion of the 99 Percent," *New York Times*, July 23, 2016.

Lichtblau, Eric, "Cato Institute and Koch Brothers Reach Agreement," *New York Times*, June 25, 2012.

Lipton, Eric, and Brooke Williams, "Researchers or Corporate Allies? Think Tanks Blur the Line," *New York Times*, August 7, 2016.

Lipton, Eric, Nicholas Confessore, and Brooke Williams, "Think Tank Scholar or Corporate Consultant? It Depends on the Day," *New York Times*, August 8, 2016.

Lizza, Ryan, "Romney's Dilemma: How His Greatest Achievement Has Become His Biggest Liability," *New Yorker*, June 6, 2011.

——, "Fussbudget: How Paul Ryan Captured the G.O.P.," *New Yorker*, August 6, 2012.

McDuffee, Allen, "Heritage Foundation Graduates New Class of Hill Staffers from Conservative Value Program," *Washington Post*, October 9, 2012.

Mezzacappa, Dale, "Market Forces: Professor Paul Peterson's Influential Protégé," *Education Sector*, April 2006.

Milbank, Dana, "White House Hopes Gas Up a Think Tank," *Washington Post*, December 8, 2000.

——, "From Iran, the 'Thomas Paine of School Choice'," *Washington Post*, September 3, 2003.

Milbank, Dana, and Ellen Nakamura, "Bush Team Has 'Right' Credentials," *Washington Post*, March 25, 2001.

Nichols, John, "ALEC Exposed," *The Nation*, August 1–8, 2011.

Noah, Timothy, "Chris DeMuth, Hack Extraordinaire," *Slate*, October 11, 2007.

——, "A Conservative Think Tank Indignantly Denies Influencing Obamacare," *Slate*, April 19, 2010.

Oinger, David, "Right Thinking," *St. Petersburg Times*, July 14, 1991.

Palmer, Anna, and Manu Raju, "Jim DeMint Back at War with Republicans," *Politico*, July 18, 2013.

Pear, Robert, "Reagan Proposes Vouchers to Give Poor a Choice of Schools," *New York Times*, November 14, 1985.

Pitsch, Mark, "Conservative Vie to Use Momentum to Push Education-Reform Agenda," *Education Week*, February 1, 1995.

——, "Empower America Cast in Key Role in Dole Campaign," *Education Week*, September 18, 1996.

Rado, Diane, "School Vouchers Gaining Favor," *St. Petersburg Times*, January 8, 1997.

Rogin, Josh, "Hagel Set to Scuttle Internal Think Tank," *Daily Beast*, October 24, 2013.

Rosen, Laura, "PNAC 2.0," *Foreign Policy*, March 26, 2009.

Savage, Charlie, "John Podesta, Shepherd of a Government in Exile," *New York Times*, November 7, 2008.

Schambra, William, "Michael Joyce's Mission: Using Philanthropy to Wage a War of Ideas," *Chronicle of Philanthropy*, March 9, 2006.

Silverstein, Ken, "The Great Think-Tank Bubble," *New Republic*, February 19, 2013.

——, "The Secret Donors behind the Center for American Progress and Other Think Tanks," *The Nation*, May 22, 2013.

Stahl, Jason, "Heritage Foundation Has Always Been Full of Hacks," *Salon*, October 20, 2013.

Steinhauer, Jennifer, and Jonathan Weisman, "In the DeMint Era at Heritage, a Shift from Policy to Politics," *New York Times*, February 23, 2014.

Stolberg, Sheryl Gay, and Mike McIntire, "A Federal Budget Crisis Months in the Planning," *New York Times*, October 5, 2013.

Stone, Peter H., "Ice-Cold Warrior," *National Journal*, December 23, 1995.

Tanenhaus, Sam, "Can the G.O.P. Be a Party of Ideas?" *New York Times*, July 2, 2014.

Taylor, Andrew, "Democrats' Go-To Guy Gets the Facts Straight," *CQ Weekly*, March 7, 2005.

Troy, Tevi, "Devaluing the Think Tank," *National Affairs*, Winter 2012.

Vest, Jason A., "The Men from JINSA and CSP," *The Nation*, September 2/9, 2002.

Weisman, Robert, "A Witness to Change in Russia," *Hartford Courant*, October 30, 1993.

White, Eileen, "Heritage Provides Conservative Blueprint for Education Policy," *Education Week*, September 28, 1981.

——, "Power, Visibility, Come to the Heritage Foundation," *Education Week*, September 28, 1981.

Willard, Dennis J., and Doug Oplinger, "Brennan Foundation Funds School Business," *Akron Beacon Journal*, December 13, 1999.

Zeller, Shawn, "Conservative Crusader," *National Journal*, April 26, 2003.

——, "Power Shift Could Force Think Tank to Mellow," *CQ Weekly*, November 24, 2008.

二次文献

Abelson, Donald E., *American Think Tanks and Their Role in U.S. Foreign Policy* (New York: St. Martin's Press, 1996).

——, *Do Think Tanks Matter? Assessing the Impact of Public Policy Institutes* (Montreal & Kingston: McGill-Queen's University Press, 2002).

——, *A Capitol Idea: Think Tanks and US Foreign Policy* (Montreal & Kingston: McGill-Queen's University Press, 2006).

Baer, Kenneth S., *Reinventing Democrats: The Politics of Liberalism from Reagan to Clinton* (Lawrence: University Press of Kansas, 2000).

Bai, Matt, *The Argument: Inside the Battle to Remake Democratic Politics* (New York: Penguin Books, 2007).

Baucom, Donald R., *The Origins of SDI, 1944–1983* (Lawrence: University Press of Kansas, 1992).

Blair, Peter D., *Congress' Own Think Tank: Learning from the Legacy of the Office of Technology Assessment (1972–1995)* (New York: Palgreve Macmillan, 2013).

Block, David, *Blinded by the Right: The Conscience of an Ex-Conservative* (New York: Three River Press, 2002).

——, *The Republican Noise Machine: Right-Wing Media and How It Corrupts Democracy* (New York: Crown Publishers, 2004).

Blumenthal, Sidney, *The Rise of the Counter-Establishment: From Conservative Ideology to Political Power* (New York: Times Books, 1986).

Bruce-Briggs, B., *Shield of Faith: Strategic Defense from Zeppelins to Star Wars* (New York: A Touchstone Book, 1988).

Bulman, Robert C., and David L. Kirp, "The Shifting Politics of School Choice," in Sugarman and Kermer, eds., *School*

Choice and School Controversy.

Burns, Richard Dean, *The Missile Defense Systems of George W. Bush: A Critical Assessment* (Santa Barbara: Praeger, 2010).

Cahn, Anne Hessing, *Killing Détente: The Right Attacks the CIA* (University Park: Pennsylvania State University Press, 1998).

Carl, Jim, "Unusual Allies: Elite and Grass-Roots Origins of Parental Choice in Milwaukee," *Teachers College Record*, vol. 98, no. 2 (1990).

Ciarrocca, Michelle, and William D. Hartung, "Axis of Influence: Behind the Bush Administration's Missile Defense Revival," *A World Policy Institute Special Report*, July 2002.

Cockett, Richard, *Thinking the Unthinkable: Think Tanks and the Economic Counter-Revolution, 1931–1983* (London: HarperCollins Publishers, 1995).

Cohen, Rick, *Strategic Grantmaking: Foundations and the School Privatization Movement* (Washington D.C.: National Committee for Responsive Philanthropy, 2007).

Collins, Martin J., *Cold War Laboratory: Rand, the Air Force, and the American State, 1945–1950* (Washington D.C.: Smithsonian Institution Press, 2002).

Covington, Sally, *Moving a Public Policy Agenda: The Strategic Philanthropy of Coservative Foundations* (Washington D.C.: National Committee for Responsive Philanthropy, 1997).

Critchlow, Donald T., *The Brookings Institution, 1916–1952: Expertise and the Public Interest in a Democratic Society* (DeKalb: Northern Illinois University Press, 1985).

——, *The Conservative Ascendancy: How the Republican Party Right Rose to Power in Modern America* (Kansas: University Press of Kansas, 2011).

Day, Alan J., "Think Tanks in Western Europe," in McGann and Weaver, eds., *Think Tanks and Civil Societies*.

Denham, Andrew, and Mark Garnett, *British Think-Tanks and the Climate of Opinion* (London: UCL Press, 1998).

——, "A 'Hollowed-Out' Traditions? British Think Tank in the Twenty-First Century," in Stone and Denham, eds.,

Think Tank Traditions.

Derthick, Martha, and Paul J. Quirk, *The Politics of Deregulation* (Washington D.C.: Brookings Institution, 1985).

Dickson, Paul, *Think Tanks* (New York: Atheneum, 1971).

Dowie, Mark, *American Foundations: An Investigative History* (Cambridge: MIT Press, 2001).

FitzGerald, Frances, *Way Out There in the Blue: Reagan, Star Wars and the End of the Cold War* (New York: Touchstone Book, 2000).

Frost, Gerald, *Antony Fisher: Champion of Liberty* (London: Profile Books, 2002).

Gellner, Winard, "The Politics of Policy: 'Political Think Tanks' and Their Markets in the U.S. Institutional Environment," *Presidential Studies Quarterly*, vol. 25 (1995).

Glenn, Brian J., and Steven M. Teles, eds., *Conservatism and American Political Development* (Oxford: Oxford University Press, 2009).

Graham, Bradley, *Hit to Kill: The New Battle over Shielding America from Missile Attack* (New York: Public Affairs, 2001).

——, *By His Own Rule: The Ambitions, Successes, and Ultimate Failure of Donald Rumsfeld* (New York: Public Affairs, 2009).

Hacker, Jacob S., and Paul Pierson, *Off Center: The Republican Revolution and the Erosion of American Democracy* (New Haven: Yale University Press, 2005).

——, *Winner-Take-All Politics: How Washington Made the Rich Richer—And Turned Its Back on the Middle Class* (New York: Simon & Schuster, 2010).

Heclo, Hugh, "Issue Networks and the Executive Establishment," in Anthony King, ed., *The New American Political System* (Washington D.C.: AEI Press, 1978).

Hellebust, Lynn Johnson, and Kristen Page Hellebust, *Think Tank Directory: A Guide to Independent Nonprofit Public Policy Research Organizations* (Kansas: Government Research Service, 2006).

Henig, Jeffrey R., *Rethinking School Choice: Limits of the Market Metaphor* (Princeton: Princeton University Press,

1994).

——, "Education Policy from 1980 to the Present: The Politics of Privatization," in Glenn and Teles, eds., *Conservatism and American Political Development*.

Herzog, Arthu, *The War-Peace Establishment* (New York: iUniverse, 2003).

Hildreth, Steven A., and Amy F. Wolf, "National Missile Defense: Issues for Congress," *CRS Issue Brief for Congress*, May 2, 2001.

Himmelstein, Jerome L., *To the Right: The Transformation of American Conservatism* (Berkeley: University of California Press, 1990).

Jones, Daniel Stedman, *Masters of the Universe: Hayek, Friedman and the Birth of Neoliberal Policies* (Princeton: Princeton University Press, 2012).

Judis, John B., *The Paradox of American Democracy: Elites, Special Interests, and the Betrayal of Public Trust* (New York: Routledge, 2001).

Kazin, Michael, ed., *In Search of Progressive America* (Philadelphia: University of Pennsylvania Press, 2008).

Kingdon, John W., *Agendas, Alternatives, and Public Policies* (New York: Longman, 1995).

Kitfield, Eleanor Evans, *The Capitol Source* (Wasington D.C.: National Journal, 1995).

Lagemann, Ellen Condliffe, ed., *Philhanthropic Foundations: New Scholarship, New Possibilities* (Bloomington: Indiana University Press, 1999).

Lichtenstein, Nelson, "Ideology and Interest on the Social Policy Home Front," in Julian E. Zelizer, ed., *The Presidency of George W. Bush: A Historical Assessment* (Princeton: Princeton University Press, 2010).

Lindquist, Evert A., "Three Decades of Canadian Think Tanks: Evolving Institutions, Conditions, and Strategies," in Stone and Denham, eds., *Think Tank Traditions*.

Lunder, Erica, "Tax-Exempt Organizations: Political Activity Restrictions and Disclosure Requirements," *CRS Report*, September 11, 2007.

Mann, James, *Rise of Vulcans: The History of Bush's War Cabinet* (New York: Viking, 2004).

——, *The Obamians: The Struggle inside the White House to Redefine American Power* (New York: Viking, 2012).

Mattson, Kevin, *Intellectuals in Action: The Origins of the New Left and Radical Liberalism* (University Park: Pennsylvania State University Press, 2002).

McGann, James G., *The Competition for Dollars, Scholars and Influence in the Public Policy Research Industry* (Lanham: University Press of America, 1995).

——, *Think Tanks and Policy Advice in the United States: Academics, Advisors and Advocates* (New York: Routledge, 2007).

——, *The Fifth Estate: Think Tanks, Public Policy, and Governance* (Washington D.C.: Brookings Institution Press, 2016).

McGann, James G., and Richard Sabatini, *Global Think Tanks: Policy Networks and Governance* (New York: Routledge, 2011).

McGann, James G., and R. Kent Weaver, eds., *Think Tanks and Civil Societies: Catalysts for Ideas and Action* (New Brunswick: Transaction Publishers, 2002).

McGuinn, Patrick J., *No Child Left Behind and the Transformation of Federal Education Policy, 1965–2005* (Lawrence: University Press of Kansas, 2006).

Medvetz, Thomas, *Think Tanks in America* (Chicago: University of Chicago Press, 2012).

Micklethwait, John, and Adrian Wooldridge, *The Right Nation: Conservative Power in America* (New York: Penguin Press, 2004).

Miller, John J., *Strategic Investment in Ideas: How Two Foundations Reshaped America* (Washington D.C.: Philanthropy Roundtable, 2003).

——, *A Gift of Freedom: How the John M. Olin Foundation Changed America* (San Francisco: Encounter Books, 2006).

Mirowski, Philip, and Dieter Plehwe, eds., *The Road from Mont Pelerin: The Making of the Neoliberal Thought Collective* (Cambridge: Harvard University Press, 2009).

Mitchell, Gordon R., *Strategic Deception: Rhetoric, Science, and Politics in Missile Defense Advocacy* (East Lansing: Michigan State University Press, 2000).

Mossberger, Karen, *The Politics of Ideas and the Spread of Enterprise Zones* (Washington D.C.: Georgetown University Press, 2000).

Nash, George H., *The Conservative Intellectual Movement in America since 1945* (New York: Basic Books, 1976).

Oreskes, Naomi, and Eric M. Conway, *Merchants of Doubt: How a Handful of Scientists Obscured the Truth on Issues from Tabacco Smoke to Global Warming* (New York: Bloomsbury Press, 2010).

Parmar, Inderjeet, *Think Tanks and Power in Foreign Policy: A Comparative Study of the Role and Influence of the Council on Foreign Relations and the Royal Institute of International Affairs, 1939–1945* (New York: Palgrave Macmillan, 2004).

——, *Foundations of the American Century: The Ford, Carneige and Rockefeller Foundations in the Rise of American Power* (New York: Columbia Unviersity Press, 2012).

Pautz, Hartwig, *Think Tanks, Social Democracy and Social Policy* (New York: Palgrave Macmillan, 2012).

Phillips-Fein, Kim, *Invisible Hands: The Making of the Conservative Movement from the New Deal to Reagan* (New York: W. W. Norton, 2009).

Reiss, Edward, *The Strategic Defense Initiative* (Cambridge: Cambridge University Press, 1992).

Riccards, Jennifer Ballen, “No D.C. Child Left Behind: An Examination of the History and Early Implementation of the Washington, D.C. Voucher Program” (Ph.D. dissertation, University of Pennsylvania, 2005).

Ricci, David M., *The Transformation of American Politics: The New Washington and the Rise of Think Tanks* (New Haven: Yale University Press, 1993).

Rich, Andrew, *Think Tanks, Public Policy, and the Politics of Expertise* (Cambridge: Cambridge University Press, 2004).

Rich, Andrew, and R. Kent Weaver, “Advocates and Analysts: Think Tanks and the Politicization of Expertise,” in Allan J. Cigler and Burdett A. Loomis, eds., *Interest Group Politics, Fifth Edition* (Washington D.C.: CQ Press, 1998).

Ryan, Maria, *Neoconservatism and the New American Century* (New York: Palgrave Mamillan, 2010).

Samman, Jean-Loup, *The RAND Corporation (1989–2009): The Reconfiguration of Strategic Studies in the United States* (New York: Palgrave Macmillan, 2012).

Sanders, Jerry W., *Peddlers of Crisis: The Committee on the Present Danger and the Politics of Containment* (Cambridge:

South End Press, 1983).

Sanger, David E., *Confront and Conceal: Obama's Secret Wars and Surprising Use of American Power* (New York: Broadway Paperbacks, 2012).

Schulzinger, Robert D., *The Wise Men of Foreign Affairs: The History of the Council on Foreign Relations* (New York: Columbia University Press, 1984).

Shulman, Daniel, *Sons of Wichita: How the Koch Brothers Became America's Most Powerful and Private Dynasty* (New York: Grand Central Publishing, 2014).

Silverstein, Ken, *Private Warriors* (New York: Verso, 2000).

Sinclair, Barbara, *Party Wars: Polarization and the Politics of National Policy Making* (Norman: University of Oklahoma Press, 2006).

Smith, Bruce L. R., *The RAND Corporation: Case Study of a Nonprofit Advisory Corporation* (Cambridge: Harvard University Press, 1966).

Stahl, Jason, *Right Moves: The Conservative Think Tank in American Political Culture since 1945* (Chapel Hill: University of North Carolina Press, 2016).

Stefancic, Jean, and Richard Degaldo, *No Mercy: How Conservative Think Tanks and Foundations Changed America's Social Policy Agenda* (Philadelphia: Temple University Press, 1996).

Stone, Diane, *Capturing the Political Imagination: Think Tanks and the Policy Process* (London: Frank Cass, 1996).

Stone, Diane, and Andrew Denham, eds., *Think Tank Traditions: Policy Research and the Politics of Ideas* (Manchester: Manchester University Press, 2004).

Stone, Diane, Andrew Denham, and Mark Garnett, eds., *Think Tanks across Nations: A Comparative Approach* (Manchester: Manchester University Press, 1998).

Sugarman, Stephen D., and Frank R. Kermer, eds., *School Choice and School Controversy: Politics, Policy, and Law* (Washington D.C.: Brookings Institution Press, 1999).

Thompson, Nicholas, *The Hawk and the Dove: Paul Nitze, George Kennan, and the History of the Cold War* (New York:

Picador, 2009).
Thunert, Martin, "Conservative Think Tanks in the United States and Canada," in Rainer-Olaf Schultz, Roland Sturm, and Dagmar Ebelrle, eds., *Conservative Parties and Right-Wing Politics in North America* (Oplanden: Leske und Budrich, 2003).
——, "Think Tanks in Germany," in Stone and Denham eds., *Think Tank Traditions*.
Ueno, Makiko, "Northeast Asian Think Tanks: Toward Building Capacity for More Democratic Societies," in McGann and Weaver, eds., *Think Tanks and Civil Societies*.
Viteritti, Joseph P., *Choosing Equality: School Choice, the Constitution, and Civil Society* (Washington D.C.: Brookings Institution Press, 1999).
Weaver, R. Kent, "The Changing World of Think Tanks," *P.S.: Political Science & Politics*, September 1989.
Weilemann, Peter R., "Experiences of a Multidimensional Think Tanks: The Konrad-Adenauer-Stiftung," in McGann and Weaver, eds., *Think Tanks and Civil Societies*.
Weiss, Carol H., ed., *Organizations for Policy Analysis: Helping Government Think* (Beverley Hills: Sage Publications, 1992).
Witte, John F., *The Market Approach to Education: An Analysis of America's First Voucher Program* (Princeton: Princeton University Press, 2000).
Woodward, Bob, *Obama's Wars* (New York: Simon & Schuster, 2010).
Zelizer, Julian E., ed., *The Presidency of George W. Bush: A Historical Assessment* (Princeton: Princeton University Press, 2010).
Zhu, Xufeng, *The Rise of Think Tanks in China* (New York: Routledge, 2013).
会田弘継『増補改訂版　追跡・アメリカの思想家たち』（中公文庫、二〇一六年）。
——『トランプ現象とアメリカ保守思想——崩れ落ちる理想国家』（左右社、二〇一六年）。
青山瑠妙・天児慧『外交と国際秩序』（東京大学出版会、二〇一五年）。
秋吉貴雄『公共政策の変容と政策科学——日米航空輸送産業における二つの規制改革』（有斐閣、二〇〇七年）。

跡田直澄・前川聡子・末村裕子・大野謙一「非営利セクターと寄付税制」『フィナンシャル・レビュー』第六五号（二〇〇二年一〇月）。

阿部斉・久保文明『現代アメリカの政治』（放送大学教育振興会、一九九七年）。

——『国際社会研究Ⅰ　現代アメリカの政治』（放送大学教育振興会、二〇〇二年）。

アベラ、アレックス著、牧野洋訳『ランド　世界を支配した研究所』（文春文庫、二〇一一年）。

五十嵐武士『政策革新の政治学——レーガン政権下のアメリカ政治』（東京大学出版会、一九九二年）。

——編『太平洋世界の国際関係』（彩流社、二〇〇五年）。

泉川泰博「共和党保守強硬派の外交思想——その特徴と歴史およびジョージ・W・ブッシュ政権の外交」久保編『アメリカ外交の諸潮流』。

岩田陽子「アメリカのNPO税制」『レファレンス』二〇〇四年九月号。

内山融・伊藤武・岡山裕編『専門性の政治学——デモクラシーとの相克と和解』（ミネルヴァ書房、二〇一二年）。

ウッドワード、ボブ著、伏見威蕃訳『オバマの戦争』（日本経済新聞出版社、二〇一一年）。

梅本哲也「本土ミサイル防衛の展開」森本編『ミサイル防衛』。

——『アメリカの世界戦略と国際秩序——覇権、核兵器、RMA』（ミネルヴァ書房、二〇一〇年）。

金田秀昭『BMD（弾道ミサイル防衛）がわかる』（イカロス出版、二〇〇八年）。

久保文明編『G・W・ブッシュ政権とアメリカの保守勢力——共和党の分析』（日本国際問題研究所、二〇〇三年）。

——「共和党の変容と外交政策への含意」久保編『G・W・ブッシュ政権とアメリカの保守勢力』。

——「共和党多数議会の「外交政策」——一九九五—二〇〇〇年」五十嵐編『太平洋世界の国際関係』。

——編『米国民主党——二〇〇八年政権奪回への課題』（日本国際問題研究所、二〇〇五年）。

——編『アメリカ外交の諸潮流——リベラルから保守まで』（日本国際問題研究所、二〇〇七年）。

——「外交論の諸潮流とイデオロギー」久保編『アメリカ外交の諸潮流』。

——編『アメリカ政治を支えるもの——政治的インフラストラクチャーの研究』（日本国際問題研究所、二〇一〇年）。

——「政治的インフラストラクチャーについて」久保編『アメリカ政治を支えるもの』。

——「政治インフラとしての政治家養成機構——共和党保守派を中心にして」久保編『アメリカ政治を支えるもの』。

――「米国政治における政策知識人――そのあり方をめぐって」筒井清忠編『政治的リーダーと文化』(千倉書房、二〇一一年)。

久保文明・赤木完爾編『アメリカと東アジア』(慶應義塾大学出版会、二〇〇四年)。

久保文明・足立正彦『オバマ政権の主要高官人事分析』(東京財団、二〇一〇年)。

クルーグマン、ポール著、伊藤隆敏監訳『経済政策を売り歩く人々――エコノミストのセンスとナンセンス』(日本経済新聞社、一九九五年)。

クレピネヴィッチ、アンドリュー、バリー・ワッツ著、北川知子訳『帝国の参謀――アンドリュー・マーシャルと米国の軍事戦略』(日経BP社、二〇一六年)。

黒崎勲『学校選択と学校参加――アメリカ教育改革の実験に学ぶ』(東京大学出版会、一九九四年)。

小池治「アメリカの教育改革とガバナンス」『横浜国際社会科学研究』第一六巻第一号(二〇一一年)。

佐々木毅『現代アメリカの保守主義』(岩波書店、一九九三年)。

――『アメリカの保守とリベラル』(講談社学術文庫、一九九三年)。

シルク、レナード、マーク・シルク著、山岡清二訳『エスタブリッシュメント――アメリカを動かすエリート群像』(TBSブリタニカ、一九八一年)。

スコッチポル、シーダ著、河田潤一訳『失われた民主主義――メンバーシップからマネージメントへ』(慶應義塾大学出版会、二〇〇七年)。

鈴木崇弘「日本になぜ(米国型)シンクタンクが育たなかったのか」『季刊　政策・経営研究』vol. 2(二〇〇一年)。

鈴木崇弘・上野真城子『世界のシンクタンク――「知」と「治」を結ぶ装置』(サイマル出版会、一九九三年)。

砂田一郎『現代アメリカのリベラリズム――ADAとその政策的立場の変容』(有斐閣、二〇〇六年)。

スミス、ジェームズ・A著、長谷川文雄ほか訳『アメリカのシンクタンク――大統領と政策エリートの世界』(ダイヤモンド社、一九九四年)。

辰巳由紀・中山俊宏「米国の対外政策とシンクタンクの役割と機能」『国際問題』第五七五号(二〇〇八年一〇月)。

タルボット、ストローブ著、加藤紘一ほか訳『米ソ核軍縮交渉――成功の歩み』(サイマル出版会、一九八八年)。

チョート、パット著、岩瀬孝雄訳『影響力の代理人――アメリカ政治を動かすジャパンマネー』(早川書房、一九九一年)。

中野秀一郎『アメリカ保守主義の復権――フーバー研究所をめぐる知識人』(有斐閣選書、一九八二年)。

中山俊宏『アメリカン・イデオロギー――保守主義運動と政治的分断』(勁草書房、二〇一三年)。

――『介入するアメリカ――理念国家の世界観』(勁草書房、二〇一三年)。

成松美枝『米国都市学区における学校選択制の発展と限界――ウィスコンシン州ミルウォーキー市学区を事例に』(溪水社、二〇一〇年)。

西山隆行『アメリカ型福祉国家と都市政治――ニューヨーク市におけるアーバン・リベラリズムの展開』(東京大学出版会、二〇〇八年)。

新田紀子「保守系シンクタンクの対中姿勢――二〇〇〇年選挙に向けた提言から九・一一後まで」久保・赤木編『アメリカと東アジア』。

ニールセン、ワルデマー著、林雄二郎訳『アメリカの大型財団――企業と社会』(河出書房新社、一九八四年)。

ノーキスト、グローヴァー著、久保文明・吉原欽一訳『「保守革命」がアメリカを変える』(中央公論社、一九九六年)。

ハートゥング、ウィリアム・D著、杉浦茂樹ほか訳『ブッシュの戦争株式会社――テロとの戦いでぼろ儲けする悪い奴ら』(阪急コミュニケーションズ、二〇〇四年)。

――、玉置悟訳『ロッキード・マーティン――巨大軍需企業の内幕』(草思社、二〇一二年)。

松尾知明『アメリカの現代教育改革――スタンダードとアカウンタビリティの光と影』(東信堂、二〇一〇年)。

マン、ジェームズ著、渡辺昭夫監訳『ウルカヌスの群像――ブッシュ政権とイラク戦争』(共同通信社、二〇〇四年)。

――、渡辺昭夫訳『危険な幻想――中国が民主化しなかったらどうなる?』(PHP研究所、二〇〇七年)。

宮田智之「連邦最高裁判所、スクール・バウチャーに合憲判決」『外国の立法』第二一四号(二〇〇二年)。

――「アメリカにおける財団の政治的役割――ウィスコンシン州におけるスクール・バウチャー運動を事例に」『法学政治学論究』第六三号(二〇〇四年)。

――「州レベルにおける保守系シンクタンクの台頭とその政治的役割――トンプソン政権下のウィスコンシンを中心に」『法学政治学論究』第六九号(二〇〇六年)。

――「政治インフラの形成と財団」久保編『アメリカ政治を支えるもの』。

――「ティーパーティ運動の一つの背景――コーク(Koch)兄弟についての考察」久保文明・東京財団「現代アメリカ」プロジェクト編『ティーパーティ運動の研究――アメリカ保守主義の変容』(NTT出版、二〇一二年)。

――「アメリカにおけるシンクタンクの政治的影響力――教育改革を事例に」『東京大学アメリカ太平洋研究』第一三号（二〇一三年）。

――「米国政治とシンクタンク――スコット・ベイツ国家政策センター（CNP）理事長に聞く」『アステイオン』第八三号（二〇一五年）。

――「米国シンクタンクの五〇一(c)四団体化とその背景」日本国際問題研究所編『平成二七年度外務省外交・安全保障研究事業（発展型総合事業）「国際秩序動揺期における米中の動勢と米中関係」サブプロジェクトⅠ「米国の対外政策に影響を与える国内的諸要因」』（二〇一六年三月）。

――「シンクタンク――「アイディア業界」の変容」山岸敬和・西川賢編『ポスト・オバマのアメリカ』（大学教育出版、二〇一六年）。

――「二〇一六年大統領選挙と保守系シンクタンク」日本国際問題研究所編『平成二八年度外務省外交・安全保障研究事業（発展型総合事業）「国際秩序動揺期における米中の動勢と米中関係」サブプロジェクトⅠ「米国の対外政策に影響を与える国内的諸要因」』（二〇一七年三月）。

村田晃嗣『レーガン――いかにして「アメリカの偶像」となったか』（中公新書、二〇一一年）。

森本敏編『ミサイル防衛――新しい国際安全保障の構図』（日本国際問題研究所、二〇〇二年）。

湯浅成大「冷戦終結後の米中関係」久保・赤木編『アメリカと東アジア』。

横江公美『第五の権力　アメリカのシンクタンク』（文春新書、二〇〇四年）。

――『アメリカのシンクタンク　第五の権力の実相』（ミネルヴァ書房、二〇〇八年）。

吉原欽一「ポデスタとアメリカ進歩センターの創設」久保編『米国民主党』。

渡瀬義男「米国会計検査院（GAO）の八〇年」『レファレンス』二〇〇五年六月号。

あとがき

本書は、二〇一五年二月に慶應義塾大学大学院法学研究科に提出した博士論文「アメリカにおける公共政策研究機関の「影響力」――保守系シンクタンクを中心に」に大幅な加筆修正を施したものである。また、第一章、第六章、終章については以下の論文で既に発表しているが、本書の執筆に際して加筆修正を加えている。

第一章　「政治インフラの形成と財団」久保文明編『アメリカ政治を支えるもの――政治的インフラストラクチャーの研究』（日本国際問題研究所、二〇一〇年）。

第六章　「州レベルにおける保守系シンクタンクの台頭とその政治的役割――トンプソン政権下のウィスコンシンを中心に」『法学政治学論究』第六九号（二〇〇六年）／「アメリカにおけるシンクタンクの政治的影響力――教育改革を事例に」『東京大学アメリカ太平洋研究』第一三号（二〇一三年）。

終章　「シンクタンク――「アイディア業界」の変容」山岸敬和・西川賢編『ポスト・オバマのアメリカ』（大学教育出版、二〇一六年）。

多くの学恩に恵まれなければ、浅学非才の筆者がアメリカのシンクタンクをテーマにした本書を世に送り出すことはできなかった。この場を借りて、若干の謝辞を申し上げたい。

まず、第一に久保文明先生には慶應義塾大学法学部のゼミでお世話になって以来、現在に至るまでご指導いただいている。先生は筆者が大学院在学中に東京大学に移られたが、その後も変わらぬご指導ご鞭撻をいただいた。アメリカのシンクタンクという比較的新しいテーマに挑戦することについて深い理解を示され、研究の内容や方向性においてまさに無数のご助言をくださった。筆者の怠惰な性格の故に研究が遅々として進まずにいるときも先生は辛抱強く見守ってくださった。一方、筆者は二〇〇七年から三年間在米日本大使館に勤務する機会を得たが、日米関係の最前線とも言える場で経験を積むことを先生は高く評価され、後押ししてくださった。先生から受けたご恩はあまりにも大きく、こうして今日筆者が研究者としての日々を送ることができているのは先生のおかげである。心より御礼申し上げたい。

久保先生が東京大学に移られた後、慶應義塾大学では国分良成先生が指導教官をお引き受けくださった。ご専門の中国政治について何も知らない学生を指導することは大変であったろうと想像するが、先生はご自身の門下生のように温かく接してくださった。厚く御礼申し上げたい。また、岡山裕先生や田所昌幸先生からも多くのご助言をいただいた。岡山先生とは初めてお会いした際に、アンドリュー・リッチの研究について議論させていただいて以来、特にシンクタンクの理論的な側面について極めて有益なご指摘をいただいた。先生には博士論文の主査も担当していただき、論文の審査後も貴重なアドバイスをいただいた。同じく博士論文の審査を担当していただいた田所先生には、先生が編集委員長を務めておられる『アステイオン』誌上で筆者がスコット・ベイツ国家政策センター理事長と対談する場を与えていただいた。記して謝意を表したい。

筆者は、二〇一〇年から二〇一三年にかけて東京大学アメリカ太平洋地域研究センターに勤務したが、当時のセンター長の古矢旬先生は業務になかなか慣れずにいた筆者にいつも温かいお言葉を掛けてくださっただけでなく、先生主宰の研究会への参加をお認めくださるなど研究の面でも数々のご助言や励ましを頂戴した。また、同センターでは、遠藤泰生、西崎文子、橋川健竜の諸先生方にもお世話になった。感謝申し上げたい。

これまで、アメリカ政治研究会やその他の研究会などでアメリカ政治研究の諸先生方から多くのご助言やご批判を賜った。中山俊宏、前嶋和弘、渡辺将人の諸先生方は最新事情を含めてアメリカのシンクタンクに精通されており、筆者の報告に対してたびたび貴重なコメントをくださった。また、松岡泰、中野勝郎、中島醸、会田弘継、高畑昭男、泉川泰博、安井明彦、西山隆行、藤本龍児、森聡、飯田健、松本明日香の諸先生方からも的確なアドバイスをいただいた。記して謝意を表したい。

アメリカのシンクタンク研究の第一人者であるジェームズ・スミス、アンドリュー・リッチの両先生についても言及したい。お二人は筆者に快く会ってくださり、スミス先生はシンクタンク研究を始めた背景などについての素朴な質問に対しても丁寧に答えてくださった。また、数年前に大学の世界から転身しローズヴェルト研究所所長を務めたリッチ先生は、シンクタンクを実際に運営した興味深い経験についてもお話しくださり、大きな刺激を受けた。

上述した通り、筆者は二〇〇七年から三年間、在米日本大使館の専門調査員を務める機会を得た。現地ワシントンD・Cにてアメリカ政治情勢を直接観察できたことや、対米外交におけるシンクタンクの意義を学ぶことができたことは大きな財産であった。また、二〇一四年から一年間は日本国際問題研究所の研究員を務め、その後も同研究所の研究プロジェクトに参加させていただいた。実際の職務を通して日本のシンクタンク世界を学び、そしてシンクタンクをめぐる日米比較について関心をさらに深めることができたことは極めて有益であった。

同門の先輩や後輩にも支えられた。慶應義塾大学在学中は、山岸敬和、荒木圭子、天野拓、西川賢、清原聖子、菅原和行、向井洋子の諸氏からさまざまなコメントを受けた。時に厳しい批判を受けることもあったが、そうした環境から新たな着想が生まれ、本研究をさらに発展させることができた。また、久保先生の東京大学のゼミにもたびたび参加させていただいたが、梅川健、飯田連太郎、小浜祥子、平松彩子、梅川葉菜、松井孝太、杉野綾子、新田紀子の諸氏からも数々のアドバイスを受けた。

筆者は、二〇一六年四月より帝京大学法学部法律学科に勤務しているが、北見良嗣先生や甲斐祥子先生をはじめとする諸先生方には着任時からさまざまなご配慮をいただき、一年目から研究活動に専念できる快適な環境をいただいている。日頃のご厚意に感謝の意を表したい。

本書を出版するにあたり、公益財団法人アメリカ研究振興会からアメリカ研究図書出版助成をいただき、審査の労をとってくださった常務理事の油井大三郎先生をはじめとする審査員の方々からは貴重なコメントを頂戴した。心より御礼申し上げたい。また、本研究を実施する過程で公益財団法人サントリー文化財団から「若手研究者による社会と文化に関する個人研究助成（鳥井フェローシップ）」をいただいた。記して謝意を表したい。

本書の刊行にあたり、東京大学出版会の奥田修一氏には大変お世話になった。原稿に丁寧に目を通し多くの的確なご指摘をくださった。また、奥田氏にはアメリカ研究振興会への出版助成の申請などでもご尽力いただいた。深く感謝申し上げる。

本研究を通じて、筆者はまことに多くの方々のご支援を受けた。この場で言及していない方々からも数多くのご助言や励ましのお言葉をいただいた。一冊の書物を執筆することは決して一人の力ではできないということを強く実感している。しかし、言うまでもなく本書における一切の誤りや問題点についての責任を負うのは筆者のみである。最後に、これまで筆者の研究活動を支えくれた父英明、母ふじ江、そして妻昭代に本書を捧げることをお許し頂きたい。

二〇一七年三月

宮田　智之

著者略歴

1975 年　群馬県に生まれる．
1998 年　慶應義塾大学法学部政治学科卒業．
2007 年　慶應義塾大学大学院法学研究科後期博士課程単位取得退学．
2015 年　博士（法学）．
現　在　帝京大学法学部専任講師．

主要業績

「ティーパーティ運動の一つの背景——コーク（Koch）兄弟についての考察」久保文明・東京財団「現代アメリカ」プロジェクト編『ティーパーティ運動の研究——アメリカ保守主義の変容』（NTT 出版，2012 年）
「シンクタンク——「アイディア業界」の変容」山岸敬和・西川賢編『ポスト・オバマのアメリカ』（大学教育出版，2016 年）

アメリカ政治とシンクタンク
政治運動としての政策研究機関

2017 年 5 月 23 日　初　版

［検印廃止］

著　者　宮田《みやた》智之《ともゆき》

発行所　一般財団法人　東京大学出版会
代表者　吉見 俊哉
153-0041 東京都目黒区駒場 4-5-29
http://www.utp.or.jp/
電話 03-6407-1069　Fax 03-6407-1991
振替 00160-6-59964

印刷所　研究社印刷株式会社
製本所　牧製本印刷株式会社

ISBN 978-4-13-036263-4　Printed in Japan

人名索引

ガードナー(Gardner, Eileen M.) 186
カーネギー(Carnegie, Andrew) 48–51
ガーネット(Garnett, Mark) 90
カーン(Kahn, Herman) 59, 159
カーンズ(Kearns, David) 187
カイル(Kyl, John) 155, 156, 158, 167
カス(Kass, Leon) 74
カツーリス(Katulis, Brian) 81
カッティング(Cutting, Fulton) 49, 50
カッパーマン(Kupperman, Charles) 167
カトナー(Kuttner, Robert) 79
カラハン(Callahan, David) 79
カラファノ(Carafano, James) 217
カリファノ(Califano, Joseph) 60
カルキンス(Calkins, Robert D.) 57, 58, 72
カンボーン(Cambone, Stephen) 169
キーワース(Keyworth, George) 152, 167
ギャフニー(Gaffney, Frank) 135, 154–157, 165–168
キャメロン(Cameron, David) 95
キャンベル，カート(Campbell, Kurt) 80, 82
キャンベル，W. グレン(Campbell, W. Glenn) 62, 63, 195
ギル(Gill, Tim) 87
ギルダー(Gilder, George) 133, 197
ギログリー(Gillogly, James G.) 59
キングダン(Kingdon, John W.) 127
ギングリッチ(Gingrich, Newt) 71, 146, 155, 162
クアーズ(Coors, Joseph) 66, 152
クーパー(Cooper, Henry) 155, 167, 168
クーンズ(Coons, John) 194
グッドナウ(Goodnow, Frank) 50
久保文明 134
クラインフェルド(Kleinfeld, Rachel) 80
クラウチ(Crouch, J. D.) 169
グラハム，ウィリアム(Graham, William) 161, 167
グラハム，ダグラス(Graham, Douglas) 167
グラハム，ダニエル(Graham, Daniel O.) 151, 165, 168
クラマー(Kraemer, Sven) 165, 167, 168
クリーヴランド(Cleveland, Frederick) 49
クリーブル(Krieble, Robert) 108
グリーン(Greene, Jay) 197
グリーンスタイン(Greenstein, Robert) 76
クリストル，アーヴィング(Kristol, Irving) 64, 73, 133, 188
クリストル，ビル(Kristol, Bill) 74, 75, 135, 168, 211
クリッチロー(Critchlow, Donald T.) 133
クリヒリー(Krehely, Jeff) 40, 130
クリントン，ヒラリー(Clinton, Hillary) 81
クリントン，ビル(Clinton, Bill) 10, 78–82, 122, 134, 135, 146–148, 154, 156, 157, 160–162, 167–169, 178, 181
クレイグ(Craig, Gregg) 81
クレーン，エドワード(Crane, Edward H.) 67, 68
クレーン，フィリップ(Crane, Philip) 164
クローリー(Crowley, Philip J.) 79, 82
ゲイ(Gay, Edwin F.) 52
ゲイサー(Gaither, H. Rowan) 55
ケイシー(Casey, William J.) 69
ケインズ(Keynes, John Maynard) 57
ケーガン，フレデリック(Kagan, Frederick) 125, 127
ケーガン，ロバート(Kagan, Robert) 75, 108, 135, 211
ケネディ(Kennedy, John F.) 2, 33, 57–59, 118, 119, 142
ケリー(Kerry, John) 80
ゲルナー(Gellner, Winard) 6
ゲルブ(Gelb, Leslie) 137
ケレン(Kellen, Konrad) 60
ケロッグ，フランク(Kellogg, Frank B.) 51
ケロッグ，ポール(Kellogg, Paul U.) 49
ケンプ(Kemp, Jack) 130, 164, 197
コーエン(Cohen, Samuel) 59
コーガン(Cogan, John F.) 73
コーク，チャールズ(Koch, Charles) 68
コーク，デイヴィッド(Koch, David) 68
ゴードン(Gordon, Kermit) 58, 67, 119
コーブ(Korb, Lawrence) 79
ゴーラム(Gorham, William) 60
コール(Kohl, Helmut) 103
ゴールドウォーター(Goldwater, Barry) 36–38, 63, 65
コーワン(Cowan, Jonathan) 79, 80
コスターズ(Kosters, Marvin H.) 132
コックス(Cox, Christopher) 130, 155
コデヴィラ(Codevilla, Angelo) 164, 165, 167
コルソン(Colson, Charles) 137
ゴルバチョフ(Gorbachev, Mikhail) 1

人名索引

コルボム（Collbohm, Frank） 54, 59

サ 行

ザーカイム（Zakheim, Dov） 167, 169
サージェント（Sargent, Thomas） 65
サーバー（Thurber, James A.） 6
ザイツ（Seitz, Frederick） 166
サイモン，ウィリアム（Simon, William E.） 64
サイモン，ハーバート（Simon, Herbert） 59
サッチャー（Thatcher, Margaret） 66, 94–96
サパースタイン（Saperstein, Guy） 87
サラザール（Salazar, Ken） 82
サラント（Salant, Walter） 57
サリヴァン（Sullivan, Jake） 82
サンドラー（Sandler, Marion） 40, 78, 87
ジェームズ，ケイ（James, Kay） 74
ジェームズ，R. ペンドルトン（James, R. Pendleton） 69
シェリング（Schelling, Thomas） 59, 60
ジェンクス（Jencks, Christopher） 176, 177, 185, 194
ジャクソン，ジェシー（Jackson, Jesse） 179
ジャクソン，ブルース（Jackson, Bruce） 167
ジャクソン，ヘンリー（Jackson, Henry M.） 108, 154, 156, 164, 166
ジャッド（Judd, Kenneth） 65
シャンドラー（Schundler, Bret） 181
習近平 104
ジューディス（Judis, John） 216
シュガーマン（Sugarman, Stephen） 194
シュナイダー（Schneider, William） 161, 163, 164, 167–169
シュミット（Schmidt, Eric） 79
シュルツ，ジョージ（Shultz, George） 1, 73, 169
シュルツ，チャールズ（Schultze, Charles） 58
ジョイス（Joyce, Michael） 179, 188, 193
ジョージ（George, Robert P.） 122
ジョセフ（Joseph, Robert） 158, 167, 169
ショットウェル（Shotwell, James T.） 51, 53
ジョンソン，マニュエル（Johnson, Manuel） 70
ジョンソン，リンドン（Johnson, Lyndon） 35, 36, 58, 60, 118, 119, 142
シリンシオーネ（Cirincione, Joseph） 154
シンクレア（Sinclair, Barbara） 210
スケイフ（Scaife, Richard M.） 37

スコッチポル（Skocpol, Theda） 8
鈴木崇弘 103
スターン（Stern, Todd） 82
スタイン（Stein, Herbert） 64
スティグラー（Stigler, George） 65
ストーン（Stone, Diane） 6, 9, 89, 90
スパイアー（Speier, Hans） 55
スパーリング（Sperling, Gene） 79, 82
スペンス（Spence, Matt） 80
スミス，ゲイル（Smith, Gayle） 79
スミス，ジェームズ（Smith, James A.） 5–7, 17, 89, 90
スミス，ボブ（Smith, Bob） 155
セージ，マーガレット・オリヴィア（Sage, Margaret Olivia） 49
セージ，ラッセル（Sage, Russell） 49
ゼーリック（Zoelick, Robert） 74
セネス（Senese, Donald） 185, 195
セベリウス（Sebelius, Kathleen） 82
ソーウェル（Sowell, Thomas） 65
ソルジェニーツィン（Solzhenitsyn, Alexander） 65
ソロス（Soros, George） 40, 78, 79, 87

タ 行

ダーシック（Derthick, Martha） 4, 5, 132
ダースト（Durst, Samantha L.） 6
タウシャー（Tauscher, Ellen） 82
ダシュル（Daschle, Tom） 79, 81
ダニエルズ（Daniels, Mitch） 74
タフト（Taft, William H.） 49
ダミーコ（D'Amico, Carol） 197, 199
タルボット（Talbott, Strobe） 120
ダレス（Dulles, Allen） 53
ダンツィーク（Dantzig, George） 59
タンデン（Tanden, Neera） 82
チェイニー，リチャード（Cheney, Richard） 73, 154, 190
チェイニー，リン（Cheney, Lynn） 73, 197
チェンバース（Chambers, Whittaker） 61
チャオ（Chao, Elaine） 74
チャブ（Chubb, John E.） 191–193, 196
ツーレ（Ture, Norman） 70
ディクソン（Dickson, Paul） 2
テイラー，ジョン（Taylor, John B.） 73, 74
テイラー，フレデリック・ウィンスロー（Taylor, Frederick Winslow） 49

デ・ソト(de Soto, Hernando) 106
デミント(DeMint, Jim) 213
デムス(DeMuth, Christopher) 72, 73, 100
テラー(Teller, Edward) 59, 152–154, 165–169
デンハム(Denham, Andrew) 90
ドゥスーザ(D'Souza, Dinesh) 73, 130
トランプ(Trump, Donald) 217
トルラック(Truluck, Phil) 121
トレザイス(Trezise, Philip) 119
トレント(Trent, Darrell) 70
トンプソン(Thompson, Tommy G.) 179, 180, 187–189

ナ 行

ナッシュ(Nash, John) 59
ニクソン(Nixon, Richard M.) 58, 64, 69, 118, 119, 137, 142, 162
ニッツェ(Nitze, Paul) 134, 160, 163, 164
ニューウェル(Newell, Allen) 59
ネイサン(Nathan, Richard) 119
ノヴァク(Novak, Michael) 64
ノーキスト(Norquist, Grover) 43, 122, 130

ハ 行

バー(Barr, Michael) 82
バーグステン(Bergsten, C. Fred) 119
バーナム(Burnham, James) 61
バーネット(Barnett, Richard) 39
ハーマー(Harmer, John) 185
パール(Perle, Richard) 73–75, 108, 135, 154, 156, 163–166, 167, 169
バーンズ，アーサー(Burns, Arthur F.) 64, 70
バーンズ，メロディ(Barnes, Melody) 81, 82, 211
バーンスタイン(Bernstein, Jared) 82
ハイエク(Hayek, Friedrich A.) 61, 66, 94, 105, 107
ハイド，ジョン(Hyde, John) 106
ハイド，ヘンリー(Hyde, Henry) 155
パイプス(Pipes, Richard) 134, 160, 164
パインズ(Pines, Burton Yale) 128
ハウス(House, Edward M.) 51
パスヴォルスキー(Pasvolsky, Leo) 57
ハッカー(Hacker, Jacob S.) 8, 210, 214
パッカード(Packard, David) 65
バックリー，ジェームズ(Buckley, James) 196
バックリー二世，ウィリアム(Buckley Jr., William F.) 37, 61, 129
ハッチ(Hatch, Orrin) 121
ハッチンソン，ティム(Hutchinson, Tim) 155
ハッチンソン，ケイ・ベイリー(Hutchinson, Kay Bailey) 155
バッツ(Butts, Cassandra) 81, 82
バトラー，スチュアート(Butler, Stuart) 133, 215
バトラー，ニコラス・マレイ(Butler, Nicholas Murray) 51
バトラー，リー(Butler, Lee) 161
ハドレー，アーサー(Hadley, Arthur Twining) 50
ハドレー，スティーブン(Hadley, Stephen) 74, 158, 169
ハヌシェク(Hanushek, Eric) 196, 199
ハバード(Hubbard, R. Glenn) 73, 74
ハファー(Huffer, Joan) 123
ハミルトン(Hamilton, Scott) 187, 197
ハメット(Hammett, William) 128
ハリマン(Harriman, E. H.) 49
バルーディ，ウィリアム(Baroody, William) 62, 63, 65, 66, 72
バルーディ二世，ウィリアム(Baroody Jr., William) 72, 100
ハルステッド(Halstead, Ted) 79
ハルパーン(Halpern, Charles) 79
ハルペリン(Halperin, Morton) 79
パルマー(Palmer, Thomas G.) 106, 107
パルミエリ(Palmieri, Jennifer) 78
ハンセル(Hänsel, Lars) 93
ハンセン(Hansen, Alvin) 57
ハンター(Hunter, Maxwell) 164
バンドウ，ダグ(Bandow, Doug) 130
ピアソン(Pierson, Paul) 8, 210
ピーターソン(Peterson, Paul E.) 193, 196, 197
ヒッチ(Hitch, Charles) 55, 59, 60
ピネラ(Piñera, José) 133, 134
ピノチェト(Pinochet, Augusto) 133
ヒル(Hill, James J.) 50
ファーチゴット・ロス(Furchgott-Roth, Diana) 74
ファーマン(Furman, Jason) 82

ファイス(Feith, Douglas J.) 156, 158, 167, 169, 170
ファンド(Fund, John) 130
フィッシャー(Fisher, Antony) 66, 94, 105–107
フィン(Finn, Chester) 186–188, 190, 193, 197–200
フーヴァー(Hoover, Herbert) 62
フーラー(Fuller, Howard) 188, 193, 199
フォー(Faux, Jeff) 76
フォーツマン(Fortsmann, Theodore J.) 196
フォード，ヴァージニア・ウォルデン(Ford, Virginia Walden) 183, 191, 200
フォード，ジェラルド(Ford, Gerald) 64, 143, 157, 160
フォルティーア(Fortier, John C.) 32
フォン・ノイマン(von Neumann, John) 59
フォンファーラ(Fonfara, Tom) 189
ブキャナン(Buchanan, Patrick) 118
フセイン(Hussein, Saddam) 75, 135, 169
ブッシュ，ジェブ(Bush, Jeb) 180, 189
ブッシュ，ジョージ・H. W.(Bush, George H. W.) 71, 99, 145, 146, 153, 160, 178, 186, 187
ブッシュ，ジョージ・W.(Bush, George W.) 10, 40, 73–75, 78, 79, 83, 122, 123, 125, 127, 134, 148–150, 156–158, 169, 170, 178, 182–184, 189–191, 194, 199, 200, 212, 215
フライ(Fly, Jamie) 212
ブラウナー(Browner, Carol) 82
ブラウン，ルイス(Brown, Lewis) 61, 62
ブラウン，レスター(Brown, Lester) 75
フラム(Frum, David) 74
フランクファーター(Frankfurter, Felix) 50
ブリアン(Briand, Aristide) 51
フリードマン，デイヴィッド(Friedman, David) 87
フリードマン，ミルトン(Friedman, Milton) 62, 65, 66, 175–177, 184, 185, 193–195
ブルーメンサール(Blumenthal, Sidney) 76
ブルッキングス(Brookings, Robert) 50, 51
フルナー(Feulner, Edwin J.) 65, 66, 69–71, 106, 120, 121, 129, 152, 164, 168, 213, 217
ブレア(Blair, Tony) 95
プレセット(Plesset, Ernst) 59
ブレックマン(Blechman, Barry) 161
ブレナン，デイヴィッド(Brennan, David) 180, 189
ブレナン，ドナルド(Brennan, Donald) 159, 163, 164
ブロウド(Brode, Harold L.) 59
フロノイ(Flournoy, Michèle) 80, 82
フロム(From, Al) 80
ペイジ(Paige, Roderick) 190, 200
ベーテ(Bethe, Hans) 166
ヘクロー(Heclo, Hugh) 23
ヘザリー(Heatherly, Charles) 70, 185
ヘス(Hess, Stephen) 67, 119
ベッカー(Becker, Gary) 65
ペックマン(Pechman, Joseph A.) 58
ベネット(Bennett, William) 70, 185–187, 190, 191, 195, 197–199
ベル(Bell, Terrel) 178
ヘルムズ(Helms, Jesse) 156
ベンデツェン(Bendetsen, Karl) 152
ヘンリー(Henry, Laurin) 58
ボイノヴィッチ(Voinovich, George) 180, 189
ポインデクスター(Poindexter, John M.) 153
ボーク(Bork, Robert) 64
ホーバー(Hoeber, Amoretta) 168
ボーリック(Bolick, Clint) 190
ホール(Hall, Robert) 65
ボールズ(Bowles, Edward L.) 54
ホックスビー(Hoxby, Caroline) 196
ポデスタ(Podesta, John) 78–83, 211
ホフマン(Hoffman, Paul) 53, 54
ホルツ・イーキン(Holtz-Eakin, Douglas) 211
ボルトン(Bolton, John) 73–75
ホルムズ(Holmes, Kim) 74
ホロウィッツ(Horowitz, Michael) 135

マ 行

マーコウィッツ(Markowitz, Harry) 59
マーシャル，A. D.(Marshall, A. D.) 62
マーシャル，アンドリュー(Marshall, Andrew) 59
マーシャル，ウィル(Marshall, Will) 76, 80
マーシュナー(Marshner, Connaught) 194
マカリスター(McAllister, Eugen) 70
マギャン(McGann, James G.) 6, 7, 90
マクグロー(McGraw, Onalee) 194, 195
マクドノー(McDonough, Denis) 81

マクナマラ (McNamara, Robert S.) 59
マクノートン (McNaughton, John) 60
マクファーレン (McFarlane, Robert) 153
マクラッケン (McCracken, Paul) 62
マケイン (McCain, John) 211
マックローリー (MacLaury, Bruce K.) 119
マレー, ジョン (Murray, John) 211
マレー, チャールズ (Murray, Charles) 70, 73, 127–129, 134, 197
マンソン (Munson, Lynne) 197, 199
マンノ (Manno, Bruno) 187, 197
ミース (Meese, Edwin) 69, 71, 152, 217
ミッチェル, ジョージ (Mitchell, George) 188
ミッチェル, スーザン (Mitchell, Susan) 188, 189
ミラー, ジェームズ (Miller, James C.) 64, 70, 132
ミラー, ジム (Miller, Jim) 188
ミラー, ハーブ (Miller, Herb) 87
ミンガルディ (Mingardi, Alberto) 108
ムーア, スティーブン (Moore, Stephen) 130
ムーア, トーマス (Moore, Thomas) 65, 70, 155
ムラヴチック (Muravchik, Joshua) 73
メドヴェーツ (Medvetz, Thomas) 7, 16, 22, 23, 209
メンゲス (Menges, Constantine) 73
モイニハン (Moynihan, Daniel Patrick) 186
モー (Moe, Terry M.) 191–193, 196
モーガン (Morgan, J. P.) 49
モーリー (Moley, Raymond) 62
モールトン (Moulton, Harold G.) 50, 51, 56, 57

ヤ 行
吉田茂 96

ラ 行
ライアン (Ryan, Paul) 130
ライクリー (Reichly, James) 119
ライス (Rice, Condoleezza) 74, 148, 169
ライナー (Reiner, Rob) 87
ラヴィッチ (Ravitch, Diane) 186, 196, 197, 199–201
ラウエン (Rowen, Henry) 59
ラジアー (Lazear, Edward) 65
ラスキン (Raskin, Marcus) 39, 75
ラッファー (Laffer, Arthur) 133
ラパポート, アンディ (Rappaport, Andy) 87
ラパポート, デボラ (Rappaport, Deborah) 87
ラマルシェ (LaMarche, Gara) 87
ラムズフェルド (Rumsfeld, Donald) 74, 75, 147, 157, 161, 168, 169
ラロック (La Rocque, Gene) 39, 75
ランブルー (Lambrew, Jeanne) 79
リーズ (Rees, Nina) 74, 190, 191, 196, 199
リーデル (Riedel, Bruce) 125
リード (Reed, Ralph) 130
リヴィングストン (Livingston, Bob) 155, 168
リヴリン (Rivlin, Alice) 58
リッチ, アンドリュー (Rich, Andrew) 7, 9, 10, 13, 131
リッチ, デイヴィッド (Ricci, David M.) 6
リッチー, ロナルド (Ritchie, Ronald) 103
リリー (Lilly, Scott) 79
リンゼー (Lindsey, Lawrence) 73, 74
リンド (Lind, Michael) 79
ルイス, ピーター (Lewis, Peter) 40, 78, 87
ルイス, ファニー (Lewis, Fannie) 180
ルート (Root, Elihu) 51, 52
ルーニー (Rooney, Patrick) 195
ルディーン (Ledeen, Michael) 73
ルトワック (Lutwak, Edward) 163
レアード (Laird, Melvin) 72
レイモンド (Raymond, Arthur) 54
レーガン (Reagan, Ronald) 3, 35, 39, 65, 68–72, 74, 76, 79, 83, 99, 104, 119, 121, 143–146, 148, 149, 151–156, 160, 162, 165–167, 177, 178, 184–187, 194, 196
レフコウィッツ (Lefkowitz, Jay) 191
レンコウスキー (Lenkowsky, Leslie) 197
ローヴ (Rove, Karl) 122
ローウェル (Lowell, Lawrence) 50
ローズ (Rhodes, Ben) 82
ローズヴェルト (Roosevelt, Franklin D.) 53, 62
ローゼンバーグ (Rosenberg, Simon) 87
ロックフェラー, ジョン・D. (Rockefeller, John D.) 48, 49
ロックフェラー, デイヴィッド (Rockefeller, David) 83
ロバート (Robert, Joseph) 182, 191
ロビンソン (Robinson, Roger W.) 108

事項索引

サ　行

タ 行

ナ 行

ハ 行

マ　行